Der Zauber der Heiligen Nacht

unser Leben insgesamt prägt und ausmacht und wozu eben auch all der Stress gehört, all der Ärger und die Aufregung. Wozu aber auch gehört, dass wir inmitten dieser bewegten Zeit einen Weg finden, der uns aus dem Trubel hinausführt. Wir sollten nur den Mut haben, das Dunkel der Nacht zu akzeptieren und es uns zutrauen, ihre Stille zu ertragen. Denn Dunkelheit und Stille halten ein Geschenk für uns bereit: Sie erlauben es uns, zur Ruhe zu kommen. Und sie öffnen dadurch unsere Sinne und unsere Herzen.

Die Texte dieses Buchs wollen Sie einladen, zu eben jener Ruhe zu finden, sie wollen uns dazu ermuntern, in die Dunkelheit der Nacht zu gehen, um dort das Licht sehen zu können. Ein Licht, das uns zu uns selbst führt und uns ein neues, ein wacheres und froheres Leben beginnen lässt. Dazu wünsche ich Ihnen, liebe Leserin, lieber Leser offene Augen und Ohren.

German Neundorfer

Vorwort

Zugegeben, manchmal klingt es schon ein wenig merkwürdig, wenn uns jemand vom Zauber der Heiligen Nacht erzählt. Worin genau soll denn dieser Zauber bestehen, wie fühlt er sich an? Und hat ihn überhaupt schon einmal jemand gesehen?

Unsere Erfahrung lässt uns etwas misstrauisch sein. Und hin und wieder fragen wir uns schon, warum wir uns eigentlich jedes Jahr mit Weihnachten herumschlagen. Könnten wir uns das nicht ersparen und uns stattdessen erholen? »Alle Jahre wieder« heißt es in einem Weihnachtslied. Genau! Alle Jahre wieder der gleiche Stress beim Besorgen der Geschenke, der gleiche Stress beim Vorbereiten des Weihnachtszimmers, der gleiche Stress in der Familie.

Doch vielleicht verbirgt sich dahinter etwas anderes. Denn möglicherweise verdichtet sich in den langen Nächten am Ende des Jahres all das, was

Herausgegeben von German Neundorfer

Mit Beiträgen von:

Katharina Barth-Duran

Theodor Fontane

Paul Gerhardt

Anselm Grün

Tomáš Halík

Friedrich Hölderlin

Paulina Kleinsteuber

Lorenz Marti

Susanne Niemeyer

Wolfgang Öxler

Rainer Maria Rilke

Christine Schniedermann

Andrea Schwarz

Christa Spannbauer

Beatrice von Weizsäcker

Martin Werlen

Notker Wolf

Der Zauber der Heiligen Nacht

Wünsche für die Weihnachtszeit

HERDER

FREIBURG · BASEL · WIEN

Inhalt

»Noch ist Herbst nicht ganz entflohn«

Die Zeit des Wartens

Noch ist Herbst nicht ganz entflohn,
Aber als Knecht Ruprecht schon
Kommt der Winter hergeschritten,
Und alsbald aus Schnees Mitten
Klingt des Schlittenglöckleins Ton.

Und was jüngst noch, fern und nah,
Bunt auf uns herniedersah,
Weiß sind Türme, Dächer, Zweige,
Und das Jahr geht auf die Neige,
Und das schönste Fest ist da.

Theodor Fontane

Ein ganz normaler Adventstag
Katharina Barth-Duran

Was hatte ich mir nicht alles vorgenommen in dieser Adventszeit!

Und dann hatte mich diese starke Erkältung im Griff. Die Nase war zu. Ich war ständig am Schnäuzen. Mein Hals schmerzte. Meditieren ging gar nicht. Fand keine Ruhe. Konnte höchstens den Fernsehknopf betätigen und die schlechten Nachrichten hören. Oft landete ich danach in den seichten amerikanischen Weihnachtsfilmchen, um der rauen Wirklichkeit zu entfliehen. Auch die waren mit der Zeit schwer zu ertragen.

Und jetzt habe ich es erst um 8 Uhr geschafft aufzustehen. Zumindest sind meine Gedanken bei Tageslicht, auch wenn es noch so trüb ist, wieder heller als in den schlaflosen Stunden der Nacht. Ich sage mir, dass es höchste Zeit für eine lange Morgenmeditation ist, damit mir mein inneres Chaos nicht über den Kopf wächst.

Kaum habe ich mich vor meiner Ikone hingekniet, klingelt das Telefon.

Dreimal geschieht das an diesem Morgen. Und jedes Mal führt der Anruf dazu, mich zu unterbrechen, von mir und meinem Vorhaben abzusehen und mich um andere und anderes zu kümmern.

Mal ist es Eliese, die ich zum Bauernhof-Kindergarten fahren soll, mal geht es um eine Flötengruppe, die unseren Adventsgottesdienst musikalisch begleiten kann, und dann kommt eine Freundin bei mir durch, die nach dem Tod ihres Mannes nun innerhalb eines knappen Monats schon drei Umzüge zu stemmen hatte.

»Ich werd' noch verrückt«, sagt sie. Wir nehmen uns Zeit fürs Gespräch, in dem sie immer ruhiger wird und erzählt, dass sie es jetzt einfach so hinter sich bringen muss, wobei sie betont, welch große Hilfe sie an ihren Kindern hat.

Ich verstehe, dass uns manchmal Wege vorgegeben sind, auch wenn sie steil bergauf gehen, finde es aber auch tröstlich, dass sie nach diesem

Kraftakt dann endlich aufatmen und noch vor Weihnachten in der Nähe ihrer Kinder wohnen kann. Zudem in einer ebenerdigen Wohnung, was im Alter ja auch von Vorteil ist. Ja, meine Freundin war getröstet nach diesem Gespräch mit Licht am Ende des Tunnels.

Mein Tag war plötzlich sehr sinnvoll und gefüllt. Ein echter Adventstag, den ich nicht meinen Plänen verdanke, sondern der Tatsache, dass ich offen war für die Begegnungen des Lebens. Siehste, Katharina, du musst nur mal aufhören, um dich selbst und dein bitzele Leben zu kreisen!

Wer weiß, vielleicht war auch Jesus darunter als Kind, als Flötistin, als Freundin, bei den Menschen, die ich ein kleines Stück begleiten durfte. Der menschgewordene Jesus, neugeboren in mir und uns.

Zeit schenken
Christa Spannbauer

»Ich bin total im Stress!« Wie oft hören wie diesen Stoßseufzer gerade in den Vorweihnachtstagen. Anstatt herunterzufahren, fahren viele Menschen jetzt erst so richtig hoch. Denn nun beginnt die große Jagd nach passenden Geschenken. »Ich hab' jetzt keine Zeit für dich«, rufen wir dann genau den Menschen genervt zu, denen wir mit unserem Weihnachtsgeschenk eine Freude machen wollen. Und stürzen uns kopfüber hinein ins Weihnachtsgetümmel. Dorthin, wo bereits jede Menge gestresste Menschen unterwegs sind, von deren Ungeduld und Hektik wir uns anstecken lassen. Das lange Anstehen an der Kasse, der Stau im Parkhaus, das Gedränge und die Enge in den Kaufhäusern erhöhen dann noch unweigerlich den eigenen Stresslevel.

Was aber können wir tun? Welche Möglichkeiten haben wir, uns aus diesem geschäftigen Treiben herauszuziehen? Schließlich sollen die Adventstage doch besinnliche Tage sein und keine Hetzjagd. Wir wollen doch, dass unsere Geschenke von Herzen kommen, und zwar aus einem warmen und entspannten und keinem kurzatmigen und gestressten. Doch gerade mit unserer zeitaufwendigen Suche nach Geschenken verpassen wir so viele schöne Momente mit den Menschen, die uns wichtig sind. Wir hetzen uns durch die Adventszeit, um Zeit für ein geruhsames Weihnachtsfest im Kreise unserer Lieben herauszuschinden. Wir schleppen schwere Einkaufstüten durch die lärmenden Straßen, anstatt uns besinnliche Stunden zu gönnen. Und wenn es dann endlich so weit ist und der Weihnachtsabend vor der Tür steht, sind wir so erschöpft und ausgepowert, dass wir diesen so lang ersehnten Abend gar nicht mehr genießen können.

Fragen Sie sich bei dieser Gelegenheit doch einmal: Braucht mein Vater tatsächlich noch eine weitere Krawatte, die zusammen mit den vielen anderen an der Schranktür baumelt? Benötigen meine Großeltern noch einen auserlesenen Wein, der im gut gefüllten Weinkeller doch nur verstaubt? Braucht meine Schwester ein weiteres Buch, das dann ungelesen in den Tiefen ihres Bücherschranks verschwindet? Weshalb schenken Sie Ihren Lieben nicht lieber etwas wirklich Kostbares? Etwas, das gerade heute ein so rares Gut geworden ist?

Würde sich Ihr Vater über den gemeinsamen Besuch eines klassischen Konzerts oder einer Theateraufführung nicht weitaus mehr freuen? Wären Ihre Großeltern über die Einladung zu einer gemeinsam besuchten Weinprobe und einem gemütlichen Abend zusammen nicht glücklicher? Und würde Ihre Schwester einen gemeinsamen Saunabesuch und einen schwesterlichen Plausch nicht viel mehr genießen? Weshalb also nicht Zeit schenken anstatt Zeug? Denn Zeit ist das wertvollste Geschenk in unserer kurzatmigen und hektischen Gegenwart geworden. Es ist doch so: Versäumte Momente mit den Menschen, die wir lieben, können wir nicht mehr nachholen. Erst wenn wir erkennen, dass Zeit das kostbarste Gut ist, das wir anderen schenken können, dann haben wir den Sinn von Weihnachten verstanden. Worauf also warten Sie: Schenken Sie sich und Ihren Lieben gemeinsame Lebenszeit!

Tipps für mehr Besinnlichkeit
Christine Schniedermann

Frühzeitig planen: Je älter ich wurde, umso mehr habe ich meine Besorgungen vorverlegt. (Früher war ich manchmal ein »Auf den letzten Drücker«-Typ.) Wenn ich also eine Woche vor Weihnachten bereits alles besorgt habe – von den Christbaumkerzen über die Geschenke bis zum Reis für die Feiertagsgerichte –, dann werde ich am 23. Dezember nicht kalt erwischt: »Mist, mir fehlt noch Geschenkpapier.« Oder: »Es ist nicht genügend Reis da.« Oder: »Kleine Überraschung für Tante Hilde vergessen.« Manche lieben es geradezu, sich am 23. noch einmal ins Gewühl zu stürzen. Wenn ich das früher machen musste, hat mich das immer gestresst. Und wie das mit Kindern so ist: Der Stress der Eltern überträgt sich auf die Kinder und dann streiten sie und haben üble Laune. Alles, was ging, also möglichst deutlich vor Weihnachten zu erledigen, hat mich persönlich entstresst.

Geschenkenachmittage: Sich bewusst einen Nachmittag viel Zeit zu nehmen, um mit den Kindern kleine Geschenke für die Verwandtschaft oder Freunde herzustellen, löst nicht nur viele Geschenkefragen. Während die Kinder Bügelperlenbilder kreierten, kleine Leinwände mit Acrylfarbe bemalten, Engelchen aus Holz bepinselten und mit Bastelsteinen dekorierten, zündeten wir Kerzen an und ließen Advents- oder Weihnachtslieder im Hintergrund laufen. Die Mischung aus Kreativität, Musik und Kerzenduft wirkte wahnsinnig entspannend. Auf alle Beteiligten. Als Resultat hatten die Kinder selbst gemachte Geschenke vorzuweisen. Und wir versuchen, es lässig zu betrachten: Was nicht fertig wird, ist eben nicht fertig geworden und ein Kunstwerk ist immer ein Kunstwerk, auch wenn aus Versehen die Farbe verlaufen ist.

Entschleunigende Hobbys: Wenn es draußen dämmert, die Lichterketten sanft Balkon oder Fensterbank illuminieren, ein zimtiger Orangenduft von Tee und Kerzen in der Luft schwebt, kann dies ein hervorragender Augenblick sein, ein 500-Teile-Puzzle aus dem Regal zu ziehen und sich zu zweit, zu dritt, zu fünft darüberzubeugen und die einzelnen Teilchen gemeinsam ein Ganzes werden zu lassen.

Terminfreie Adventssonntage: Vielleicht schafft man es, sich den 4. Advent frei von Besuchen auf dem Weihnachtsmarkt, Kaffeeeinladungen bei Freunden oder sportlichen Veranstaltungen zu halten und sich im Kreise der Familie zu treffen. Die Kerzen des Adventskranzes werden entzündet (das Handy ausgeschaltet), Plätzchen bereitgestellt und einer von uns liest aus einem Weihnachtsbuch vor – oder alle sind reihum an der Reihe ... Bei uns hat das Geschichtenlesen am Adventskranz mit Plätzchen bereits Tradition. Mittlerweile wünschen sich die Kinder diese Tradition alljährlich.

Frühmessen im Advent: Freunde schwören auf das Engelamt, um dem Alltag neue Kraft zu geben. Das »Engelamt« oder auch »Rorateamt« ist in unserer Gemeinde eine Frühmesse in der Adventszeit. Ein Engel verkündete Maria, dass sie Gottes Sohn zur

Welt bringen wird – daran soll diese Verkündigungsmesse erinnern. (Da das Engelamt werktags um sechs in der Früh stattfindet, habe ich Morgenmuffel es noch nicht dahin geschafft, aber ich nehme es mir vor. Vielleicht kommt auch eins der Kinder mit.)

Atempausen in der Kirche: Einmal lief ich ungefähr zehn Tage vor Weihnachten durch die Münchner Innenstadt, meine Einkaufsliste abarbeitend, und stolperte über ein Schild, das zur Mittagspause einlud. Es war kein Wirtshaus, das um Pause warb, sondern eine Kirche. Ich schnupperte hinein und setzte mich mit meinen Taschen in eine Bank. In der Kirche saßen verteilt Touristen mit Rucksäcken, Anzugträger, die wohl auf einen Sprung aus dem Büro hier waren, und Leute mit Einkaufstaschen wie ich. Es gab einen Impuls, der am Ambo vorgelesen wurde, und Orgelspiel. Die Pause dauerte fünfzehn Minuten. Während sich draußen das geschäftige Treiben fortsetzte, hielten wir in der Kirche inne. Ein guter Moment. Auch ohne Impuls und Orgel kann sich jeder einmal für zehn Minuten in die Stille einer Kirche setzen und die Stille auf sich wirken lassen.

Adventskonzerte: Adventskonzerte in Kirchen sind eine anregende wie besinnliche Einstimmung auf das Weihnachtsfest. In manchen Städten gibt es auch klassische Orgelkonzerte extra für Kinder. Eine besondere Erfahrung für die Kleinen.

Zeit in der Natur: Ein paar Jahre lang sind wir immer am 23. Dezember mit den Kindern in einen Wildpark gefahren. Der Park war fast menschenleer und wir hatten Rehe, Wölfe, Pfaue, Kamerunschafe und Eulen quasi für uns. Das Spazieren durch den Wald, das Beobachten der Tiere (manchmal mit, meistens ohne Schnee), die Ruhe der Natur, all das war unglaublich entspannend für uns alle. Wir spazierten, schauten, beobachteten, machten Brotzeit. Herrlich! Gleichzeitig sind die Kinder nicht nervös daheim auf- und abgetigert, weil sie den 24. Dezember kaum erwarten konnten, sondern ließen sich durch unseren Ausflug wunderbar ablenken. Sie durften die Rehe mit Trockenfutter füttern, die diese gierig aus den kleinen Händen schlabberten; und sie warfen den Wisenten unsere im Herbst gesammelten Kastanien zu. Wir fühlten uns ein bisschen wie in der Geschichte von »Hirsch Heinrich«, als dieser verblüfft feststellen musste, dass je näher Weihnachten rückte, umso weniger Kinder ihn im Zoo besuchten. In unserem Park waren wir nun die letzten Besucher vor Weihnachten und vielleicht war es den Tieren auch schon aufgefallen, dass es vor ihren Gehegen ruhiger geworden war.

Die absolute Zukunft

Tomáš Halík

Die adventliche Beziehung zu Gott überschreitet das, was wir mit den Sätzen »Gott ist« oder »Gott ist nicht« zum Ausdruck bringen können. Was meinen wir damit, wenn wir sagen Gott »ist« und Gott »ist nicht«? Sowohl das Wort »Gott« als auch das Verb »sein«, »existieren« haben viele verschiedene Bedeutungen. Gott ist nicht wie ein Gegenstand, den wir vor uns legen könnten und »objektiv« (ganz unbeteiligt aus der Distanz) beobachten und wie eine Sache beschreiben könnten, wie ein Seiendes unter anderem Seienden. *Der adventliche Glaube öffnet sich jenem Gott, der im Kommen ist.*

Gott ist die absolute Zukunft der Welt und eines jeden von uns, des Gläubigen sowie des Ungläubigen. Der große Theologe Karl Rahner hat vorgeschlagen – wenigstens für eine bestimmte Zeit –, den so oft missbrauchten Begriff *Gott* durch die Metapher *Zukunft* zu ersetzen. Der Begriff Zukunft kann – ähnlich wie Himmel, Firmament – als Metapher dafür dienen, was nicht in unserer Hand ist, wohin die menschliche Macht nicht reicht, worauf wir jedoch trotzdem von unserem Wesen her angewiesen sind.

In der heutigen Zeit bringt uns die biblische Metapher *Himmel* das göttliche Geheimnis nicht so nah wie dem Menschen in der Entstehungszeit der Bibel: Wir leben mehr unter einem Dach als unter einem Firmament, wir sind nicht mehr so sehr davon abhängig, ob aus dem Himmel Regen fällt, das Firmament, »den Himmel über uns« nimmt die Mehrheit der Menschen von heute eher als einen Raum für Weltraumflüge denn als ein Symbol der Transzendenz wahr.

Der Begriff der Zukunft, der absoluten Zukunft, bewahrt jedoch seinen Wert als Metapher für das, was unbeherrschbar ist. Trotz aller unserer Pläne und Erwartungen kommt stets aus der Zukunft etwas,

was wir nicht erwartet haben, etwas, was wirklich neu ist. Wir wissen nicht, in welchem Augenblick wir den raum-zeitlichen Rahmen unseres Lebens in dieser Welt überschreiten und mit dem unvorstellbar Neuen und Unbekannten konfrontiert werden, wofür viele den Begriff Gott verwenden – und wir fügen hinzu, dass sie oftmals diesen Begriff dadurch kompromittieren, dass sie ihn mit primitiven Vorstellungen unserer Fantasie verbinden.

Wacht auf
Anselm Grün

Advent, das ist Aufwachen aus allen Tagträumen, Aufwachen zur Wirklichkeit. Das deutsche Wort »wachen« bedeutet eigentlich »frisch, munter sein«. Wer wachsam ist, der erlebt jeden Augenblick bewusst, der ist ganz gegenwärtig, lebendig, nüchtern. Wach ist, wer sich nicht betäubt. Hektik betäubt. Aber wir müssen jetzt nicht alle Briefschuld erledigen, die wir während des Jahres vor uns hergeschoben haben. Wir müssen uns nicht mittreiben lassen von Konsumtaumel. Wir müssen uns nicht einreihen in die Betriebsamkeit der Wunscherfüllung. Achtsamkeit und Wachheit lehren uns, worauf es eigentlich an Weihnachten ankommt. Wachen ist nicht nur die Grundhaltung des Advents. Die Weihnachtsgeschichte erzählt von den Hirten, die ihre Nachtwache hielten. Weil sie wachen, wird ihnen die frohe Botschaft von der Geburt des Messias verkündet. Wer wach ist, ist

offen und empfänglich für das Geheimnis, das uns
ergreifen möchte.

»Gehe nur hin
in die Dunkelheit«

Die Kunst, dem Licht zu folgen

Ich sagte zu dem Engel, der an der Pforte des neuen Jahres stand:
Gib mir ein Licht, damit ich sicheren Fußes der Ungewissheit entgegengehen kann!
Aber er antwortete:
Gehe nur hin in die Dunkelheit und lege deine Hand in die Hand Gottes! Das ist besser als ein Licht und sicherer als ein bekannter Weg!

Aus China

Goldene Gebrauchsspuren
Wolfgang Öxler

Leonard Cohen, der kanadische Dichter und Liedermacher, der fünf Jahre in einem Zen-Kloster lebte, schrieb ein Lied mit der Textzeile: »There is a crack in everything, that's how the light gets in.« Alles hat irgendwo einen Riss, aber genau das ist der Spalt, durch den das Licht einfällt. Ein genialer Satz — überraschend und einleuchtend.

So wie auch bei Leonard Cohen, dessen Lebensweg von Sucht und einer schweren Depression durchkreuzt wurde, sehen sich viele Menschen mit inneren Rissen konfrontiert. Der Erzbischof Rembert Weakland aus Amerika betitelt seine Autobiografie mit »Leben zwischen Rissen«. Unsere Welt ist brüchig und unvollkommen, das menschliche Leben zerbrechlich und vergänglich. Aber eben deshalb eröffnet sie uns den Blick in die Tiefe. Und macht uns empfänglich für die Hoffnungsschimmer, die unser Leben erhellen.

Alles hat irgendwo einen Riss, aber genau das ist der Spalt, durch den das Licht einfällt. Cohen nennt dieses Licht Gnade. So singen wir Mönche im Benedictus: »Durch die barmherzige Liebe unseres Gottes wird uns besuchen das aufstrahlende Licht aus der Höhe.« In unser verletzliches Leben dringt dieses Licht. Wo wir um uns herum Zerbrochenes und Zerstörtes sehen, wo wir uns selbst verwundet fühlen – gerade da kann eine neue Welt, eine andere Wirklichkeit aufleuchten. Nur in die Offenheit einer Wunde kann Heilung hineinfließen. Durch Jesus will Gott den Himmel in unsere oft so armselige Erde hereinscheinen lassen. Er möchte die Risse, die Bruchstellen um uns und in uns aufhellen. Es gibt einen Gott, der uns schon entgegenkommt wie der barmherzige Vater seinem verlorenen Sohn, dessen Leben zerbrochen war.

Ich denke auch an die Risse, verursacht von Terror und Gewalt – Risse, die durch Länder und Völker gehen, durch Religionen und Konfessionen, durch Gemeinschaften und Familien. Sie machen uns bewusst, wie schmerzlich wir den Frieden vermissen und wie wichtig Versöhnung ist. Die Spur der Einsamkeit als Riss, der sich durch das Leben derer zieht, die einen lieben Menschen verloren haben und sich in ihrer Trauer allein fühlen. Die Spur der Bitterkeit als Kluft im Leben dessen, der von anderen enttäuscht worden ist. Der Riss aufgrund der Krankheit, die unsere Lebenspläne zerstört und uns mit unserer Hilflosigkeit konfrontiert.

All diese Risse, Fugen und Spalten sind Einfallstore für das barmherzige Licht, das ER in unser Leben bringen will. Gott kommt, um allen zu leuchten, die in Finsternis sitzen und im Schatten des Todes.

Sterne – Sehnsucht nach Heimat
Anselm Grün

Auch die Sterne am Himmelszelt haben die Menschen seit jeher fasziniert. Der Blick zum nächtlichen Himmel hat für viele eine religiöse Dimension. Sie spüren die Weite des Kosmos und die Größe Gottes, der das alles geschaffen hat. Die Sterne wecken in uns die Sehnsucht nach dem Unendlichen. Das lateinische Wort für Sehnsucht, »desiderium«, enthält in sich die »sidera«, die Sterne. Sehnsucht heißt also für die Lateiner, dass wir die Sterne auf die Erde bringen. Der Liebende nennt die geliebte Frau »seinen Stern«. Der »Stern« verbindet im Bild Liebe und Heimat. Ich kann mich gut erinnern, wie unser Regens im Internat, P. Leander, uns voller Inbrunst das Lied »Heimat, deine Sterne« vorgesungen hat. Und er hat uns erzählt, wie er als Soldat in Afrika seinen Kameraden nachts dieses Lied vorgesungen hat. Es wurde nicht nur für ihn, sondern für viele zum Ausdruck ihrer Sehnsucht nach der Heimat, nach dem Ort, an dem sie sich geborgen und geliebt fühlten.

Die Sterne gelten auch als Symbol hoher Ideale. Wir sagen von einem Menschen, dass er nach den Sternen greift. Da die Sterne Licht in die Nacht bringen, erinnern sie uns an das geistige Licht, das die Finsternis unserer Seele erhellt. In manchen Kulturen werden die Sterne als an den Himmel versetzte Verstorbene gedeutet. So deutet es Antoine de Saint-Exupéry in *Der kleine Prinz*. Die Sterne erinnern ihn an das Lächeln des kleinen Prinzen.

Wenn wir in der Adventszeit Sterne in unsere Wohnungen hängen, dann erinnern sie uns an den Stern, der den Weisen aus dem Orient den Weg zum Kind in der Krippe gewiesen hat. Der Stern erhellt den nächtlichen Himmel. Jesus ist der eigentliche Stern, der am Horizont unseres Herzens aufgegangen ist, um alles Dunkle in uns zu erhellen. Die Sterne, mit denen wir unsere Wohnungen schmücken, bringen uns mit unserer Sehnsucht nach Heimat in Berührung. Es ist eine Heimat, die man nicht einfach mit äußerem Schmuck herstellen kann. Heimat entsteht nur dort, wo das Geheimnis wohnt. So verweisen uns die Sterne auf das Geheimnis Gottes, der uns in der Geburt Jesu nahegekommen ist. Gott ist als Kind in die Welt gekommen, damit unsere kalte Welt wärmer und menschlicher wird.

Sternstunden sammeln
Katharina Barth-Duran

Sternstunden sammeln könnten wir, sagt der Bischof von Fulda in seiner Adventspredigt.

Uns Zeit nehmen mit hellwachen Sinnen, offenen Augen und Ohren, schmecken, riechen, tasten und fühlen. Wahrnehmen, was ist, und mittendrin und davor und dahinter Gott entdecken, uns überraschen lassen von dem *Ich bin da, wo Du bist*.

Manchmal sind es nur Sternminuten oder Sternsekunden, aber klar und schön, am hellsten da, wo es am dunkelsten ist.

Und dann diesen Augenblick und das Unerhörte, unser Staunen und Bewegt-Sein, in Worten zu fassen suchen und anderen mitteilen.

Sternstunden mitteilen, das wäre ein Advent, wenn alle anfingen, sich zu erzählen von dem Wunderbaren im Alltäglichen und draußen in der Natur.

Und wenn da oben am Himmel neben dem Leitstern unserer Nächte immer mehr und mehr Sterne blinkten, Sternlein ohne Zahl, eine Himmelswiese voller Sterne, die uns vom nahen Fest künden.

Und es zu singen beginnt in unseren Kinderherzen, das Lied der uralten Verheißung an Abraham und Sarah und all ihre Nachkommen, auch an mich und dich: *Ich will dich segnen und du sollst ein Segen sein!*

Wintersonnenwende

Beatrice von Weizsäcker

Es war der 21. Dezember 2019, als ich auf einmal wusste, dass ich konvertieren würde. Vier Wochen und vier Tage nach dem Mord in Berlin, kurz vor dem ersten Weihnachtsfest ohne meinen jüngeren Bruder. In einer Zeit, in der nichts gut war. In der es mehr Gründe gab, Gott zu verwünschen, als an ihn zu glauben. In der die Nacht nicht still war und erst recht nicht heilig. In der das »O du fröhliche« wie Hohn in meinen Ohren klang. Nichts war fröhlich in dieser Zeit. Gar nichts.

Und dann kam plötzlich ein Trotzdem daher, als sei der Himmel für einen kurzen Moment heiter geworden.

Am 21. Dezember 2019 war mir klar, dass ich katholisch werden will, weil ich mich längst katholisch fühlte. Ich war keine andere geworden, weder über Nacht noch in der Zeit davor. Ich hatte mich auch nicht gegen etwas entschieden, sondern für etwas, nicht gegen das, was ich kannte, sondern für Neues, für eine Weiterung. Als hätte ich gewusst, dass das letzte Wort über mich noch nicht gesprochen war in meinem protestantischen Leben.

Es kam mir vor, als hätte ein anderer für mich entschieden. Einer, der größer ist als ich. Für etwas, das weit über mich hinausgeht. Als sei dieses Etwas die ganze Zeit klar gewesen, ich es nur nicht gesehen hatte. Als hätte ich erst jetzt erkannt, dass das schon in mir war, dass das schon Ich war. Als sei dieses Ich die ganze Zeit nur verdeckt gewesen. Von zu viel Geschäftigkeit und zu vielem Denken. Von zu vielem Suchen und zu vielen Fragen. Von zu viel Ablenkung und zu großer Ungeduld. Von zu vielen Zweifeln und zu wenig Glauben. Als sei hinter all dem immer Ich gewesen, als sei die Wahrheit immer da gewesen, eine Wahrheit, die ich nie für wahr gehalten hätte. Weil sie so unwirklich schien.

Es war, als hätte sich wie von selbst ein Geheimnis gelüftet, als hätten sich die Puzzleteile meines Lebens endlich zu einem Bild zusammengefügt.

Aber eine andere war ich nicht geworden.

Ich habe keine Ahnung, was geschehen war, das mich auf einmal so sicher werden ließ. Ich weiß es bis heute nicht. Denn nichts war geschehen an diesem Tag. Wenn ich das Kalenderblatt von damals anschaue, ist alles durchgestrichen, was dort einmal stand, eine Erledigung, die zu tun gewesen war, ein vorweihnachtlicher Besuch, das Adventssingen bei Freunden und alle übrigen Dinge auch. Der Tag ist leer, als habe es ihn nie gegeben. Weil mir nach Berlin nichts möglich war.

Und trotzdem hatte es sich an diesem Tag entschieden, inmitten der Leere. Inmitten der dunkelsten Dunkelheit. Mitten im Nichts meines Ichs.

Vielleicht lag es am Nichts. Weil nichts mehr übrig war. Weil nichts mehr da war, auf das ich mich sonst verlassen konnte. Kein Alltag, keine Routine, keine Normalität. Nur Entsetzen über das, was passiert war.

Vielleicht war es, wie es Karl Rahner einmal in seinem Buch »Von der Not und dem Segen des Gebetes« beschrieben hatte, dass Gott genau dann da ist. Dass es einen solchen Zustand brauchte, damit Gott mir zeigen konnte, dass er da ist: »Er ist da«, schreibt Rahner. »Er ist mitten in deinem verschütteten Herzen. Er allein. Er aber, der alles ist und darum so aussieht, als wäre er nichts. Er ist da, nicht obwohl, sondern weil du sonst nichts mehr hast, nicht einmal mehr dich.«

Als ich das viel später las, erkannte ich, was mir geschehen war. Mein zweiter Bruder war mir genommen. Aber nicht Gott. »Im tiefsten Verließ meines verschütteten Herzens« hatte er mich erwartet, hatte schon lange still gehorcht, ob ich »nach all dem verzweifelten Weinen und stummen Stöhnen« endlich auch einmal schweigen kann vor ihm. Damit er zu Wort kommen kann.

Genauso war es gewesen. In aller verzweifelten Geschäftigkeit, die Berlin nach sich zog, trotz allen Zuspruchs und aller Wärme, die ich in München erfahren hatte, war ich innerlich verstummt. Und ich erfuhr durch Karl Rahner, »dass das versteinernde Antlitz der Hoffnungslosigkeit nur der Anfang Gottes« in meiner Seele war, »dass die Finsternis der Welt nichts als der Glanz Gottes, der keinen Schatten hat, dass die scheinbare Weglosigkeit nur die Unermesslichkeit Gottes ist, der keine Wege braucht«.

Gott war schon da. Ich musste nicht fliehen und mich nicht wegwünschen aus dieser Welt. Musste nicht aus der Verzweiflung in einen Trost flüchten, den es nicht gibt und auch nicht geben kann. In dieser Stummheit war Gott. In mein Schweigen hinein sprach Gott. In meine Finsternis hinein leuchtete er. Und rief mich.

Monate später erst wurde mir bewusst, was der 21. Dezember für ein Tag ist. Es ist die Wintersonnenwende. Es ist der Tag, mit dem das Licht kommt, mit dem die Tage wieder länger werden. Mit dem das Licht heller und heller wird. Das Licht, das der Dunkelheit trotzt. Das Licht, das die Finsternis vertreibt.

Es war ein Benediktinermönch, der mich darauf aufmerksam machte, im Kloster St. Ottilien.

Seither ist die Wintersonnenwende für mich fast so wichtig wie der Tag meiner Firmung fünf Monate später. Denn das war der Tag meiner Berufung.

In Gott geborgen
Notker Wolf

1974 lehrte ich als Professor in Rom an unserer Benediktinerhochschule Sant'Anselmo Philosophie. Im Dezember war ich gezwungen, einige Wochen im Krankenhaus auf der nahe gelegenen Tiberinsel zu verbringen. Ich hatte gehofft, zu Weihnachten in unsere Gemeinschaft zurückkehren zu können. Aber meine Blutwerte wollten sich nicht so recht bessern.

Dann kam Heiligabend und die Ärzte teilten mir die neuesten Laborwerte mit: Sie waren schlechter als je zuvor. Ich sollte über Weihnachten im Kranken-haus bleiben: ausgerechnet Weihnachten – ohne Freunde und Mitbrüder, ohne Gottesdienste, ohne Kerzen und Krippe … Das war ein harter Schlag.

Ich war frustriert, ja verzweifelt und verlor nach und nach jede Hoffnung. Allmählich wurde es dun-kel: um mich herum und in mir. Schließlich hatte ich das Gefühl, ich würde fallen, immer tiefer in eine namenlose Dunkelheit tauchen. Ich konnte nur noch stammeln: »Herr, erbarme dich meiner!« Doch ich sank tiefer und tiefer.

Aber während ich betete, spürte ich plötzlich unter mir eine Hand, die mich nicht weiter fallen ließ, sondern auffing. Für mich war es die Hand Gottes. Mit einem Mal hellte sich mein Gemütszustand auf. Meine Angst und meine Niedergeschlagenheit verschwanden. Ich wusste mich mit einem Mal wieder in Gott geborgen, was auch immer kommen würde. Es war für mich ein unfassbares Geschenk.

Etwas später besuchten mich meine Eltern im Krankenhaus. Sie waren extra aus Deutschland angereist. Ich lag immer noch im Bett, konnte ihnen aber trotzdem mit frohem Gesicht entgegenstrahlen. Ich hatte wieder Hoffnung, sah wieder eine Zukunft.

Als ich viele Jahre später als Erzabt eines unserer Klöster in Venezuela besuchte, sangen meine Mitbrüder dort zum Abschluss des Abendgebets: *»En tus manos, Senor, encomiendo mi espíritu«* – In deine Hände empfehle ich meinen Geist, mein Leben. Als ich den schlichten Gesang hörte, dachte ich erneut an das Erlebnis auf der Tiberinsel: Dieses wunderbare Gefühl der Geborgenheit in Gott trägt mich bis zum heutigen Tag.

»Es ist die Ruhe der Natur«

Das Geschenk der Stille

Wenn sich das Laub auf Ebnen weit verloren,
So fällt das Weiß herunter auf die Tale,
Doch glänzend ist der Tag vom hohen Sonnenstrahle,
Es glänzt das Fest den Städten aus den Toren.

Es ist die Ruhe der Natur, des Feldes Schweigen
Ist wie des Menschen Geistigkeit, und höher zeigen
Die Unterschiede sich, dass sich zu hohem Bilde
Sich zeiget die Natur, statt mit des Frühlings Milde.

Friedrich Hölderlin

Stille Nacht, heilige Nacht
Anselm Grün

Das wohl bekannteste Weihnachtslied, auf jeden Fall das beliebteste in deutscher Sprache, ist das von Josef Mohr im Jahr 1818 gedichtete und von Franz Xaver Gruber vertonte »Stille Nacht, heilige Nacht«. Es ist für einfache Menschen geschrieben. Und es ist in einer schwierigen Zeit entstanden, nach jahrzehntelangen kriegerischen Konflikten in Europa, in einer Zeit, die von Angst und Unsicherheit, von Hungersnot und schwierigen wirtschaftlichen Umständen bestimmt war. Dem stellt es eine andere Wirklichkeit gegenüber, es erzählt von Frieden, von Glück und »himmlischer Ruh«. Vor allem mit den beiden Worten »still« und »heilig« deutet Josef Mohr das Geheimnis von Weihnachten – für seine Zeitgenossen, aber auch für uns.

In der Stille der Nacht wird Gott geboren, er will auch in der Stille unseres Herzens geboren werden. Daher braucht es in dieser Nacht die Stille, damit sie zur heiligen Nacht wird. Gott hat an Weihnachten unsere Nacht durch die Geburt seines Sohnes geheiligt. Heilig ist für die Griechen das, was der Welt entzogen ist, worüber sie keine Macht hat. Im Schweigen entziehen wir uns dem Lärm dieser Welt. Da berühren wir das Heilige in uns. Die stille Nacht von Weihnachten will den inneren Lärm unserer Ängste, die uns oft in unseren Träumen bedrängen, zum Schweigen bringen, damit Gott in uns geboren werde. Da, wo Nacht zum Symbol für Dunkelheit und Sinnlosigkeit geworden ist, zum Bild eines Zustands der Depression und Lähmung, da ist sie verwandelt durch das Licht von Weihnachten. Das Licht von Weihnachten erleuchtet diese Nacht der Depression, die Nacht der Sinnlosigkeit, die schlaflosen Nächte, die kein Ende nehmen wollen. Weihnachten heißt: mit dem Licht unseres Bewusstseins in der Nacht unseres Lebens den zu erkennen, der unsere Nacht verzaubern, verwandeln, heiligen will.

Dort, wo Gott in uns ist, entsteht ein heiliger und lichter Raum. Und in diesem heiligen Raum sind wir schon heil und ganz. Da ist unsere Nacht, die sonst voller Angst und Dunkelheit ist, still und heilig geworden.

In diesem Sinn ist das Lied von Josef Mohr und Franz Gruber, das um die ganze Welt ging, bleibender Ausdruck unserer tiefen Sehnsucht nach dem wirklichen Glück, nach dem verlorenen Paradies.

Die Stärke der Stillen

Lorenz Marti

Die lauten, selbstbewussten Draufgänger haben Geschichte geschrieben. Das ist seit Jahrtausenden so – und doch nur die halbe Wahrheit. Es braucht nämlich auch die anderen: die Leisen und Bedächtigen. Sie bleiben meist im Hintergrund, wie das so ihre Art ist. Doch ohne sie gäbe es uns heute nicht, wie ein Blick in die Geschichte der Evolution zeigt. Sie bilden den notwendigen Gegenpol zu den dynamischen Machern. Die beiden Temperamente benötigen einander und ergänzen sich.

Man könnte meinen, dass jene, die nicht so viel Lärm veranstalten, es schwer hätten, sich im Überlebenskampf zu behaupten. Das sieht nach außen vielleicht so aus, stimmt genau besehen aber nicht. Nur ist die wahre Stärke der Stillen nicht so offensichtlich: Sie liegt in ihrem ausgeprägten Wahrnehmungsvermögen. Mit ihren feinen Antennen registrieren sie auch die unscheinbaren Signale und die leisen Zwischentöne. Sie sehen, hören und spüren manches, was anderen entgeht. Sie stürmen nicht gleich los, sondern sammeln zuerst einmal Informationen, beobachten, überlegen und warten den geeigneten Augenblick ab, bevor sie handeln.

Von außen gesehen mag ihr Verhalten zögerlich und ängstlich erscheinen, doch dieses behutsame Vorgehen hat sich im harten evolutionären Selektionsprozess als Vorteil erwiesen: Gefahren werden früher wahrgenommen, Entscheidungen sorgfältiger geprüft, Energien und Kräfte besser eingeteilt. Wer die Klippen kennt, kann sie umschiffen und kommt am Ende sicher ans Ziel.

Bei den Tieren ist es übrigens genauso. Auch sie brauchen die stillen Naturen in ihren Reihen. Evolutionsbiologen stellen fest, dass Herdentiere im Vorteil sind, wenn einige der Herdenmitglieder bei der Nahrungssuche regelmäßig innehalten und nach möglichen Feinden Ausschau halten.

In vielen alten Kulturen haben die Herrscher vor wichtigen Entscheidungen Rat bei stillen Menschen gesucht, bei Weisen, Priestern und Künstlern. Diese verkörperten die Stimme von Klugheit, Vernunft und Phantasie. Ein König war wohlberaten, solche Menschen um sich zu haben, bevor er in den Krieg zog.

Ob Tier oder Mensch: Die impulsiven Kämpfernaturen sind auf die sensiblen Artgenossen angewiesen – und umgekehrt. Es braucht beide. Ohne die Draufgänger, welche sich auf die Jagd gemacht haben, wären die Menschen verhungert. Und ohne die Bedächtigen, welche rechtzeitig das verdächtige Knacken im Gebüsch vernommen haben, hätte der Säbelzahntiger die Jäger gefressen. Beide Temperamente haben ihren Platz und ihre Bedeutung im evolutionären Prozess. Zusammen sind sie stark.

In kritischen Momenten haben die Stillen viel zu sagen. Und was sie sagen, ist wohlüberlegt. Sie geben nicht vor, etwas zu wissen, wenn sie sich ihrer Sache nicht ganz sicher sind. Lieber stehen sie dazu, es nicht zu wissen. Ihre Skepsis schützt sie vor falschen Gewissheiten. Ihre Zurückhaltung bewahrt sie vor überstürzten Handlungen. Auch haben sie kaum die Tendenz, sich zu überschätzen. Im Gegenteil, sie neigen eher dazu, ihre Stärken und Möglichkeiten zu unterschätzen. Aufs Ganze gesehen verfügen sie über einen besseren Realitätssinn als ihre extrovertierten Zeitgenossen.

Das hört sich jetzt nicht nur an wie ein Plädoyer für die Stillen – es ist auch eines. Ich bin da parteiisch, schließlich zähle ich mich selber zu ihnen. Nichts gegen die Extrovertierten und Lauten. Aber wir Introvertierten sollten uns im Vergleich mit ihnen nicht klein machen. Sie brauchen uns genauso, wie wir sie brauchen. Und es ist gut, wenn beide das wissen.

Spur in die Stille
Wolfgang Öxler

Zu einem mönchischen Einsiedler kommen eines Tages Wanderer. Sie fragen ihn: »Welchen Sinn siehst du in einem Leben der Stille?« Der Einsiedler ist gerade dabei, mit einem Eimer das Wasser aus dem Brunnen zu holen. Er wendet sich an die Besucher und sagt: »Schaut in den Brunnen, was seht ihr da?« Sie tun, wie ihnen geheißen, und antworten: »Wir sehen nichts außer Wellen.« Der Mönch schweigt und wartet. Nach einer Weile fordert er die Menschen noch einmal dazu auf, in den Brunnen zu schauen, und fragt: »Was seht ihr jetzt?« Die Antwort der Besucher: »Jetzt sehen wir, wie sich der Himmel im Wasser spiegelt, und wir sehen uns selbst.« Darauf der Mönch: »Und was seht ihr noch? Schaut in die Tiefe!« – »Wir sehen den Boden des Brunnens, wir sehen bis auf den Grund.« – »Seht ihr«, sagt der Mönch, »das ist die Erfahrung der Stille, das ist der Wert der Ruhe. Du siehst den Himmel. Du siehst dich selbst. Und du blickst bis auf den Grund.«

Wenn das Wasser ruhig wird, klärt sich vieles, und man kann irgendwann bis auf den Grund der Dinge sehen. Ähnlich ist es auch mit unserer eigenen Verfassung. Wenn unser Geist unruhig und aufgewühlt ist, können wir unser Innerstes nicht erkennen. Erst wenn wir lernen, zur Ruhe zu kommen, wird uns manches klarer. Die Stille gibt mir die Chance, den Dingen auf den Grund zu gehen, mich selber besser zu verstehen, und zugleich eröffnet sich mir die Perspektive hin zum Himmel.

Stille hat viel zu tun mit »stehen bleiben«. Es erfordert eine gehörige Portion Mut und Leidensbereitschaft, bei dem Chaos, das ab und an in uns auftauchen, uns aufwühlen mag, gelassen stehen zu bleiben. Der einfachere Weg wäre: zurück zur Bewegung – weiterzugehen. Weiter vor uns selbst davonzulaufen in den Lärm des Alltags. Doch wenn wir von Dauerlärm und Dauerüberreizung umgeben sind, dann belastet das unseren Körper und hinterlässt Spuren in unserer Seele. Stille dagegen hat eine reinigende Funktion. In der Stille kann die Seele aufatmen. Stille ist nicht nur eine akustische Entlastung, sondern auch eine Chance zur Neuorientierung, damit ich nicht nur funktioniere, sondern lebe. Stille ist Urlaub für Geist und Seele.

Ohne Momente der Stille wird das Wort und vielleicht auch unser Gebet zum Geschwätz. »Der Schwätzer hat keine Richtung auf Erden«, heißt es im Psalm 140. Worte brauchen Schweigen. Ein geschriebener Text ohne Wortzwischenräume ist schwer lesbar. Eine Rede ohne Atempausen wäre unverständlich. Der bewusste Einsatz von Stille verleiht den Worten Kontur und Gewicht, so wie der leere Resonanzraum eines Instruments den Klang eines Tones voller macht.

Im Schweigen findet der Mensch aus der Zerstreuung zu sich selbst zurück. Der heilige Augustinus betonte einmal, dass in der Stille das Herz weit wird und sich löst von der Vielrederei der Gedanken. Viele Menschen fühlen sich dem Stress und dem Druck ihres Alltags nicht mehr gewachsen. Die Seele leidet. Auch der Stoffwechsel und das Immunsystem funktionieren dann unter Umständen nicht mehr gut. Ja, es ist leichter, dem Fluchtreflex nachzugeben. Aber Aushalten statt Weglaufen ist angesagt. Selbstverordnete Zeiten der Stille helfen mir, Abstand zu gewinnen von den inneren Stimmen, damit ich meine Aufgaben gelassener angehen kann.

Der heilige Benedikt empfiehlt in seiner Ordensregel, welche vor über 1500 Jahren geschrieben wurde, auf die eigenen Worte zu achten und ihnen durch Schweigen eine »Wache vor den Mund« zu stellen. Er schätzt die Schweigsamkeit so sehr, dass er den Mönchen empfiehlt, »bisweilen sogar auf Gespräche zu verzichten, mag es sich um noch so gute, heilige und aufbauende Gespräche handeln«.

In der Stille geschieht am meisten. Die Stille ist der Ort, an dem Gott uns erwartet. Alles, was zu leise war, um gehört zu werden, kommt jetzt zum Vorschein. Alles, was sich verstecken wollte hinter

Trubel und Lärm, kann sich nicht mehr verkriechen, wenn es plötzlich ruhig wird. Jetzt ergibt sich die Gelegenheit, problematische Dinge einmal genauer unter die Lupe zu nehmen und vielleicht eine Lösung dafür zu finden. Schweigen birgt auch die Chance zu entdecken, was überflüssig ist, von welchen Angewohnheiten und vermeintlichen Verpflichtungen man sich trennen kann.

Das wundgeglaubte Herz
Susanne Niemeyer

Am Morgen jenes vergangenen Tages rasierte sich Zacharias sorgfältiger als sonst. An jenem Morgen zog er sein bestes Hemd an, das mit den Perlmuttknöpfen. Das hatte er lang nicht mehr gemacht.

Elisabeth sah ihn an und dachte, dass er alt geworden war. Ein alter Mann mit zwei Falten um den Mund und tiefer Melancholie im Blick. Ach du, dachte sie.

Im Haus war es still. Viel zu still. Zacharias räusperte sich, er konnte die Stille nicht gut ertragen. Hier hätten seine Kinder lachen sollen. Er hatte sich immer ein volles Haus gewünscht, kommen und gehen, klein und groß, Elisabeth und er, sie beide mittendrin. Aber es war kein Kind gekommen. Kein einziges. Elisabeth wurde älter, ihre Versuche wurden routinierter und bekamen schließlich den Beigeschmack der Verzweiflung.

Elisabeth fühlte sich wund an, wundgehofft, und

er fühlte sich schuldig. Und auch betrogen um ein Leben, das sie verdient hätten. Sie hörten auf, darüber zu reden. Und irgendwann hörte Zacharias auch auf, dafür zu beten. Denn auch Gott blieb stumm.

Zacharias war Priester, einer von Tausenden, aber immerhin nicht in einem verlorenen Dorf am Ende der Welt, sondern im Tempel. Im Zentrum. Da, wo immer etwas los war. Einer, der anderen Hoffnung machte, ohne selber noch Hoffnung zu haben. Aber er war gut darin. Er war wirklich gut.

An jenem Tag also war er an der Reihe, das Rauchopfer zu bringen. Deshalb das Hemd. Zacharias küsste Elisabeth flüchtig auf die Wange. »Bis später, Schatz«, sagte er und ging.

Im Tempel war es bereits voll. Pilgerinnen, Touristengruppen, Gläubige, Krimskramsverkäufer. Zacharias entdeckte ein paar bekannte Gesichter und setzte sein Priestergesicht auf. Warm und verbindlich. Er prüfte, ob die Kohlen glühten, der Weihrauch lag bereit. Die Zeremonie begann. Es wurde still. Zacharias sprach die heiligen Worte, er kannte sie in- und auswendig. Kurz schweifte er ab und dachte, dass er versprochen hatte, später Lammbraten zu besorgen, aber er holte sich zurück und versuchte, mehr Bewegtheit in seine Stimme zu legen. Dann ging er hinein ins Allerheiligste. Dorthin durfte ihm niemand folgen. Hier war er allein mit Gott. Was für eine Vorstellung, dachte er. Und dann dachte er kurz, was er Gott sagen würde, wenn Gott wirklich hier wäre. Aber der Raum war leer, bis auf das Gold, das glänzte und schwieg.

Stopp, ermahnte sich Zacharias. Dies ist nicht der Ort für Zweifel.

Er nahm die Schale mit dem Weihrauch und sah den Engel. Er gehörte nicht hierher. Er war neu. Er war fremd. Und dennoch stand er unzweifelhaft da, direkt neben dem Altar. Zacharias wollte etwas sagen, aber was?

»Fürchte dich nicht«, hörte er. »Euer Wunsch wird sich erfüllen. Elisabeth wird schwanger, und ihr bekommt ein Kind, und ihr werdet überglücklich sein.«

In Zacharias Kopf stürzte etwas ein. Jetzt hätte er jubeln müssen, hier war das Wunder, das er so lang herbeigesehnt hatte. Aber das Einzige, was er dachte, war: Warum? Warum jetzt? All die Jahre, in denen wir so gehofft haben. In denen wir alles versuchten. In denen wir das Glück der anderen gesehen haben, all die vielen bitteren Jahre. Der mühsame Weg, abzuschließen. Und jetzt wieder anfangen? Von Neuem anfangen zu hoffen? Zacharias spürte nichts. »Wie kann ich mir sicher sein«, fragte er.

»Wie kann ich wissen, dass es dieses Mal klappt, dass wir nicht wieder enttäuscht werden? Und wie soll das gehen? Es ist zu spät. Wir sind alt. Da wächst nichts mehr. Ich kann das auch nicht mehr, ich ...«

»Still«, sagte der Engel und brachte Zacharias mit einer sanften Geste zum Schweigen. »Es liegt nicht an dir. Du musst nichts tun. Vertraue: Das Leben wird wachsen.«

»Aber«, wollte Zacharias einwenden, tausend Abers lagen auf seiner Zunge. Aber sie kamen nicht raus. Kein einziges Aber kam über seine Lippen.

Draußen vor dem Tempel begannen die Leute unruhig zu werden. Sie fragten sich, was Zacharias im Inneren tat. Als er schließlich herauskam, blieb der Segen ungesprochen. Die Leute wunderten sich. Aber Zacharias schwieg und ging ohne ein weiteres Wort davon. Als hätte es ihm die Sprache verschlagen.

Er zog in einen Raum aus Stille. Neun Monate lang wohnte er darin. Seine Stimme versagte ihren Dienst. Er war nicht ansprechbar, für niemanden. Neun lange Monate sprach Zacharias kein einziges Wort. Elisabeth ließ ihn in Ruhe. Manchmal brachte sie ihm eine Tasse Tee. Dabei sah er, wie ihr Bauch wuchs. An guten Tagen aß er dann einen Teller Hühnersuppe. Mit der Zeit begannen sich seine Gedanken zu beruhigen. Die Zweifel verstummten. Irgendwann war auch sein Zorn gestillt und sein wundgeglaubtes Herz erholte sich.

Und da begann etwas Neues.

»Ich steh an deiner Krippen hier«

Das Wunder der Geburt

Ich steh an deiner Krippen hier,
o Jesu, du mein Leben;
ich komme, bring und schenke dir,
was du mir hast gegeben.
Nimm hin, es ist mein Geist und Sinn,
Herz, Seel und Mut, nimm alles hin
und lass dir's wohlgefallen.

Paul Gerhardt

Maria sagt Nein
Susanne Niemeyer

Als Herr Gott beschließt, eine Familie zu gründen, sucht er sich eine Frau aus. Sie heißt Maria. »Maria«, sagt Herr Gott, »ich werde dich schwängern.« Herr Gott fragt nicht. Fragen ist nicht seine Sache. Warum auch? Bisher haben alle gehorcht.

Aber Maria sagt trotzdem: »Nein.«

Das ist Herr Gott nicht gewohnt. Er hat einen Plan. Sein Sohn (natürlich wird es ein Sohn!) soll die Welt retten. Oder Fußballprofi werden. (Am Ende wird aus beidem nichts, aber so ist das mit großen Plänen.)

Maria sagt: »Ich will nicht«, und erklärt sich nicht näher, weil sie findet, das braucht sie nicht.

Von Eva hat sie ihren freien Willen geerbt.

»Und wohin hat uns das gebracht?«, fragen die Nachbarinnen, die mindestens drei Kinder haben und kein Ende in Sicht. Von Paradies kann da wirklich keine Rede mehr sein.

Maria mag die Kinder und die Nachbarinnen, aber von Vergleichen hält sie nichts.

Herr Gott versteht das Problem nicht. Er hat alles weise geordnet. Die Schöpfung ist schließlich keine Pro- und Contra-Debatte. Er ist von der Situation überfordert. Widerstand ist ihm zwar nicht gänzlich unbekannt, normalerweise reagiert er mit Sintflut, Plagen oder großen Walfischen darauf. Aber in diesem Fall wäre das im Hinblick auf seine Familienplanung hinderlich.

»Aber du kannst dich nicht weigern. Du musst«, sagt Herr Gott darum etwas hilflos.

»Und warum?«, fragt Maria.

»Weil das deine Bestimmung ist«, sagt Herr Gott.

»Aha«, sagt Maria und lässt sich ihre Bestimmung durch den Kopf gehen. »Ich möchte lieber Architektur studieren und schöne Kirchen bauen.«

Herr Gott holt tief Luft. Mit Menschen, die große Bauwerke planen, hat er schlechte Erfahrungen gemacht. Auch wenn er gegen Kirchen nichts einzuwenden hat. »Kannst du das nicht den Männern überlassen? Irgendwer muss die Kinder kriegen. Denn wenn es keine Kinder mehr gibt, gibt es auch keine Menschen mehr, die in Kirchen gehen.«

Maria erkennt das Problem. Sie ist ja klug. Auch das hat sie von Eva geerbt.

»Das heißt, du brauchst mich?«

»Ja«, sagt Herr Gott.

»Dann sag das doch«, sagt Maria.

»Bitte«, sagt Herr Gott.

Maria horcht auf. »Bitte« ist ein Menschenwort. Es gehörte bisher nicht zu Herrn Gottes Sprachschatz.

»Sag es noch einmal«, bittet Maria.

»Bitte«, sagt Herr Gott.

Und so wird Gott Mensch. Ganz von selbst.

Das Geheimnis der Menschwerdung
Tomáš Halík

»Im Anfang war das Wort« – Erasmus von Rotterdam übersetzte jenen Satz ursprünglich: *In principio erat sermo* – am Anfang war die Ansprache, die Verkündigung oder Predigt, die Anrede, das Gespräch.

Für feinfühlige und offene Herzen ist diese Anrede schon die Schöpfung selbst, die Natur, das Drama der Entwicklung, das hinreißende Konzert der Evolution, eines ununterbrochenen Entstehungsprozesses, durch den Gott kontinuierlich zu uns spricht. Schöpfung – das bedeutet eine sich kontinuierlich wandelnde Welt – ist schon Gottes Sprechen, Verkündigung von Gott selbst.

Der zentrale Moment der Evolution des Universums ist jedoch der Augenblick, in dem während dieser göttlichen Komposition ein neues Motiv voll erklingt: der Weihnachtshymnus über die liebende Verbindung des Göttlichen mit unserem Menschsein. Hier beginnt ein weiteres Kapitel der *Menschwerdung,* der Vermenschlichung der Welt.

Das Weihnachtsevangelium sagt uns, dass der höchste Ausdruck des göttlichen Wortes, der göttlichen Selbstmitteilung und Selbstgabe, die Menschlichkeit ist – und die Fülle der Menschlichkeit sehen wir *in der Mitmenschlichkeit Jesu.* Die Menschlichkeit Jesu, die ganze menschliche Geschichte Jesu, die in einer Nacht im Stall von Bethlehem begonnen hat, ist ein Fenster, durch das wir das göttliche Herz erblicken können.

Das unerschöpfliche Geheimnis wird menschlich verständlich und menschennah. Gott ist durch das Weihnachtsgeheimnis nicht nur nach Bethlehem, sondern in das Menschsein als solches eingetreten. Das Geheimnis der Menschwerdung ist tatsächlich – wie wir es im Evangelium nach Lukas gehört haben – nicht nur für die Hirten auf den Weiden von Betlehem vorgesehen, sondern für *alle Menschen* –

für alle Generationen. Es richtet sich an jeden von uns.

Diese Botschaft wird durch das Ereignis der Osternacht wesentlich ergänzt: Es sagt uns, dass, was in der Höhle von Bethlehem begonnen hat, nicht in dem Felsengrab außerhalb der Stadtmauern von Jerusalem zu Ende ging. Die Geschichte Jesu, Jesus selbst, lebt im Raum unseres Glaubens, im Zeugnis der Christen, in der Verkündigung und im Feiern der Kirche weiter.

Flüchtigkeit
Paulina Kleinsteuber

Da stand er auf, nahm in der Nacht das Kind und seine Mutter und floh nach Ägypten.

Matthäus 2,14

Kein chemisches Labor ohne ihn – den Lösungsmittelschrank. Er sorgt für die sichere Ableitung von Gasen flüchtiger Substanzen; Stoffe, die schon bei Raumtemperatur verdampfen, ihr altes Dasein verlassen, sich verflüchtigen.

Flüchtig – das Wort begegnet uns häufig. In den berüchtigten Flüchtigkeitsfehlern, bei flüchtigen Bekanntschaften, bei Menschen und Tieren, die gezwungen sind zu flüchten. Und immer liegt etwas Unstetes, Bewegtes im Kontext dieses Wortes.

Unstet und bewegt war auch die Zeit um Jesu Geburt. Wir feiern heute Advent und Weihnachten gern als heimelige, gemütliche Zeit. In vielen Familien sehnt man sich nach Beständigkeit und Harmonie, oft vergeblich. Gilt es, einen beseelten Moment der tiefen Freude ganz festzuhalten? Einen Moment, der in seinem Ursprung jedoch äußerst fragil war und sich im Unterwegssein ereignete?

Jesu Eltern, sie waren unterwegs nach Bethlehem, als das Kind in karger Umgebung zur Welt kam. Die Hirten, sie waren unterwegs mit der Herde. Die drei Weisen, auch sie waren auf der Wanderung. Von Gemütlichkeit keine Spur. Kaum war Jesus dem bergenden Schoß der Mutter entbunden, war die kleine Familie gezwungen weiterzuziehen, ihr altes Dasein zu verlassen, zu flüchten. Hinein in die Fremde und unterwegs in der Fremde. Das ist Wesenszug der weihnachtlichen Zeit. Das Unterwegssein, es wird auch die Zeit des Wirkens Jesu prägen.

Trotz unserer großen Sehnsucht, freudig an der Krippe zu verweilen, staunend innezuhalten, ahnend, was die Geburt dieses Kindes zu bedeuten hat – es wird nicht viel mehr als ein kurzes Anbeten bleiben, denn die Welt schlägt zu, reißt uns wieder hinein in das Strömen und Strudeln des Alltagslebens. Wenn wir Jesu Spuren folgen wollen, dann können auch wir nicht an Ort und Stelle verharren, sondern müssen aufbrechen. Nicht, um uns von der Bewegung der Welt fortreißen zu lassen, sondern um ganz bewusst Schritte in ihr zu gehen, auch wenn sie in die Fremde führen. Oft wird uns die eigene innere Fremde zur Begleiterin, selbst wenn wir uns in vertrauter Umgebung aufhalten. Auch und gerade im Advent und Weihnachten kann uns das widerfahren. Wenn wir uns darauf einlassen, können sich andere Perspektiven dieser Festzeiten eröffnen. Wir können Jesus nicht an der Krippe festbinden, so gern wir dieses Bild auch haben. Doch wir können die in die Flucht hinein geborene Flüchtigkeit dieses Ereignisses feiern, die Größe GoTTes, die die ganze Welt in einen Augenblick hineinzulegen vermag. Wir dürfen aus diesem Staunen heraus unseren Proviant packen, um Jesus auf dem Weg zu folgen. Bis zum Kreuz. Und darüber hinaus. Vertrautes zurücklassend, uns aus eigenen Erstarrungen verflüchtigend, uns selbst entziehend hinein ins Fremde. Vertrauend auf

»Ich steh an deiner Krippen hier«

Christus als stets wirksames Lösungsmittel, der sich in keinen Sicherheitsschrank der Welt ein- und wegsperren lässt.

Ochs und Esel
Anselm Grün

Seit es Geburtsdarstellungen Jesu gibt, sind Ochs und Esel immer dabei, obwohl die beiden Tiere bei Lukas nicht erwähnt sind. Sie sind in verschiedener Weise gedeutet worden. Gregor von Nyssa († 394) deutet sie so: Der Ochse steht für das jüdische Gesetz, an das er gebunden ist wie an ein Joch. Der Esel ist Symbol für die Heiden. Denn er trägt die Last des Götzendienstes. Zwischen Ochs und Esel liegt das göttliche Kind, das sowohl Juden wie Heiden von ihrem Joch und ihrer Last befreit. Eine symbolische Deutung ist durchaus sinnvoll – und natürlich auch für andere Interpretationen offen. Da ist zum einen das Bild, dass die Tiere ein Gespür für Christus haben, während sich die Menschen vor lauter Argumenten den Blick für das Geheimnis der Menschwerdung verstellen. Die Tiere würden wir heute wohl eher tiefenpsychologisch verstehen, nämlich als Symbol für die Trieb- und Instinktnatur des

Menschen. Unsere Triebe und Instinkte verstehen manchmal eher das Geheimnis der Verwandlung, das in der Menschwerdung Gottes in Jesus Christus sichtbar geworden ist. Triebe können in Geist verwandelt werden, Instinkte in Weisheit.

Wer seine Triebe und Instinkte unterdrückt, wer nur aus dem Kopf lebt, weil er vom Kopf aus alles steuern und bestimmen will, der lebt an seinen Möglichkeiten vorbei, der bleibt sich selbst entfremdet, in dem kann nichts Neues geboren werden. Ohne Triebe und Instinkte gibt es keine Lebenserneuerung, keine Neugeburt. Ochs und Esel an der Krippe laden uns dazu ein, unsere Kopflastigkeit abzulegen und uns demütig den Tieren in uns zuzuwenden. Sie sind dem göttlichen Kind näher als unser Kopf, der über das Kind lediglich nachdenkt, anstatt es zu erkennen.

Instinkt und Geistnatur gehören beide zur Ganzheit des Menschen und stehen zueinander in einer geheimnisvollen Beziehung. Ohne sie kann der Mensch nicht zu seinem Selbst finden. Wenn Ochs

und Esel das göttliche Kind mit ihrem Atem wärmen, dann wird darin bildhaft ausgedrückt, dass das
Naturhafte und Instinkthafte im Menschen den
Geist wärmen und nähren kann, dass das Geistige in
uns ohne das Vitale kalt wird und erstarrt.

Ochs und Esel sagen auf der Ebene des Sym-
bols auch dies: Triebe und Instinkte sind nicht nur
positive Kräfte. Sie können auch das Träge, Ver-
härtete, Sture des Gesetzes und die Last des
Götzendienstes symbolisieren. Der Ochs, der stur
vor sich »hinstiert«, und der
Esel, der unter der Last zu-
sammenbricht, sind Bilder
für Lebenshaltungen, die wir
alle kennen. Wir gehen oft stur
unseren Weg, ohne nach rechts
und links zu blicken. Und wir laden uns zu viel auf,
weil wir kein Maß kennen. Christus wird als Kind in
unsere Gesetzesfrömmigkeit hineingeboren. Ein
Kind hat kein Gespür für Gesetzlichkeit. Es wirft
mit seiner spontanen Liebe alle Gesetze über den

Haufen. Und ein Kind hat kein Gespür für die Last des Götzendienstes, für die Anstrengungen unserer selbst gewählten Askese, durch die wir meinen, Gott zu uns herabzwingen und unser Ego zum Götzen machen zu können. Das Kind nimmt alles leicht. Statt uns Lasten aufzubürden, weist es uns ein in die Leichtigkeit des Seins. Von Weihnachten geht beides aus: Spontaneität der Liebe und Leichtigkeit des Seins.

Weihnachten ist nie wie immer
Martin Werlen

In St. Gerold stehen die vom Künstler Ueli Schmutz (*1932) für die Propstei geschaffenen großen Keramik-Krippenfiguren jedes Jahr an einem anderen Ort und in einer anderen Konstellation: Weihnachten in unserer Baustelle. Im Lockdown der Pandemie konnte die Krippe draußen im Hof der Propstei abgeschritten und begangen werden. Jede Figur – vom Raben bis zum Jesuskind – stellte sich den Besuchenden auf einem Flyer selbst vor.

Angesichts der Not so vieler Menschen auf der Flucht, die in Zelten untergebracht waren, zeigte sich die heilige Familie in einem anderen Jahr im vordersten Teil der Kirche in einem modernen Familienzelt. Das hat mich ähnlich tief berührt wie eine Aufführung des Weihnachtsoratoriums von Johann Sebastian Bach (1685–1750) in der Werkshalle der Rhätischen Bahn in Landquart: Weihnachten mitten im Alltag.

Dann machten sich die Sterndeuter auf den Weg nach Betlehem und nahmen die Besuchenden mit – nicht in die Kirche, sondern direkt in die riesige Baustelle. Auf dem Weg dorthin traf man den Engel mit den Hirten und den Schafen. Dann ging es – wie im seit 2002 mit einer Mauer abgesperrten Betlehem – durch einen von Gittern vorgegebenen Weg in einen erbärmlichen Raum. Dort in der Ecke war die heilige Familie. Kinder und Jugendliche, die die Krippe besuchten, holten anschließend ihre Eltern und Großeltern, um mit ihnen diese Weihnachtserfahrung zu teilen. Ich hörte, wie eine Frau aus einem Nachbarort mit voller Überzeugung sagte: »Das hat jetzt aber wirklich gar nichts mit Weihnachten zu tun.« Da konnte ich ihr von einer anderen Erfahrung erzählen.

Zwei Tage vor Weihnachten kam ich am späten Abend in einer italienischen Stadt an. Ein paar hundert Meter vor dem Hotel lief ein junger Mann verzweifelt neben seinem Gepäck rum. Von seinem Aussehen her meinte ich, er sei Ukrainer. Ich sprach ihn in Englisch an und fragte ihn, ob er eine Unterkunft habe. Er antwortete in Italienisch. Er erzählte mir, dass seine Freundin hier wohne und ihn hinausgeworfen habe. So fand er sich verzweifelt auf der Straße wieder. Weihnachten konnte er so nicht mehr feiern – auch nicht mit seinen Eltern in Süditalien. Und da kam ich daher. Ich bot ihm an, in dem einfachen Hotel, wo ich ein Zimmer gebucht hatte, auch ein Zimmer für ihn zu zahlen, falls noch eines frei sei. Das wollte er nicht. Essen wollte er auch nicht. Ich schlug ihm vor, dass ich schnell mein Zimmer beziehe, und dann könnten wir in eine Bar gehen und miteinander etwas trinken. Und so saßen wir in dem mir ungewohnten Lärm einer Bar zusammen, und er erzählte mir aus seinem Leben. Vorher, so meinte er, habe er gedacht: Jetzt müsste irgendwo ein Mönch daherkommen und ihn vor dem bewahren, was er sich hätte antun können. Er wusste nicht mehr weiter. Er wusste aber auch nicht, dass ich Mönch bin. Da er auf dem Bau tätig ist, begann ich ihm von der Bedeutung von Baustellen zu erzählen. Und dass unser Leben auch eine Baustelle sei. Weihnachten sei nicht eine gute Stimmung, sondern Licht in unsere Nacht. In unserer Baustelle wolle Gott zur Welt kommen. Nathalie und David, die kreativen Köpfe mit Herz (zusammen bilden wir die Leitung der Propstei), hatten mir zuvor ein Foto unserer soeben gestalteten Krippe auf der Baustelle geschickt. Dieses Foto zeigte ich meinem Gesprächspartner. Da begannen ihm die Tränen zu fließen. »Das ist mein Leben!«, meinte er betroffen. Es hatte also doch etwas mit Weihnachten zu tun.

Da fragte er mich: »Arbeitest du auf dem Bau?« Nein, das konnte ich nicht bestätigen. »Aber was stimmt: Ich habe viel mit Baustellen zu tun. Jetzt will ich dir verraten, was mein Beruf ist: Ich bin Mönch.« Was dann passiert ist, kann man sich kaum vorstellen. Er konnte sich nicht mehr halten. Das war zu viel. Er stand auf, umarmte mich und schluchzte vor Freude. Dann sagte er: »Ich gehe zurück zur Freundin. Jetzt merke ich, dass es gut ist.« Später in der Nacht sprach er mir aufs Telefon: »Hallo Martin. Es geht gut. Es geht wirklich gut. Diese Stunden sind wirklich magisch gewesen. Es hat mich sehr gefreut, dich zu treffen. Danke! Danke nochmals für ... Danke! Einfach so: Danke! Ich möchte gerne dich besuchen in Österreich, wenn ich die Möglichkeit habe. Gute Nacht! Und frohe Weihnachten! Danke nochmals.«

Ein sehr kreativer Mensch, der an verschiedenen Baustellen in seiner eigenen Familie hart arbeiten musste und dem wir mehrere Fernsehsendungen im deutschsprachigen Gebiet verdanken, meinte zu unserer Krippe: »Das ist wohl die authentischste Krippe. Ich würde die Baustelle lassen. Bis nächstes Jahr für Weihnachten, oder?« Nein, die Krippe wird sich nächstes Jahr ganz anders präsentieren – in der Situation, in der wir dann sein werden. Gott wird auch dann mitten unter uns zelten.

»Die tannenduftende Nacht«

Das Geheimnis des Weihnachtsfestes

Die Welt mit wütender Macht. –
Da – sinkt auf schneeigen Schwingen
Die tannenduftende Nacht …

Da schwebt beim Scheine der Kerzen
Ganz leis nur, kaum, dass du's meinst,
durch arme irrende Herzen
der Glaube – ganz so wie einst …

Da schimmern im Auge Tränen,
du fliehst die Freude – und weinst,
der Kindheit gedenkst du mit Sehnen,
oh, wär es noch so wie einst! …

Rainer Maria Rilke

Christbaum und Tannenzweige
Anselm Grün

Schon die Germanen haben in der winterlichen Zeit Tannenzweige abgeschnitten und damit ihre Häuser geschmückt. Sie wollten damit die Dämonen vertreiben, vor denen sie Angst hatten. Sie glaubten, dass die Dämonen gerade in der Winterzeit um ihre Häuser herumschwirrten. Wir Christen brauchen keine Dämonen zu vertreiben. Die symbolische Bedeutung hat sich gewandelt. Wir wissen: Nicht die Tannenzweige vertreiben die Dämonen, sondern das Geheimnis der göttlichen Liebe, das uns auch in unseren Wohnungen daheim sein lässt.

Es gibt heute wohl kaum eine Familie, die an Weihnachten nicht einen geschmückten Nadelbaum als Christbaum aufstellt. Der seit dem 19. Jahrhundert verbreitete Brauch hat sich inzwischen weltweit etabliert. Und nicht nur in unseren Städten leuchten uns die Christbäume schon in der Adventszeit entgegen. Der Christbaum, der mit

Kugeln, Kerzen und Lametta dekoriert ist, erinnert uns an den Baum im Paradies. Wenn Gott Mensch wird, dann wird unsere Erde zum Paradies. Dann leuchtet etwas von dem seligen Urzustand auf, von dem die Bibel uns erzählt. Damals waren die Menschen noch in Harmonie mit Gott, mit der Natur, mit sich selbst und miteinander. Der Christbaum ist also die Verheißung, dass auch wir zu diesem glücklichen Urzustand gelangen können, wenn wir Gott in unser Herz hineinlassen. Wenn wir den Christbaum in unsere Wohnungen stellen, dann steht er für das Vertrauen, dass auch in unserem Haus etwas vom Paradies aufleuchtet, wenn wir uns von der Liebe Christi leiten lassen, wenn wir Gott in unser Haus und in unsere Herzen einlassen.

Weihnachten ist anstrengend
Katharina Barth-Duran

Nach dem Gottesdienst und einem großen Mittagessen am ersten Weihnachtstag zu Hause mit der ganzen Familie, drei erwachsenen Kindern, Schwiegerkindern und fünf Enkelkindern gönnten wir uns zwei Stunden Pause. Der Raum war doch zu klein für so viele lautstarke Kinder.

Die einen gingen schlafen, die anderen spazieren, und ich hatte das Bedürfnis, eine Runde mit dem Rad zu fahren, bevor es Tee, Kuchen und Plätzchen gab.

Statt gemeinsamem Weihnachtliedersingen, was ich mir insgeheim gewünscht hatte, ging es dann weniger besinnlich weiter. Mein Sohn stimmte das »Tsch tsch tsch die Eisenbahn« an, »wer will mit zur Oma fahrn?«. Groß und Klein bis hin zu Johann, der gerade erst laufen gelernt hatte, schlossen sich dieser Polonaise an.

Alle waren begeistert dabei, doch am Abend war mein linker Zeigefinger geschwollen und mein Auge entzündet. Mein Körper sagte mir: Es ist genug! Ich hatte einen Grund, meine Fahrt an die Mosel zu weiteren Verwandtenbesuchen abzusagen, und war gar nicht mal traurig darüber.

Stattdessen ging ich am 2. Feiertag mit meiner Tochter Johanna auf dem Heuchelberg spazieren. Bei anbrechender Dunkelheit erlebten wir die Waldweihnacht der evangelischen Kirchengemeinde. Einzelne und Familien mit Kindern standen in lockerem Abstand mit ihren Laternen oder Taschenlampen im Halbrund. Der Posaunenchor spielte und der Pfarrer erzählte die Geschichte vom vierten König, eine alte russische Legende, die mich immer noch anrührt. Wir sangen Weihnachtslieder, während hinter den Bäumen am Nachthimmel der Mond aufging. Das war einfach schön. Ohne mein Zutun, mich beschenken zu lassen. Das war für mich echt Weihnachten!

Geburt Jesu mit Bagger
Martin Werlen

In meiner Amtszeit als Abt von Einsiedeln hatten wir einmal an Weihnachten noch ein Gerüst in der Klosterkirche. Damit war ausgerechnet auch noch die große Weihnachtskuppel verdeckt. Damals war meine Freude an Baustellen noch nicht so groß wie heute. Aus Kostengründen blieb das Gerüst aber über Weihnachten stehen. Das erinnerte mich an ein Weihnachtsbild, das ich als Teenager in einem Gebetsbüchlein gefunden hatte. Damals konnte ich mit dem Bild überhaupt nichts anfangen, heute wäre ich froh, es in meinem Arbeitsraum zu haben: *Geburt Jesu mit Bagger* von Emil Scheibe (1914–2008). Auf den ersten Blick fällt der große Bagger im Zentrum auf. Die Geburt Jesu ist in eine Ecke geschoben. Man muss schon zweimal hinschauen, um sie überhaupt zu entdecken. Dort steht ein Unterschlupf, der aussieht wie ein baufällig gewordenes Wartehäuschen. Eine Frau kniet auf dem Boden; ein

Mann steht neben einer Kiste, in der ein Kind liegt. Nur ein einziger Mensch schaut zum Schuppen. Alle anderen gehen daran achtlos vorüber, als ob nichts wäre. Der Greifer des Baggers ist so platziert, dass er den Schuppen mit allem, was drin ist, wegräumen könnte, einfach entsorgen. Da ist jede Romantik dahin. Das ist so ganz und gar nicht weihnachtlich. Das ist wie Weihnachten in der eingerüsteten barocken Einsiedler Klosterkirche. Fast möchte man sagen: Wie eine Faust aufs Auge, oder eben: Geburt Jesu mit Bagger.

Je mehr ich mich mit dem Bild von Emil Scheibe auseinandersetze, umso mehr beeindruckt es mich. Ist es dem, was wir an Weihnachten feiern, nicht viel näher als all das Gefühlvoll-Idyllische, das wir so gemeinhin mit diesem Fest verbinden? Die Geburt Jesu vor 2000 Jahren hatte in der Tat wenig Romantisches. Ein junges Paar auf der verzweifelten Suche nach einer Unterkunft, wo die Frau ein Kind zur Welt bringen kann. »In sein Eigentum kam Er, und die Eigenen nahmen Ihn nicht auf« (Joh 1,11). In der

Not finden sie einen primitiven Unterschlupf. Das alles passiert an einem völlig unbedeutenden Ort auf dieser Erde. Rundherum geht alles weiter, als ob nichts passiert wäre. Wir haben uns so sehr an Weihnachten gewöhnt, dass dieses erschütternde Fest vor allem ein Fest fürs Gemüt geworden ist. So eine Art Wellness-Ecke am Schluss des Jahres. Gefühlsduselei. Weihnachten gehört einfach dazu und ist ein wichtiger Geschäftsfaktor geworden. Und genau damit haben wir es fertiggebracht, Weihnachten ins pure Gegenteil dessen zu pervertieren, was es eigentlich ist. So ist Weihnachten vor allem leer geworden, ohne Konsequenzen für unser Leben. Weil unser Leben nicht Gefühlsduselei ist, sondern harte Realität. Treffender als Fridolin Stier kann man es wohl kaum zum Ausdruck bringen: »Wenn's der Teufel darauf angelegt hätte, dieses Fest zum Gespött zu machen, es wäre so, wie es ist, ein Meisterwerk.«

Das Weihnachtsfest ist keine Flucht für ein paar Tage in eine heile Welt. Im Gegenteil: An Weihnachten feiern wir, dass Gott in die Baustellen unseres Lebens kommt. Unsere Aufgabe als Getaufte ist es, die Krippe in den Baustellen suchen, in denen wir uns bewegen. Gott suchen – das nennt der heilige Benedikt die wichtigste Aufgabe des Mönchs (vgl. RB 58,7). Gott suchen – das ist die wichtigste Aufgabe aller Getauften. In den Baustellen des Lebens Neuanfänge wagen: das Kind in der Krippe suchen und entdecken. Bei dieser Suche dürfen wir uns nicht daran stören, dass wir dabei sowohl auf Hirten als auch auf Könige treffen. Wir werden auch auf viele Menschen treffen, die klipp und klar sagen: »Es gibt keinen Gott!« Ich muss ehrlich gestehen: Ich habe Verständnis für ihre Haltung. Manchmal ist es tatsächlich sehr schwer, in den Wirren unseres Lebens gerade den Schuppen zu entdecken, der allem Sinn gibt. Auch sogenannte Praktizierende können so leben, als ob es Gott nicht gäbe, sogar im Kloster. Der heilige Benedikt spricht davon, dass wir mit einem solchen Leben Gott lächerlich machen. Darum ruft uns der Mönchsvater auf, jeden Tag aufs Neue mit offenen Augen und aufgeschreckten

Ohren durchs Leben zu gehen. Da ist kein Platz für Gedankenlosigkeit und Routine. Da ist Gott, der auf uns wartet! Im Verborgenen. Auf den Baustellen unseres Lebens.

Darum ist Weihnachten nicht einfach Hurra-Stimmung, sondern Freude über ein Licht im Dunkeln, über die Gegenwart Gottes – eine Gegenwart, die man auf den ersten Blick zu übersehen droht, an der man achtlos vorbeigehen kann. Und wenn man die Krippe einmal entdeckt hat, wird nicht einfach alles anders. Das Unfertige hört nicht auf. Die Aufgaben bleiben. Aber wir können sie von der Krippe her angehen und gestalten. Wir entdecken Einen, der allem einen Sinn gibt.

In dem Maße, in dem wir uns den Wirklichkeiten und den Unvollkommenheiten des Lebens stellen und ehrlich Gott suchen, können wir entdecken, was Weihnachten wirklich heißt. Da geht die Botschaft der Menschwerdung zu Herzen. Da regieren plötzlich nicht mehr die Gewohnheit und das Gesetzbuch. Da übernimmt das Kind in der Krippe die

Führung. »Doch die Ihn angenommen, denen hat Er Vollmacht gegeben, Kinder Gottes zu werden – den an Seinen Namen Glaubenden « (Joh 1,12). Das ist keine Macht von oben herab, das ist Macht vom Kind in der Krippe her. Man muss sich tief beugen. Wer das erfährt, für den sind die Sakramente nicht mehr Pflichtübungen. Da wird die Eucharistiefeier zur Krippe – zum hoffnungsvollen Lichtblick. Und genauso das Sakrament der Versöhnung, in dem Gott uns immer wieder neu einen Anfang schenkt. Das macht Mut. Das richtet auf. Und wenn wir denken: Das darf doch nicht wahr sein: Jetzt habe ich an Weihnachten noch so viele Gerüste in meinem Leben! Doch, das darf sein. Das tut der Weihnachtsfreude keinen Abbruch. Denn die Weihnachtsfreude hängt nicht vom Vorhandensein von Baustellen und Gerüsten ab, sondern vom Entdecken der Gegenwart Gottes in unserem Leben. »Ein Retter ward euch heute geboren« (Lk 2,11).

Auf dem Weg des vierten Königs
Tomáš Halík

Seit vielen Jahren feiere ich am Festtag der Erscheinung des Herrn die Messe in einer Bergkapelle. Alle Teilnehmer des Gottesdienstes sind Pilger, die von nah und fern kommen. Durch eine verglaste Wand der Kapelle kann man den Sonnenuntergang sehen, der den Himmel und die verschneite Berglandschaft mit allen Schattierungen färbt: Gold, Rot, Blau und Violett. Wenn wir das Evangelium von den Weisen lesen, die vom Stern geführt werden, ist der Himmel meistens schon dunkel und es erscheinen an ihm die ersten Sterne.

Letztes Jahr habe ich die Geschichte des Matthäusevangeliums in der Predigt um eine Apokryphe ergänzt – so, wie sie sich in der Novelle des russischen Schriftstellers Nikolai Leskow findet. Dieser zufolge gehörte zu den drei Weisen, die sich auf den Weg machten, um den neugeborenen König der Juden zu suchen – und wir können ihnen im Geist

der Volkslegenden, welche die Evangelien-
erzählungen weiterentwickelt haben, eine königliche Würde zusprechen –, noch ein vierter Weiser,
ein vierter König.

Auch er begab sich auf den Pilgerweg zum könig-
lichen Kind und trug zahlreiche wertvolle Gaben
bei sich. Auf dem Weg wurde er jedoch durch das
Schicksal aufgehalten – er begegnete verschiedenen
Gestalten des menschlichen Leids, und bei jeder
Begegnung hat er etwas aus seinen
Schätzen hergeschenkt. Er bezahlte
Kohle zum Heizen für eine frieren-
de arme alte Frau, eine Speise für
hungernde Kinder, Medikamente
für einen Kranken, und zu guter
Letzt kaufte er einen Notleidenden
aus der Sklaverei frei. Schließlich stand
er mit leeren Händen da. Der Stern hat für ihn nicht
mehr geleuchtet – denn jenes königliche Kind war
schon längst aus den Windeln herausgewachsen und
lebte bereits nicht mehr im Stall von Bethlehem.

Lange Jahre irrte unser König wie ein Elender in der Welt umher. Und als er schon sehr alt war, gelangte er letztendlich vor die Tore von Jerusalem. Aus diesen Toren führten die Soldaten gerade jemanden heraus, der zum Tode verurteilt worden war – und sie nagelten ihn vor den Toren der Heiligen Stadt ohne Gnade ans Kreuz. In jenem Moment bekam der König eine innere Erleuchtung: Dieser Gekreuzigte war jener König, zu dessen Wiege er sich auf einen langen Weg begeben hatte, der jedoch jetzt erst zu Ende ging. Er kniete am Fuß des Kreuzes nieder und ein Blutstropfen – das kostbarste Juwel – rann in seine leeren Hände. Die Hände dieses Königs wurden so zum heiligen Gral, zum Kelch des Blutes Jesu.

Dieses Märchen, das auf eine überraschende Weise das weihnachtliche und das österliche Motiv miteinander verbindet, bringt eine tiefe Wahrheit zum Ausdruck: Der Weg nach Betlehem – unsere Suche nach Gott in Christus – ist oft nicht derart idyllisch, wie er in den volkstümlichen Krippen dar-

gestellt wird. Dieser Weg darf nicht dem menschlichen Leid ausweichen, auch wenn die Begegnung
mit ihm wie eine Verzögerung erscheint und Ver-
luste mit sich bringt.

Das Fest ist vorüber
Andrea Schwarz

Das Fest ist vorüber. Die ganz großen Gottesdienste an diesem Weihnachtsfest sind vorüber ... und in der Stille, die folgt, wird mir manchmal erst klar, was Weihnachten eigentlich für mich bedeutet.

Ich kann mir gut denken, dass es dieser kleinen Familie damals vielleicht ähnlich ergangen sein mag. Zeitweise war da ja schon ein ganz schönes Gedränge an und um den Stall: die staunenden Hirten, die gekommen waren, um das neugeborene Kind zu sehen – so beim Evangelisten Lukas –, oder die drei Weisen aus dem Morgenland, höchstwahrscheinlich mit ihrem Hofstaat – so nach dem Evangelisten Matthäus. Viel Ruhe hatten sie wohl nicht gehabt, die junge, erschöpfte Mutter, der Vater, dem immer wieder Engel rätselhafte Botschaften übermittelten, das kleine Kind, das sich ja auch erst an diese Welt gewöhnen muss.

Jetzt aber sind alle Besucher fort. Jeder, der

gekommen war, um etwas zu sehen, ist wieder nach Hause zurückgekehrt. Sogar die Engel haben wieder den Weg in den Himmel angetreten. Das Fest ist vorbei. An der Krippe, im Stall ist es ruhig geworden. Die Heilige Familie ist wieder unter sich. Und eigentlich wird erst jetzt die Heilige Nacht auch zur stillen Nacht. Alles schläft, einsam wacht ... Josef vielleicht, der dafür sorgt, dass das wärmende Feuer nicht ausgeht, der Kerzenstummel in der Stalllaterne nicht verlöscht, über Mutter und Sohn wacht, die erschöpft und friedlich schlafen.

Vielleicht kann das Geheimnis dieser Nacht erst dann zum Zug kommen, wenn die Stille wieder das Sagen bekommt, wenn ein Kerzenstummel notdürftig die Nacht erhellt, ein Feuer ein wenig wärmt. Vielleicht kann das Geheimnis dieser Nacht erst dann richtig beginnen, wenn alle, die etwas sehen wollten, wieder gegangen sind. Vielleicht braucht das Geheimnis dieser Nacht auch den Schutz der Einsamkeit.

Das Fest ist vorüber – und das Geheimnis beginnt zu leben. Und das Geheimnis lebt in den Menschen, die nicht gekommen sind, um etwas zu sehen oder zu erleben, sondern die das Wunder dieser Nacht in ihrem Herzen tragen und bewahren. Weihnachten, das ist nicht das laute und fröhliche Fest – Weihnachten, das ist eine stille und heilige Nacht, in der Gott Mensch, ja ein Kind wird. Das ist das Geheimnis, das den Menschen still werden lässt und das ihn heiligt – Gott wird Mensch.

Wer sich auf die Suche nach Weihnachten macht, wird es vielleicht dort nicht finden, wo es laut und voll ist und betriebsam zugeht. Das sind keine Orte für Geheimnisse.

Die Geheimnisse unseres Lebens brauchen den Schutz der Stille und der Einsamkeit, des Dunkels und der Einfachheit – und sie vertragen keine Zuschauer. Dann kann in uns das Geheimnis der Weihnacht zu leben beginnen – ein kleines Feuer, das Wärme gegen die Kälte schenkt, ein notdürftiger Kerzenstummel in einer armseligen Stalllaterne, der

das Dunkel der Nacht erhellt, ein Gott, der uns entgegenkommt und Mensch wird.

Das ist das Fest, das weitergeht.

Anhang

Quellenverzeichnis

Alle Quellentexte sind, wenn nicht anders angegeben, im Verlag Herder, Freiburg im Breisgau, erschienen. © Verlag Herder GmbH, Freiburg im Breisgau

Katharina Barth-Duran, Die Hoffnung weitertragen. Frauenwege im Advent – Eine spirituelle Begleiterin, 2024

Theodor Fontane, Romane und Erzählungen in acht Bänden. Bd. 6, Berlin und Weimar 1973

Guido Fuchs, Unsere Weihnachtslieder und ihre Geschichte, 2018

Anselm Grün, Ein Weihnachtsengel strahlt für dich. Freude für die Adventszeit, 2023

Anselm Grün, Kleines Buch der Symbole. Ein neuer Blick aufs Leben, 2024

Tomáš Halík, Das Geheimnis der Weihnacht. Advents- und Weihnachtspredigten voller Hoffnung, 2023

Friedrich Hölderlin, Sämtliche Werke, Bd. 2, Stuttgart 1953

Paulina Kleinsteuber, Libellenflug und Windgeflüster. 52 Fährten Gottes in der Welt, 2024

Anhang

Lorenz Marti, Der innere Kompass. Was uns ausmacht und was wirklich zählt, 2022

Susanne Niemeyer, Der Stolperengel. Funkelnagelneue Weihnachtsgeschichten, 2024

Wolfgang Öxler und Andrea Göppel, Bleib deiner Sehnsucht auf der Spur. Schatzkarte für die Seele, 2023

Rainer Maria Rilke, Sämtliche Werke, Bd. 6, Frankfurt am Main 1975

Christine Schniedermann, Ich würde Jesus meinen Hamster zeigen. Aus dem Glaubensalltag mit unseren Kindern, 2021

Andrea Schwarz, Eigentlich ist Weihnachten ganz anders. Hoffnungstexte, 2021

Christa Spannbauer, 24 Tage Achtsamkeit. Impulse für eine etwas andere Adventszeit, 2019

Beatrice von Weizsäcker und Norbert Roth, Haltepunkte. Gott ist seltsam, und das ist gut, 2021

Martin Werlen, Baustellen der Hoffnung. Eine Ermutigung, das Leben anzupacken, 2024

Notker Wolf und Corinna Mühlstedt, Öffne deine Augen. Jeder kann Mystiker werden, 2021

Textnachweise

S. 12: Fontane, Romane und Erzählungen, Bd. 6, 180

S. 13: Barth-Duran, Die Hoffnung weitertragen, 67

S. 16: Spannbauer, 24 Tage Achtsamkeit, 51 f.

S. 20: Schniedermann, Ich würde Jesus meinen Hamster zeigen, 63–66

S. 26: Halík, Das Geheimnis der Weihnacht, 24–26

S. 29: Grün, Ein Weihnachtsengel strahlt für dich, 21

S. 33: Öxler, Bleib deiner Sehnsucht auf der Spur, 158 f.

S. 36: Grün, Kleines Buch der Symbole, 114–116

S. 39: Barth-Duran, Die Hoffnung weitertragen, 67

S. 41: Weizsäcker/Roth, Haltepunkte, 155–158

S. 47: Wolf/Mühlstedt, Öffne deine Augen, 53–55

S. 52: Hölderlin, Sämtliche Werke, Bd. 2, 298

S. 53: Grün, Ein Weihnachtsengel strahlt für dich, 51 f.

S. 56: Marti, Der innere Kompass, 69–71

S. 60: Öxler, Bleib deiner Sehnsucht auf der Spur, 58–60

S. 65: Niemeyer, Der Stolperengel, 101–104

S. 72: Aus: Fuchs, Unsere Weihnachtslieder und ihre Geschichte, 93

S. 73: Niemeyer, Der Stolperengel, 13–15

S. 76: Halík, Das Geheimnis der Weihnacht, 59 f.

S. 79: Kleinsteuber, Libellenflug, 178 f.

Anhang

S. 83: Grün, Ein Weihnachtsengel strahlt für dich, 20

S. 87: Werlen, Baustellen der Hoffnung, 147–149

S. 94: Rilke, Sämtliche Werke, Bd. 6, 418

S. 95: Grün, Kleines Buch der Symbole, 30 f.

S. 97: Barth-Duran, Die Hoffnung weitertragen, 91 f.

S. 99: Werlen, Baustellen der Hoffnung, 143–146

S. 105: Halík, Das Geheimnis der Weihnacht, 14–16

S. 109: Schwarz, Eigentlich ist Weihnachten ganz anders, 120 f.

Verzeichnis der Autorinnen und Autoren

Katharina Barth-Duran, geb. 1956, ist eine engagierte Kirchenfrau auch nach ihrer Zeit als Pastoralreferentin in der Erzdiözese Freiburg. Sie ist weiterhin in Familie und Gemeinde engagiert, wirkt in der Frauen-Seelsorge oder im Beerdigungsdienst, gestaltet neue Gottesdienstformen und schreibt monatlich über einen Verteiler ihre Sonntagsmails mit persönlichen Gedanken und spirituellen Impulsen. Zuletzt bei Herder: »Die Hoffnung weitertragen. Frauenwege im Advent« (2024).

Theodor Fontane, 1819–1898, deutscher Schriftsteller und Dichter.

Paul Gerhardt, 1607–1676, evangelisch-lutherischer Theologe und einer der bedeutendsten deutschsprachigen Kirchenlieddichter.

Anselm Grün, geb. 1945, Dr. theol., Benediktiner und Verwalter der Abtei Münsterschwarzach; geistlicher Berater, Begleiter und weltweit populärster christlicher Autor unserer Tage. Seine Bücher zur Spiritualität und Lebenskunst haben Millionenauflagen erreicht. Zuletzt bei Herder u. a.: »Kleines Buch der Symbole. Ein neuer Blick aufs Leben« (2024). Im Internet: www.einfach-leben-brief.de.

Tomáš Halík, geb. 1948, wurde 1978 heimlich zum Priester geweiht und war enger Mitarbeiter von Kardinal Tomášek und Václav Havel. Er ist Professor für Soziologie an der Philosophischen Fakultät der Karls-Universität Prag, Pfarrer der

Akademischen Gemeinde Prag, Rektor der Universitätskirche St. Salvator und Präsident der Tschechischen Christlichen Akademie. Benedikt XVI. verlieh ihm den Ehrentitel Päpstlicher Prälat. 2010 erhielt er den Romano-Guardini-Preis. 2014 wurde er mit dem Templeton-Preis ausgezeichnet. Zuletzt bei Herder: »Traum vom neuen Morgen. Briefe an Brückenbauer« (2024).

Friedrich Hölderlin, 1770–1843, deutscher Dichter.

Sr. Paulina Kleinsteuber ist promovierte Lebensmittelchemikerin, war 17 Jahre im Sanitätsdienst der Bundeswehr tätig, dabei u. a. in Einsätzen im Kosovo und Afghanistan. Seit 2017 lebt sie im Kloster der Missions-Benediktinerinnen von Tutzing und ist dort für die baulichen und technischen Fragestellungen verantwortlich und geht zudem Anfragen als Referentin und Autorin nach. Ihre freie Zeit verbringt sie gern in der freien Natur oder nutzt sie für kunsthandwerkliches Schaffen. Bei Herder: »Libellenflug und Windgeflüster. 52 Fährten Gottes in der Welt« (2024).

Lorenz Marti, 1952–2020, studierte Geschichte und Politik und war von 1977 bis Ende 2012 Redakteur im Schweizer Radio DRS. Sein besonderes Interesse als Schriftsteller galt der Verbindung von Alltag und Spiritualität, von philosophischen Einsichten und konkreter Lebensweisheit. Marti lebte und arbeitete in Bern. Zuletzt bei Herder: »Der innere Kompass. Was uns ausmacht und was wirklich zählt« (2022).

Susanne Niemeyer hält von ihrem Schreibtisch Ausschau nach dem Himmel. Sie hat mehrere Bücher veröffentlicht und bloggt auf *www.freudenwort.de*. Während ihrer kreativen Schreibreisen nach Schweden, in die Berge und ans Meer inspiriert sie andere dazu, eigene Geschichten zu schreiben. Im Advent hätte sie gern ein Schaf an ihrer Seite. Zuletzt bei Herder: »Der Stolperengel. Funkelnagelneue Weihnachtsgeschichten« (2024).

Wolfgang Öxler, geb. 1957, ist 1980 in den Benediktinerorden von St. Ottilien eingetreten, seit 1988 Priester und seit 2013 Erzabt von St. Ottilien. Der Leitspruch des Diplomtheologen und Musikers lautet: »Gottesvoll den Menschen nah.« Zuletzt bei Herder zusammen mit Andrea Göppel: »Bleib deiner Sehnsucht auf der Spur. Schatzkarte für die Seele« (2023).

Rainer Maria Rilke, 1875–1926, einer der bedeutendsten deutschsprachigen Dichter des 20. Jahrhunderts. Bei Herder: »Geschichten vom lieben Gott« (2021).

Christine Schniedermann, geb. 1977 in Bielefeld, wuchs im Münsterland auf, absolvierte die katholische Journalistenschule ifp, arbeitete für verschiedene Zeitungen sowie als Büroleiterin im Bundestag und als Pressesprecherin der Humboldt-Universität zu Berlin. Als freie Journalistin und Autorin lebt sie mit ihrer Familie in München. Bei Herder: »Ich würde Jesus meinen Hamster zeigen. Aus dem Glaubensalltag mit unseren Kindern« (2021). Im Internet: www.christine-schniedermann.de.

Andrea Schwarz, geb. 1955, ausgebildete Industriekauffrau und Sozialpädagogin, viele Jahre in der Gemeindearbeit in Viernheim bei Mannheim sowie ehrenamtlich bei Projekten der Mariannhiller Schwestern in Südafrika. Heute als gefragte Referentin, Trainerin und Bibliolog-Ausbilderin tätig. Zahlreiche, sehr erfolgreiche Veröffentlichungen im Verlag Herder. Zuletzt: »Eigentlich ist Weihnachten ganz anders« (2021).

Christa Spannbauer, geb. 1963, lebt als Autorin, Referentin und Filmemacherin in Berlin. In ihren Publikationen und Vorträgen beschäftigt sie sich mit der Frage nach dem gelingenden Leben. Ihre jahrelange Zen-Praxis sowie ihre Ausbildung in achtsamkeitsbasiertem Mitgefühlstraining (MBCL) unterstützen sie darin. www.christa-spannbauer.de. Zuletzt bei Herder: »34 Tage Achtsamkeit. Impulse für eine etwas andere Adventszeit« (2019).

Beatrice von Weizsäcker, geb. 1958, Dr. jur., ist Juristin und Publizistin. Seit 2003 lebt sie als freie Autorin in München. Sie spricht und schreibt regelmäßig für den Bayerischen Rundfunk und evangelisch.de. Weizsäcker, langjähriges Präsidiumsmitglied des evangelischen und des ökumenischen Kirchentags, trat Anfang 2020 zum katholischen Glauben über. Zuletzt bei Herder: »Vaterunser. Gebet meiner Sehnsucht« (2023).

Martin Werlen OSB, geb. 1962, Mönch im Kloster Einsiedeln, er wirkte dort als Novizenmeister und Gymnasiallehrer. Von 2001–2013 war er der 58. Abt des Klosters und Mitglied der Schweizer Bischofskonferenz. Seit August 2020 ist er Propst der zum Kloster gehörenden Propstei St. Gerold in Vorarlberg in Österreich. Zuletzt bei Herder: »Baustellen der Hoffnung. Eine Ermutigung, das Leben anzupacken« (2024).

Notker Wolf OSB, Dr. phil, (1940–2024) trat 1961 in die Benediktinerabtei St. Ottilien ein und wurde 1977 zum Erzabt gewählt. Von 2000 bis 2016 war er als Abtprimas des

Benediktinerordens mit Sitz in Rom der höchste Repräsentant von mehr als 800 Klöstern und Abteien weltweit. Zuletzt bei Herder: »Ich denke an Sie. Die Kunst, einfach da zu sein« (2024).

Umschlaggestaltung: Gestaltungssaal, Rohrdorf
Umschlagmotiv: © diane555/GettyImages
Vignetten im Innenteil: © Alexandra Pavlova/GettyImages
Satz: Carsten Klein, Torgau

Herstellung: CPI books GmbH, Leck
Printed in Germany

ISBN 978-3-451-39797-4

24 x Weihnachtsstimmung

160 Seiten I Kartoniert
ISBN 978-3-451-03215-8

Jesus klingelt – inkognito, versteht sich. Er kommt vorbei, um
Kekse zu essen und durchzuschnaufen. Und Gott denkt über
Reformen nach: Dieser Cola trinkende Kerl im roten Mantel,
das ist einfach zu viel. Weihnachten steht vor der Tür und
will in die Herzen. Dieses Jahr will Gott Weihnachten auf der
Erde feiern. Also setzt er sich in den ICE. Vierundzwanzig
ungewöhnliche Geschichten bringen Weihnachtsstimmung ins
Haus – bunt, herzerwärmend und fantasievoll. Ein wunderbarer
Begleiter durch die Adventszeit.

In jeder Buchhandlung!

Auf Spurensuche

180 Seiten I Gebunden
ISBN 978-3-451-03427-5

Dieses Buch macht uns zu Fährtenlesern, die bewusst auf Entdeckungsreise gehen. Wo stehe ich gerade? Bin ich auf der Autobahn in Höchstgeschwindigkeit unterwegs, vielleicht auf der Überholspur? Brauche ich einen Spurwechsel und folge bewusst und intensiv, wenngleich wohl etwas langsamer, einer einzelnen Fußspur – der Leuchtspur Gottes? Wolfgang Öxler erweist sich einmal mehr als inspirierender Wegbegleiter für alle Leserinnen und Leser, die ihrer Sehnsucht nach einem gelingenden Leben auf der Spur bleiben wollen. Andrea Göppel hat die Texte mit wunderbaren Fotografien ausgestattet – ein Buch, wie ein Geschenk.

In jeder Buchhandlung!

HERDER

www.herder.de

Himmlische Helfer

128 Seiten I Gebunden
ISBN 978-3-451-03425-1

Glücklich zu leben ist gar nicht so einfach – und doch unser
großes Ziel. Wie oft machen wir uns Gedanken und damit
das Leben schwer ... Da bräuchten wir einen Helferengel,
der uns zu neuer Leichtigkeit verhilft. Anselm Grün macht
uns in diesem Buch mit 33 himmlischen Boten vertraut, die
uns zeigen, dass das einfache Leben uns zur Zufriedenheit
führt. Da ist der Engel des Verzeihens, der Engel, der uns
hilft, anzupacken und die Ärmel hochzukrempeln, aber auch
der Engel der Verlangsamung, der uns zur Pause rät; der
Engel, der anderen eine Grenze zeigt, aber auch der Engel
des Nachgebens. Alles hat seine Zeit. Und jede Zeit, jede
Lebensphase hält einen Engel für uns bereit.

In jeder Buchhandlung!

DAS KLEINE WÖRTERBUCH

KROATISCH

Kroatisch – Deutsch

Deutsch – Kroatisch

AF238766

Neubearbeitung 2017

PONS GmbH
Stuttgart

INHALT
SADRŽAJ

KROATISCH
DEUTSCH

HRVATSKO
NJEMAČKI

Aa

abortus m [a'bɔrtus] .... die Abtreibung
adapter m [a'dapter] .... der Adapter
adresa f [a'drɛsa] .... die Adresse
Afrika f ['afrika] .... (das) Afrika
ako ['akɔ] .... falls
ako ['akɔ] .... wenn
alat m ['alat] .... das Werkzeug
alergičan, alergična,
  alergično [a'lɛrgitʃan] .... allergisch
alergija f [a'lɛːrgija] .... die Allergie
alergija na pelud f
  [a'lɛːrgija na 'pɛlud] .... der Heuschnupfen
ali ['ali] .... aber
alkohol m ['alkɔxɔl] .... der Alkohol
alkoholno ['alkɔxɔlnɔ] .... alkoholisch
aluminij m [alu'minij] .... das Alu
aluminijska folija f
  [alu'minijska 'fɔːlija] .... die Alufolie
ananas m ['ananas] .... die Ananas
anestezija f [anɛs'tɛːzija] .... die Betäubung
aparat za gašenje vatre m
  [a'paːrat za 'gaːʃɛɲɛ 'vatrɛ] .... der Feuerlöscher
aplikacija f ['aplikaːtsia] .... die App
arogantan, arogantna,
  arogantno [arɔ'gaːntan] .... arrogant
astma f ['astma] .... das Asthma
atletika f [at'lɛtika] .... die Leichtathletik
auto m ['autɔ] .... das Auto

autobus m [auˈtɔːbus] .... der Bus
autobusna postaja f
  [auˈtɔːbusna ˈpɔːstaja] .... die Bushaltestelle
autobusni kolodvor m
  [auˈtɔːbusni ˈkɔlɔdvɔr] .... der Busbahnhof
autocesta f [ˈautɔtsesta] .... die Autobahn
automat za karte m .... der Fahrkarten-
  [auˈtɔmat za ˈkaːrtɛ] .... automat
avionska pošta f [aviˈɔnska ˈpɔʃta] .... die Luftpost
Azija f [ˈaːzija] .... (das) Asien
azil m [aziːl] .... das Asyl

B

Bb

baciti [ˈbatsiti] .... werfen
bačva f [ˈbatʃva] .... die Tonne
badem m [ˈbadɛm] .... die Mandel
badminton m [ˈbadmintɔn] .... das Badminton
bager m [ˈbaːgɛr] .... der Bagger
baka f [ˈbaka] .... die Großmutter
balkon m [ˈbalkɔn] .... der Balkon
banana f [baˈnaːna] .... die Banane
bandaža f [banˈdaːʒa] .... die Bandage
banka f [ˈbaːnka] .... die Bank
bankomat m [banˈkɔmat] .... der Geldautomat
bankovna kartica f
  [ˈbankɔvna ˈkaːrtitsa] .... die EC-Karte
bar m [baːr] .... die Bar
bara f [ˈbara] .... der Teich
baterija f [baˈtɛrija] .... die Batterie

B

bazen m [baˈzɛːn] .... das Schwimmbad
beba f [bɛːba] .... das Baby
bedro n [ˈbɛdrɔ] .... der Schenkel
bend m [ˈbɛnd] .... die Band
benzinska crpka f
  [ˈbɛnzinska ˈtsrpka] .... die Tankstelle
besplatan, besplatna,
  besplatno [ˈbɛsplatan] .... kostenlos
bez [bɛz] .... ohne
bez alkohola [bɛz ˈalkɔxɔla] .... alkoholfrei
bez glutena [bɛz gluˈtɛːna] .... glutenfrei
bez laktoze [bɛz lakˈtɔːzɛ] .... laktosefrei
bez svijesti [ˈbɛz sʋiˈjɛsti] .... bewusstlos
bez šećera [bɛz ˈʃɛtɕɛra] .... zuckerfrei
bezolovno gorivo m
  [ˈbɛzɔlɔʋnɔ ˈɡɔriʋɔ] .... bleifrei
bežični internet m
  [ˈbɛʒitʃni ˈintɛrnɛt] .... das WLAN
bi li mogli ...? [bi li ˈmɔɡli] .... könnten wir ...?
bi li trebali ...? [bi li ˈtrɛːbali] ... sollten wir ...?
bicikl m [biˈtsiːkl] .... das Fahrrad
biciklistička staza f
  [bitsiˈklistitʃka ˈsta:za] .... der Fahrradweg
bijel, a, o [biˈjɛːl] .... weiß
bijeli kruh m [biˈjɛːli krux] .... das Weißbrot
bijelo vino [biˈjɛːlɔ ˈʋiːnɔ] .... der Weißwein
bijesan, bijesna, bijesno
  [biˈjɛsan] .... wütend
bik m [bik] .... der Stier
biljka f [ˈbiːʎka] .... die Pflanze
biljni čaj m [ˈbiːʎni tʃaj] .... der Kräutertee

B

bilo n ['bilɔ] .... der Puls
bilo gdje ['biːlɔ gdje] .... irgendwo
bilo što ['biːlɔ ʃtɔ] .... irgendetwas
bilo tko ['biːlɔ tkɔ] .... irgendjemand
birati ['birati] .... wählen
bistar, bistra, bistro ['bistar] .... klar
biti ['biti] .... sein
biti pod stresom
    ['biti pɔd 'strɛːsɔm] .... gestresst
biti teški invalid
    ['biti 'tɛʃki invaˈliːd] .... schwerbehindert
bjelanjak m [bjeˈlaːɲak] .... das Eiweiß
bježati ['bjeʒati] .... flüchten
blagajna f ['blagajna] .... die Kasse
blagajnik, blagajnica m, f .... der, die Kassierer,
    ['blagajnik, 'blagajnitsa]   Kassiererin
blagovaonica f [blagɔvaˈɔːnitsa] .... das Esszimmer
blijed, a, o [bliˈjɛːd] .... blass
blizanci mpl ['blizantsi] .... die Zwillinge
blizina f [bliˈziːna] .... die Nähe
blizu ['blizu] .... nah(e)
bluza f ['bluːza] .... die Bluse
boba f ['bɔːba] .... die Beere
boca f ['bɔtsa] .... die Flasche
bočica za bebe f
    ['bɔːtʃitsa za bɛːbɛ] .... das Babyfläschchen
Bog m [bɔːg] .... der Gott
boja f ['bɔːja] .... die Farbe
bojica f ['bɔjitsa] .... der Malstift
bok! [bɔk] .... hallo!
bok! [bɔk] .... tschüss!

bol f [bɔːl] .... der Schmerz

bol u želucu f [bɔːl u ˈʒɛlutsu] .... die Magenschmerzen

bolest f [ˈbɔːlɛst] .... die Krankheit

bolestan, bolesna, bolesno
[ˈbɔːlɛstan] .... krank

bolje [ˈbɔʎɛ] .... besser

boljeti [ˈbɔʎɛti] .... wehtun

bolnica f [ˈbɔːlnitsa] .... das Krankenhaus

bomba f [ˈbɔːmba] .... die Bombe

bonbon m [bɔnˈbɔːn] .... das/der Bonbon

bonbon protiv kašlja m
[bɔnˈbɔːn ˈprɔtiv ˈkaʃʎa] .... das/der Hustenbonbon

bonbonjera f [bɔnbɔˈɲeːra] .... die Praline

boravak m [ˈbɔravak] .... der Aufenthalt

borba f [ˈbɔrba] .... der Kampf

boriti se [ˈbɔriti sɛ] .... kämpfen

bosiljak m [ˈbɔsiʎak] .... das Basilikum

Božić m [ˈbɔʒitɕ] .... das Weihnachten

bračni krevet m [ˈbratʃni ˈkrɛvɛt] .... das Doppelbett

braća mpl [ˈbratɕa] .... die Geschwister

brada f [ˈbrada] .... der Bart

brada f [ˈbrada] .... das Kinn

brašno n [ˈbraʃnɔ] .... das Mehl

brat m [brat] .... der Bruder

bratić m [ˈbratitʃ] .... der Cousin

brava f [ˈbraʋa] .... das Türschloss

breskva f [ˈbrɛskʋa] .... der Pfirsich

brežuljak m [brɛˈʒuːʎak] .... der Hügel

briga f [ˈbriga] .... die Sorge

brijaći aparat m [ˈbrijatɕi aˈparat] ...... der Rasierer

brijati se [ˈbrijati sɛ] .... sich rasieren

brijeg m [bri'jeːg] — der Berg

brinuti se ['brinuti sɛ] — sich kümmern

brisač m [bri'satʃ] — der Scheibenwischer

B

brkovi mpl ['brkɔvi] — der Schnurrbart

brod m [brɔd] — das Schiff

broj m [brɔj] — die Zahl

broj računa m [brɔj 'ratʃuna] — die Kontonummer

broj za hitne slučajeve m
   [brɔj za 'xitne 'slutʃajɛvɛ] — die Notrufnummer

brojati ['brɔjati] — zählen

brokula f [brɔkula] — der Brokkoli

bronhitis m [brɔn'xiːtis] — die Bronchitis

brz, a, o [brz] — schnell

brza hrana f ['brza 'xraːna] — das Fastfood

brzina f [br'ziːna] — die Geschwindigkeit

bubamara f [buba'maːra] — der Marienkäfer

bubnjevi mpl ['bubɲevi] — das Schlagzeug

bubreg m ['bubreg] — die Niere

buča f ['butʃa] — der Kürbis

budan, budna, budno ['buːdan] — wach

budilica f ['buːdilitsa] — der Wecker

budući da ['buːdutɕida] — da

buha f ['buxa] — der Floh

buka f ['buka] — der Lärm

bumbar m ['bumbar] — die Hummel

bunar m [bu'naːr] — der Brunnen

buran, burna, burno ['buran] — stürmisch

burza f [bu:rza] — die Börse

bušiti ['buːʃiti] — bohren

Cc

C

carina f ['tsarina]	der Zoll
carski rez m ['tsarski reːz]	der Kaiserschnitt
CD player m [tseˈdeː ˈpleːjer]	der CD-Spieler
cedulja f ['tseduʎa]	der Zettel
centar m ['tsentar]	das Zentrum
centimetar m ['tsentimetar]	der, das Zentimeter
cesta f ['tsesta]	die Straße
check-in automat m [tʃɛkˈin auˈtɔmat]	der Check-in-Automat
check-in putem interneta m [tʃɛkˈin ˈputem ˈinterneta]	der/das Online-Check-in
check-in šalter m [tʃɛkˈin ˈʃalter]	der Check-in-Schalter
cigara f [tsiˈgaːra]	die Zigarre
cigareta f [tsigaˈreːta]	die Zigarette
cijena f [tsiˈjeːna]	der Preis
cijena vožnje f [tsiˈjeːna ˈvɔʒɲe]	der Fahrpreis
cijepljenje n [tsiˈjeːpʎɛɲe]	die Impfung
cijev f [tsiˈjeːʋ]	die Leitung
cikla f ['tsikla]	die Rote Bete
cilj m [tsiːʎ]	das Ziel
cilj putovanja m [tsiːʎ putɔˈvaːɲa]	das Reiseziel
cimet m ['tsimet]	der Zimt
cipela f ['tsipela]	der Schuh
cjevanica f ['tsjeʋanitsa]	das Schienbein
crijeva npl [tsriˈjeːʋa]	der Darm
crkva f ['tsrkva]	die Kirche
crn, a, o [tsrn]	schwarz

crni integralni kruh m
['tsrni 'integralni krux] .... das Vollkornbrot
crno vino n ['tsrnɔ 'viːnɔ] .... der Rotwein
crta f ['tsrta] .... die Linie
crtati ['tsrtati] .... zeichnen
crven, a, o ['tsrvɛn] .... rot
crveni kupus m ['tsrvɛni 'kupus] .... der Rotkohl
cvasti ['tsvasti] .... blühen
cvat m [tsvat] .... die Blüte
cvijet m ['tsvijeːt] .... die Blume
cvjetača f ['tsvjeːtatʃa] .... der Blumenkohl

Č

Č č

čaj m [tʃaj] .... der Tee
čaj u vrećici m [tʃaj u 'vrɛtɕitsi] .... der Teebeutel
čajna žličica f ['tʃajna 'ʒlitʃitsa] .... der Teelöffel
čajnik m ['tʃajnik] .... die Teekanne
čak [tʃak] .... sogar
čamac za spašavanje m
['tʃaːmats za spa'ʃaːvaɲɛ] .... das Rettungsboot
čarapa f ['tʃarapa] .... die Socke
časopis m ['tʃasɔpis] .... die Zeitschrift
čaša f ['tʃaʃa] .... das Glas
čekaonica f [tʃɛka'ɔnitsa] .... das Wartezimmer
čekati ['tʃɛkati] .... warten
čekić m ['tʃɛkitɕ] .... der Hammer
čekirati [tʃɛ'kiːrati] .... einchecken
čeljust f ['tʃɛʎust] .... der Kiefer
čelo m ['tʃɛlɔ] .... das Cello

čelo n [ˈtʃɛlɔ] .... die Stirn

čemu [ˈtʃɛmu] .... wozu

čestitka f [ˈtʃɛstitka] .... der Glückwunsch

često [ˈtʃɛːstɔ] .... oft

češalj m [ˈtʃɛʃaʎ] .... der Kamm

češnjak m [ˈtʃɛʃɲak] .... der Knoblauch

četiri [ˈtʃɛtiri] .... vier

četiri puta [ˈtʃɛtiri ˈpuːta] .... viermal

četka f [ˈtʃɛtka] .... die Bürste

četka za kosu f [ˈtʃɛtka za ˈkɔsu] .... die Haarbürste

četkica za zube f
[ˈtʃɛtkitsa za ˈzuːbɛ] .... die Zahnbürste

četrdeset [tʃɛtrˈdɛsɛt] .... vierzig

četrnaest [tʃɛˈtrnaɛst] .... vierzehn

četvrta, četvrti, četvrto
[ˈtʃɛtʋrta, ˈtʃɛtʋrti, ˈtʃɛtʋrtɔ] .... vierte(r, s)

četvrtak m [ˈtʃɛtʋrtak] .... der Donnerstag

četvrtina f [tʃɛtʋrˈtiːna] .... das/der Viertel

ćevapčići m, pl [tʃɛˈʋaptɕitɕi] .... das Hackflei-
schröllchen

činiti [ˈtʃiniti] .... tun

čips m [tʃips] .... die Chips

čir m [tʃiːr] .... das Geschwür

čist, a, o [tʃist] .... sauber

čistiti [ˈtʃistiti] .... putzen

čitati [ˈtʃitati] .... lesen

čitav, a, o [ˈtʃitaʋ] .... ganz

čizma f [ˈtʃizma] .... der Stiefel

članak m [ˈtʃlaːnak] .... der Artikel

čokolada f [tʃɔkɔˈlaːda] .... die Schokolade

čovjek m [ˈtʃɔːʋjɛk] .... der Mensch

čuti [ˈtʃuti] .... hören
čvrst, a, o [ˈtʃʊrst] .... fest

Ćć

D

ćelava glava f [ˈtɕɛlava ˈglaːʋa] .... die Glatze

Dd

da [da] .... dass
da [da] .... ja
da li bismo ...? [ˈdali ˈbismɔ] .... würden wir ...?
dakle [ˈdaklɛ] .... also
daleko [ˈdalɛkɔ] .... weit
dalje [ˈdaʎɛ] .... weg
daljinski upravljač m
   [ˈdaʎinski uˈpravʎatʃ] .... die Fernbedienung
dama f [ˈdaːma] .... die Dame
dan m [dan] .... der Tag
danas [ˈdanas] .... heute
daska za glačanje f
   [ˈdaska za ˈglaːtʃaɲɛ] .... das Bügelbrett
dati [ˈdaːti] .... geben
datoteka f [datɔˈtɛːka] .... die Datei
datula f [ˈdatuʎa] .... die Dattel
datum m [ˈdaːtum] .... das Datum
debeo, debela, debelo
   [ˈdɛbɛɔ, ˈdɛbɛla, ˈdɛbɛlɔ] .... dick

demencija f [deˈmɛntsija] .... die Demenz

depresija f [deˈprɛsija] .... die Depression

desert m [deˈsɛːrt] .... der Nachtisch

deset [ˈdɛsɛt] .... zehn

desiti se [ˈdɛsiti sɛ] .... passieren

desna, desni, desno [ˈdɛsna, i, ɔ] ...... rechte(r, s)

desno [ˈdɛsnɔ] .... rechts

detektor dima m
  [deˈtɛktɔr ˈdima] .... der Rauchmelder

deterđent za pranje posuđa m
  [detɛrˈdʒɛnt za ˈpraɲe ˈpɔsudʒa] .... das Spülmittel

deterđent za pranje rublja m
  [detɛrˈdʒɛnt za ˈpraɲe ˈruːbʎa] .... das Waschpulver

deva f [ˈdɛːva] .... das Kamel

devedeset [dɛvɛˈdɛsɛt] .... neunzig

devet [ˈdɛvɛt] .... neun

devetnaest [deˈvɛtnaɛst] .... neunzehn

devizni tečaj m [ˈdɛvizni ˈtɛtʃaj] .... der Wechselkurs

dezodorans m [dɛzɔdɔˈraːns] .... das Deodorant

dežurni liječnik, dežurna
  liječnica m, f [ˈdɛʒurni liˈjɛːtʃnik,
  ˈdɛʒurna liˈjɛːtʃnica] .... der, die Notarzt,
                                             Notärztin

digitalan, digitalna, digitalno
  [ˈdigitalan] .... digital

digitalna kamera f
  [ˈdigitalna ˈkamɛra] .... die Digitalkamera

dignuti [ˈdignuti] .... heben

dijabetes m [dijaˈbɛtɛs] .... der Diabetes

dijagnoza f [dijaˈgnɔːza] .... die Diagnose

dijamant m [dijaˈmant] .... der Diamant

dijeliti [diˈjɛːliti] .... teilen

dijeta f [di'jeːta] .... die Diät

dijete n [di'jɛːtɛ] .... das Kind

dim m [dim] .... der Rauch

dimnjak m ['dimɲak] .... der Schornstein

dinja f ['diɲa] .... die Melone

dio m ['diɔ] .... der Teil

dirati ['dirati] .... anfassen

disati ['diːsati] .... atmen

disketni pogon m
[dis'kɛtni 'pɔgɔn] .... das Laufwerk

divan, divna, divno ['diːvnɔ] .... wunderbar

divlji, divlja, divlje ['divʎi] .... wild

dizalo n ['dizalɔ] .... der Aufzug

dizalo n ['dizalɔ] .... der Fahrstuhl

dizel m ['diːzɛl] .... der Diesel

dječak m ['djɛtʃak] .... der Junge

dječja kolica n ['djɛtʃja kɔ'liːtsa] .... der Kinderwagen

dječje sjedalo n ['djɛtʃjɛ 'sjɛdalɔ] .... der Kindersitz

dječji vrtić m ['djɛtʃji 'vrtitɕ] .... der Kindergarten

djed m [djɛd] .... der Großvater

djed i baka [djɛd i 'baka] .... die Großeltern

djevojka f ['djɛvɔjka] .... das Mädchen

dnevna soba f ['dnɛːvna 'sɔba] .... das Wohnzimmer

do [dɔ] .... bis

dob [dɔːb] .... das Alter

dobar, dobra, dobro ['dɔbar] .... gut

dobiti ['dɔbiti] .... bekommen

dobiti otkaz ['dɔbiti 'ɔtkaz] .... entlassen werden

dobro ['dɔbrɔ] .... gut

dobro došao! [dɔbrɔ'dɔʃaɔ] .... willkommen!

doći ['dɔːtɕi] .... kommen

D

D

doći po [ˈdɔ:tɕi pɔ]		abholen
dodatno [ˈdɔdatnɔ]		zusätzlich
dodirnuti [dɔˈdirnuti]		berühren
događaj m [ˈdɔgadʒaj]		das Ereignis
dojenče n [ˈdɔjentʃɛ]		der Säugling
dojiti [ˈdɔjiti]		stillen
dokaz m [ˈdɔkaz]		der Beweis
dolar m [ˈdɔlar]		der Dollar
dolazak m [ˈdɔlazak]		die Ankunft
dolina f [dɔˈli:na]		das Tal
dolje [ˈdɔʎɛ]		unten
dom m [dɔ:m]		das Wohnheim
dom m [dɔ:m]		das Zuhause
domaća zadaća f		
[ˈdɔmatɕa ˈzadatɕa]		die Hausaufgabe
donje rublje n [ˈdɔɲɛ ˈru:bʎɛ]		die Unterwäsche
donjeti [ˈdɔɲeti]		(mit)bringen
doručak m [ˈdɔrutʃak]		das Frühstück
dosadan, dosadna, dosadno		
[ˈdɔsadan]		langweilig
dosje n [dɔˈsjɛ:]		die Akte
dosta [ˈdɔsta]		genug
dostaviti [dɔˈstaviti]		liefern
doviđenja [dɔviˈdʒeɲa]		auf Wiedersehen!
dozvoliti [dɔzˈvɔ:liti]		erlauben
draga, dragi, drago [ˈdra:ga]		liebe(r, s)
druga, drugi, drugo [ˈdruga]		andere(r, s)
druga, drugi, drugo [ˈdruga]		zweite(r, s)
drukčije [ˈdruktʃije]		anders
drveni ugljen m [ˈdrʋeni ˈugʎɛn]		die Holzkohle
drvo n [ˈdrʋɔ]		der Baum

drvo n [ˈdrʋɔ]	das Holz
držati [ˈdrʒati]	halten
država f [ˈdrʒaʋa]	der Staat
dubok, a, o [ˈdubɔk]	tief
duda varalica f [ˈduda ˈʋaralitsa]	der Schnuller
dug, a, o [dug]	lang
duga f [ˈduːga]	der Regenbogen
duhan m [duˈxaːn]	der Tabak
dupin m [duˈpiːn]	der Delfin
dva [dʋa]	zwei
dva puta [ˈdʋaputa]	zweimal
dvadeset [ˈdʋadesɛt]	zwanzig
dvanaest [ˈdʋaːnaɛst]	zwölf
DVD m [deʋeˈdeː]	die DVD
dvokrevetna soba f [ˈdʋɔkrɛʋɛtna ˈsɔba]	das Doppelzimmer
dvorac m [ˈdʋɔːrats]	das Schloss
dvorana f [dʋɔˈraːna]	die Halle
dvorište n [ˈdʋɔriʃtɛ]	der Hof
dvostruko [ˈdʋɔstrukɔ]	doppelt

DŽdž

džamija f [ˈdʒamija]	die Moschee
džep m [dʒɛp]	die (Hosen)tasche
džeparenje n [dʒɛˈparɛɲɛ]	der Taschendiebstahl
džepna knjiga f [ˈdʒɛpna ˈkɲiːga]	das Taschenbuch
džepni nožić m [ˈdʒɛpni ˈnɔʒitɕ]	das Taschenmesser

D

Đđ

đumbir m [ˈdʒumbir] .... der Ingwer

Ee

ekcem m [ɛkˈtsɛːm] .... das Ekzem
ekran m [ˈɛkraːn] .... der Bildschirm
ekran na dodir m
   [ɛˈkraːn na ˈdodir] .... der Touchscreen
eksplozija f [ɛksˈplɔːzija] .... die Explosion
električan, električna, električno
   [ɛˈlɛktritʃan] .... elektrisch
email-adresa f [ˈiːmejladrɛːsa] .... die E-Mail-Adresse
embrion m [ˈɛmbriɔn] .... der/das Embryo
emisija f [ɛˈmiːsija] .... die Sendung
energija f [ɛˈnɛːrgija] .... die Energie
epilepsija f [ɛpiˈlɛːpsija] .... die Epilepsie
espreso m [ɛsˈprɛsɔ] .... der Espresso
EU f [ɛuː] .... die EU
euro m [ˈɛːurɔ] .... der Euro
Europa f [ɛuˈrɔːpa] .... (das) Europa
Europska unija f
   [ˈɛːurɔpska ˈuːnija] .... die Europäische Union

Ff

faks m ['faks]	das **Faxgerät**
far m [faːr]	der **Scheinwerfer**
film m [film]	der **Film**
filter m ['filter]	der **Filter**
fin, a, o [fiːn]	fein
flatrate m ['flɛtrɛjt]	die **Flatrate**
flomaster m [flɔ'maːster]	der **Filzstift**
folija za održanje svježine f ['fɔːlija za ɔ'drʒaɲe svje'ʒiːne]	die **Frischhaltefolie**
fotoalbum m [fɔtɔal'buːm]	das **Fotoalbum**
fotoaparat m [fɔtɔa'paːrat]	der **Fotoapparat**
fotografija f [fɔtɔ'grafija]	das **Foto**
fotografirati [fɔtɔgra'fiːrati]	fotografieren
frizer, frizerka m, f [fri'zeːr, fri'zeːrka]	der, die **Friseur, Friseurin**
frizerski salon m ['frizɛrski sa'lɔːn]	der **Friseursalon**

G

Gg

gaće fpl ['gaʨe]	die **Unterhose**
gaćice fpl ['gaʨitse]	der **Slip**
galeb m ['galeb]	die **Möwe**
garaža f [ga'raːʒa]	die **Garage**
gdje [gdje]	wo
gel za tuširanje m [gɛːl za tu'ʃiːraɲe]	das **Duschgel**

gimnastika f [gimˈnastika] .... das Turnen
gimnazija f [gimˈnaːzija] .... das Gymnasium
gitara f [giˈtaːra] .... die Gitarre
glačalo n [ˈglaːtʃalɔ] .... das Bügeleisen
glačati [ˈglaːtʃati] .... bügeln
glad f [glaːd] .... der Hunger
gladak, glatka, glatko [ˈglaːdak] .... glatt
gladan, gladna, gladno
   [ˈglaːdan] .... hungrig
glasan, glasna, glasno [ˈglaːsan] .... laut
glasnoća f [glasˈnɔtɕa] .... die Lautstärke
glava f [ˈglaːʋa] .... der Kopf
glavni grad m [ˈglaːʋni grad] .... die Hauptstadt
glavni kolodvor m
   [ˈglaːʋni ˈkɔlɔdʋɔr] .... der Hauptbahnhof
glavobolja f [glaˈʋɔbɔʎa] .... die Kopfschmerzen
glazba f [ˈglazba] .... die Musik
glazbalo n [ˈglazbalɔ] .... das Musikinstrument
gledatelj, gledateljica m, f .... der, die Zuschauer,
   [ˈglɛdatɛʎ, glɛdaˈtɛːʎitsa]   Zuschauerin
gledati [ˈglɛdati] .... schauen
gledati televiziju
   [ˈglɛdati tɛlɛˈʋiːziju] .... fernsehen
gležanj m [ˈglɛːʒaɲ] .... der Knöchel
glista f [ˈgliːsta] .... der Wurm
gljiva f [ˈgʎiʋa] .... der Pilz
gluh, a, o [gluːx] .... gehörlos
glup, a, o [gluːp] .... dumm
gluten m [gluˈtɛːn] .... das Gluten
godina f [ˈgɔdina] .... das Jahr
godišnje doba n [ˈgɔdiʃɲɛ ˈdɔːba] .... die Jahreszeit

gol m [gɔːl] .... das Tor

gol, a, o [gɔl] .... nackt

golf m [gɔlf] .... das Golf

golub m [ˈgɔlub] .... die Taube

gore [ˈgɔre] .... oben

gorila m [gɔˈriːla] .... der Gorilla

goriti [ˈgɔriti] .... brennen

gorivo [ˈgɔrivɔ] .... das Benzin

gospodin m [gɔsˈpɔdin] .... Herr ...

gospođa f [ˈgɔspɔdʑa] .... Frau ...

gost m [gɔst] .... der Gast

gostionica f [gɔstiˈɔːnitsa] .... die Gaststätte

gotovina f [gɔtɔˈvina] .... das Bargeld

gotovo [ˈgɔtɔvɔ] .... fertig

govedina f [ˈgɔvedina] .... das Rindfleisch

govoriti [gɔˈvɔriti] .... sprechen

grad m [graːd] .... die Stadt

gradilište n [ˈgradiliʃte] .... die Baustelle

graditi [ˈgraːditi] .... bauen

građevinska trgovina f
[ˈgradʑevinska trˈgɔvina] .... der Baumarkt

grah m [grax] .... die Bohne

gram m [gram] .... das Gramm

grana f [ˈgraːna] .... der Ast

grč m [grtʃ] .... der Krampf

grejp m [grejp] .... die Grapefruit

greška f [ˈgreʃka] .... der Fehler

grijanje n [ˈgrijaɲe] .... die Heizung

gripa f [ˈgripa] .... die Grippe

gristi [ˈgristi] .... beißen

grlo n [ˈgrlɔ] .... der Hals

G

grlobolja f [ˈgrlɔbɔʎa] .... die Halsschmerzen
grmljavina f [ˈgrmʎaʋina] .... der Donner
grob m [grɔb] .... das Grab
groblje n [ˈgrɔːbʎɛ] .... der Friedhof
grožđica f [ˈgrɔʒdʑitsa] .... die Rosine
grudi fpl [gruːdi] .... die Brust
grudnjak m [ˈgruːdɲak] .... der BH
grupa f [ˈgrupa] .... die Gruppe
guliti [ˈguːliti] .... schälen
guma f [ˈguma] .... der/das Gummi
guma f [ˈguma] .... der Reifen
gumb m [gumb] .... der Knopf
gumena čizma f [ˈgumɛna ˈtʃizma] ..... der Gummistiefel
gumena rukavica f
   [ˈgumɛna ruˈkaʋitsa] .... der Gummihandschuh
gumica za brisanje f
   [ˈgumitsa za ˈbrisaɲɛ] .... der Radiergummi
gusjenica f [ˈgusjɛnitsa] .... die Raupe
guska f [ˈguska] .... die Gans
gušter m [ˈguʃtɛr] .... die Eidechse

Hh

haljina f [ˈxaʎina] .... das Kleid
hamburger m [ˈxamburgɛr] .... der Hamburger
hard disk m [ˈxard ˈdisk] .... die Festplatte
harmonika f [xarˈmɔnika] .... das Akkordeon
helikopter m [xɛliˈkɔptɛr] .... der Hubschrauber
HI virus m [xiˈʋirus] .... das HIV

higijenski uložak m
  [ˈxigijɛnski ˈulɔʒak] .... die Slipeinlage
hitan slučaj m [ˈxitan ˈsluːtʃaj] .... der Notfall
hitan, hitna, hitno [ˈxiːtan] .... eilig
hitna pomoć f [ˈxitna ˈpɔmɔtɕ] .... die Notaufnahme
hitno [ˈxitnɔ] .... dringend
hlače fpl [ˈxlatʃɛ] .... die Hose
hladan, hladna, hladno [ˈxlaːdan] .... kalt
hladnjak m [ˈxlaːdɲak] .... der Kühlschrank
hobi m [ˈxɔbi] .... das Hobby
hoćemo li ...? [ˈxɔtɕɛmɔ li] .... Wollen wir ...?
hotel m [ˈxɔtɛl] .... das Hotel
hram m [xram] .... der Tempel
hraniti [ˈxraːniti] .... füttern
hrast m [ˈxraːst] .... die Eiche
hrkati [ˈxrkati] .... schnarchen
hrskav, a, o [ˈxrskaʋ] .... knackig
htjeti [ˈxtjɛti] .... wollen
hulahopke fpl [xulaˈxɔpkɛ] .... die Strumpfhose
hunjavica f [ˈxuɲaʋitsa] .... der Schnupfen

I i

i [i] .... und
iako [ˈiakɔ] .... obwohl
IBAN m [ˈiːban] .... die IBAN
ići [ˈiːtɕi] .... gehen
ići po [ˈiːtɕi pɔ] .... holen
ići u šetnju [ˈiːtɕi u ˈʃɛːtɲu] .... spazieren gehen

ideja f [iˈdɛːja]	die Idee
igla f [ˈigla]	die Nadel
igra f [ˈigra]	das Spiel
igrač, igračica m, f [iˈgraːtʃ, iˈgraːtʃitsa]	der, die Spieler, Spielerin
igračka f [ˈigratʃka]	das Spielzeug
igralište n [ˈigraliʃtɛ]	der Spielplatz
igrati se [ˈigrati sɛ]	spielen
ikada [ˈiːkada]	jemals
ili [ˈili]	oder
ima [ˈima]	hat
imam [ˈimam]	habe
imaš [ˈimaʃ]	hast
imate [ˈimatɛ]	habt
imati [ˈimati]	haben
imati okus [ˈimati ˈɔkus]	schmecken
ime n [ˈimɛ]	der Name
inače [ˈinatʃɛ]	sonst
industrija f [inˈdustrija]	die Industrie
infekt m [inˈfɛkt]	der Infekt
informacija f [infɔrˈmaːtsija]	die Information
inhalator m [inxaˈlaːtɔr]	der Inhalator
injekcija f [iˈɲɛktsija]	die Spritze
inozemstvo n [inoˈzɛːmstvɔ]	das Ausland
insekt m [inˈsɛːkt]	das Insekt
instalirati [instaˈliːrati]	installieren
instrument m [instruˈmɛːnt]	das Instrument
internet m [ˈiːnternet]	das Internet
internetsko bankarstvo n [ˈinternetskɔ banˈkaːrstvɔ]	das Onlinebanking
interni, interna, interno [ˈinterni]	intern

invalidan, ivalidna, invalidno
   [invɑˈlidan] .... behindert
invaliditet m [invaliˈdiˈtɛt] .... die Behinderung
invalidska kolica f
   [invaˈlidska kɔˈliːtsa] .... der Rollstuhl
inženjer, inženjerka m, f .... der, die Ingenieur,
   [inʒɛnˈjeːr, inʒɛnˈjeːrka] .... Ingenieurin
iskaznica f [ˈiskaznitsa] .... der Ausweis
ispit m [ˈispit] .... die Prüfung
ispod [ˈispɔd] .... unter
ispravan, ispravna, ispravno
   [ˈispravan] .... richtig
ispred [ˈispred] .... vor
ispričati se [isˈpritʃati sɛ] .... sich entschuldigen
isprika f [ˈisprika] .... die Entschuldigung
ispušnik m [ˈispuʃnik] .... der Auspuff
istinit, a, o [ˈistinit] .... wahr
isto [ˈistɔ] .... gleich
istočno [ˈistɔtʃnɔ] .... östlich
istok m [ˈistɔk] .... der Osten
iz [iz] .... aus
iza [ˈiza] .... hinter
izaći [ˈizatɕi] .... aussteigen
izbjeglica f [ˈizbjeglitsa] .... der Flüchtling
izbrisati [izˈbriːsati] .... löschen
izgubiti [izˈgubiti] .... verlieren
izgubljen, a, o [izˈgubʎɛn] .... verloren
izlaz m [ˈizlaz] .... der Ausgang
izlaz u slučaju opasnosti m
   [ˈizlaz u sluˈtʃaːju ɔˈpaːsnɔsti] ...... der Notausgang
izlet m [ˈizlɛt] .... der Ausflug

izlog m ['izlɔg] .... das Schaufenster
između ['izmɛdʒu] .... zwischen
iznajmiti [íz'na:jmiti] .... vermieten
iznenađen, iznenađena,
  iznenađeno [iznɛ'na:dʒɛn] .... überrascht
iznenađenje n [iznɛna'dʒɛːɲɛ] ...... die Überraschung
iznos m ['iznɔs] .... der Betrag
izrazito ['izrazitɔ] .... deutlich
izvan ['izvan] .... außerhalb
izvještaj m ['izvjɛʃtaj] .... der Bericht

Jj

ja [ja:] .... ich
jabuka f ['jabuka] .... der Apfel
jagoda f ['jagɔda] .... die Erdbeere
jaje n ['ja:jɛ] .... das Ei
jaje na oko n ['ja:jɛ na 'ɔkɔ] .... das Spiegelei
jak, a, o [ja:k] .... stark
jakna f ['jakna] .... die Jacke
jamčevina f [jam'tʃɛːvina] .... die Kaution
janjetina f ['jaɲɛtina] .... das Lammfleisch
jastog m ['jastɔg] .... der Hummer
jastuk m ['jastuk] .... das Kissen
javan, javna, javno ['ja:van] .... öffentlich
javiti se ['javiti sɛ] .... sich melden
javnost f ['ja:ʋnɔst] .... die Öffentlichkeit
je [jɛ] .... ist
ječam m ['jɛtʃam] .... die Gerste

jedan ['jɛdan] .... eins
jedan, jedna, jedno ['jɛdan] .... ein(e)
jedanaest [jɛ'daːnaɛst] .... elf
jednokrevetna soba f
    ['jɛdnɔkrɛvɛtna 'sɔba] .... das Einzelzimmer
jednom ['jɛdnɔm] .... einmal
jednosmjerna ulica f
    ['jɛdnɔsmjɛrna 'ulitsa] .... die Einbahnstraße
jednostavno ['jɛdnɔstavnɔ] .... einfach
jedrilica f [jɛ'driːlitsa] .... das Segelboot
jedriti ['jɛdriti] .... segeln
jedva ['jɛdva] .... kaum
jeftin, a, o ['jɛftin] .... billig
jelo n ['jɛlɔ] .... das Essen
jelo n ['jɛlɔ] .... das Gericht
jelovnik m [jɛ'lɔvnik] .... die Speisekarte
jer [jɛr] .... weil
jesen f ['jɛsɛn] .... der Herbst
jesti ['jɛsti] .... essen
jetra npl ['jɛtra] .... die Leber
jezero n ['jɛzɛrɔ] .... der See
jezgra grada f ['jɛzgra 'graːda] .... die Innenstadt
jezik m ['jɛzik] .... die Sprache
jezik m ['jɛzik] .... die Zunge
jež m [jɛːʒ] .... der Igel
jogurt m ['jɔgurt] .... der/das Joghurt
još [jɔʃ] .... noch
još jednom [jɔʃ 'jɛdnɔm] .... noch einmal
jučer ['jutʃɛr] .... gestern
jug m [jug] .... der Süden
juha f ['juːxa] .... die Suppe

jutro n ['jutrɔ] .... der Morgen
južno ['juːʒnɔ] .... südlich
Južna Amerika f
['juːʒna aˈmɛrika] .... (das) Südamerika

Kk

k [k] .... zum, zur
kabel m ['kaːbɛl] .... das Kabel
kaciga f ['katsiga] .... der Helm
kad [kad] .... als
kada f [kaːda] .... die Badewanne
kada f [kada] .... wann
kafić f ['kafitɕ] .... das Café
kako ['kakɔ] .... wie
kalendar m [kaˈlɛndar] .... der Kalender
kalkulator m [kalkuˈlaːtɔr] .... der Taschenrechner
kalorije fpl [kaˈlɔːrije] .... die Kalorien
kamata f ['kamata] .... der Zins
kamen m ['kamɛn] .... der Stein
kamera f ['kamera] .... die Kamera
kamin m [kaˈmiːn] .... der Kamin
kamion za smeće m
[kamiˈɔːn za ˈsmɛtɕɛ] .... der Müllwagen
kamo ['kamɔ] .... wohin
kamp m [kamp] .... der Campingplatz
kampirati [kamˈpiːrati] .... zelten
kamp-kućica f ['kampkutɕitsa] .... der Wohnwagen
kanal m [kaˈnaːl] .... der Kanal
kanta f ['kaːnta] .... der Eimer

kanta za smeće f

['kaːnta za 'smɛtɕɛ] .... der Mülleimer

kapa f ['kapa] .... die Mütze

kapučino m [kapuˈtʃiːnɔ] .... der Cappuccino

kapuljača f [kaˈpuʎatʃa] .... die Kapuze

kaput m ['kaput] .... der Mantel

karijera f [kariˈjɛːra] .... die Karriere

karijes m ['karijɛs] .... die Karies

karneval m [karnɛˈvaːl] .... der Karneval

karta f ['kaːrta] .... die Karte

karta za ukrcaj f ['kaːrta za 'ukrtsaj] ...... die Bordkarte

kartica na bonove f

['kaːrtitsa na 'bɔːnɔvɛ] .... die Prepaidkarte

karton m [karˈtɔːn] .... der Karton

kasno ['kasnɔ] .... spät

kaša f ['kaːʃa] .... der Brei

kašalj m ['kaʃaʎ] .... husten

kat m [kat] .... das Stockwerk

katedrala f [katɛˈdraːla] .... der Dom

kava f ['kaːva] .... der Kaffee

kavana f [kaˈvana] .... die Kneipe

kazalište n [kazaˈliʃtɛ] .... das Theater

kazna f ['kazna] .... die Strafe

kazneno djelo n ['kaznɛnɔ 'djelɔ] .... die Straftat

kazniti ['kazniti] .... bestrafen

kažiprst m ['kaʒiprst] .... der Zeigefinger

kći f [ktɕi] .... die Tochter

kečap m ['kɛtʃap] .... der/das Ketchup

keks m [kɛks] .... der Keks

kesten m ['kɛstɛn] .... die Kastanie

kihnuti ['kixnuti] .... niesen

K

kikiriki m [kiki'riki]	die Erdnuss
kilogram m ['kilɔgram]	das Kilogramm
kilometar m [ki'lɔmɛ:tar]	der Kilometer
kino m ['ki:nɔ]	das Kino
kiosk m ['kiɔsk]	der Kiosk
kiseo, kisela, kiselo ['kisɛɔ]	sauer
kisik m [ki'si:k]	der Sauerstoff
kist m [kist]	der Pinsel
kiša ['kiʃa]	der Regen
kišiti ['kiʃiti]	regnen
kišobran m ['kiʃɔbran]	der Regenschirm
klima uređaj m ['klima 'urɛdzaj]	die Klimaanlage
klizati se ['klizati sɛ]	Schlittschuh laufen
klizište n ['kli:ziʃtɛ]	der Erdrutsch
ključ m [kʎutʃ]	der Schlüssel
klokan m ['klɔkan]	das Känguru
klupa f ['klu:pa]	die Bank
knjiga f ['kɲi:ga]	das Buch
knjižara f ['kɲi:ʒara]	die Buchhandlung
knjižnica f ['kɲi:ʒnitsa]	die Bibliothek
kobasica f [kɔ'basitsa]	die Wurst
kocka f ['kɔtska]	der Würfel
kočiti ['kɔ:tʃiti]	bremsen
kočnica f ['kɔ:tʃnitsa]	die Bremse
kod [kɔd]	bei
kod [kɔd]	zu
kod kuće ['kɔdkutɕɛ]	zu Hause
koga ['kɔga]	wen
koja, koji, koje ['kɔja]	welche(r, s)
kokos(ov orah) m ['kɔkɔs(ɔʊ 'ɔrax)]	die Kokosnuss
kokoš f ['kɔkɔʃ]	das Huhn

kokpit m ['kɔkpit] .... das Cockpit
koktel m [kɔk'tɛːl] .... der Cocktail
kola f ['kɔːla] .... die/das Cola
kola hitne pomoći n
['kɔla 'xitne 'pɔmɔt͡ɕi] .... der Rettungswagen
kolač m ['kɔlat͡ʃ] .... der Kuchen
kolega, kolegica m, f .... der, die Kollege,
[kɔ'leːga, kɔ'leːgitsa]   Kollegin
kolerabica f [kɔle'raːbitsa] .... der Kohlrabi
kolesterol m [kɔleste'rɔːl] .... das Cholesterin
kolica za kupovinu n
[kɔ'liːtsa za ku'pɔvinu] .... der Einkaufswagen
količina f [kɔli't͡ʃiːna] .... die Menge
koliko ['kɔlikɔ] .... wie viel
koliko dugo ['kɔlikɔ 'dugɔ] .... wie lange
koljeno n ['kɔʎenɔ] .... das Knie
kolodvor m ['kɔlɔdvɔr] .... der Bahnhof
kolovoz m ['kɔlɔvɔz] .... der August
koma f ['kɔːma] .... das Koma
komad m ['kɔmad] .... das Stück
komarac m [kɔ'maːrats] .... die Mücke
komedija f [kɔ'mɛːdija] .... die Komödie
komoda f [kɔ'mɔːda] .... die Kommode
komorač m ['kɔmɔrat͡ʃ] .... der Fenchel
komu ['kɔmu] .... wem
komunikacija f [kɔmuni'kaːtsija] .... die Kommunikation
konac m ['kɔnats] .... der Faden
konačno ['kɔːnat͡ʃnɔ] .... endlich
koncentrirati se [kɔntsentriːrati sɛ] .... sich konzentrieren
koncert m ['kɔntsert] .... das Konzert
kondom m [kɔn'dɔːm] .... das Kondom

K

kondukter, kondukterka m, f .... der, die Schaffner,
[kɔnduk'teːr, kɔnduk'teːrka]   Schaffnerin
konj m [kɔɲ] .... das Pferd
konobar, konobarica m, f .... der, die Kellner,
['kɔnɔbar, kɔnɔ'baritsa]   Kellnerin
kontaktna leća f ....
[kɔn'taktna 'leːtɕa] .... die Kontaktlinse
kontinent m [kɔnti'nɛnt] .... der Kontinent
kontracepcija f [kɔntra'tsɛptsija] .... die Verhütung
kopča f ['kɔptʃa] .... die Schnalle
kopirati [kɔ'piːrati] .... kopieren
kopito n ['kɔpitɔ] .... der Huf
korak m ['kɔrak] .... der Schritt
korijen m ['kɔːrijen] .... die Wurzel
koristan, korisna, korisno
['kɔristan] .... nützlich
kornfleks m ['kɔrnflɛks] .... die Cornflakes
kornjača f ['kɔrɲatʃa] .... die Schildkröte
kosa f ['kɔsa] .... das Haar
kosilica f ['kɔsilitsa] .... der Rasenmäher
koš za otpad m ['kɔʃ za 'ɔtpad] .... der Abfalleimer
košara f ['kɔʃara] .... der Korb
košulja f ['kɔʃuʎa] .... das Hemd
kotač m [kɔ'taːtʃ] .... das Rad
kovanica f [kɔ'ʋanitsa] .... die Münze
kovčeg m ['kɔʋtʃɛg] .... der Koffer
kovina f ['kɔːʋina] .... das Metall
koza f ['kɔza] .... die Ziege
koža f ['kɔʒa] .... die Haut
koža f ['kɔʒa] .... das Leder
krađa f ['kradʑa] .... der Diebstahl

K

kraj m [kraːj] — das Ende

kraj [kraj] — neben

krajnje ['krajnɛ] — äußerst

krajolik m [kra'jɔlik] — die Landschaft

kralj, kraljica m, f [kraːʎ, 'kraʎitsa] — der, die König, Königin

kralješnica f ['kraʎɛʃnitsa] — die Wirbelsäule

krastavac m ['krastavats] — die Gurke

kratak, kratka, kratko ['kraːtak] — kurz

kratke hlače fpl ['kratkɛ 'xlatʃɛ] — die Shorts

krava f ['krava] — die Kuh

kravata f [kra'vaːta] — die Krawatte

kreativan, kreativna, kreativno ['krɛativan] — kreativ

kreda f ['krɛːda] — die Kreide

kreditna kartica f ['krɛditna 'kaːrtitsa] — die Kreditkarte

kretati se ['krɛːtati sɛ] — sich bewegen

krevet m ['krɛvɛt] — das Bett

krevet na kat m ['krɛvɛt na kat] — das Etagenbett

krilo n ['kriːlɔ] — der Flügel

kriška f ['kriʃka] — die Scheibe

krivnja f ['kriːvɲa] — die Schuld

krivo ['kriːvɔ] — falsch

križanje n [kri'ʒaːɲɛ] — die Kreuzung

kroasan m [krɔa'saːn] — das Croissant

krokus m ['krɔkus] — der Krokus

krov m [krɔʋ] — das Dach

kroz [krɔz] — durch

krpa za čišćenje f ['krpa za 'tʃiʃtɕɛɲɛ] — der Putzlappen

krpelj m ['krpɛʎ] — die Zecke

K

krštenje n [krʃˈtɛːɲɛ] .... die Taufe

krtica f [ˈkrtitsa] .... der Maulwurf

kruh m [krux] .... das Brot

krumpir m [ˈkrumpir] .... die Kartoffel

krupnik m [ˈkrupnik] .... der Dinkel

kruška f [ˈkruʃka] .... die Birne

kružni tok m [ˈkruːʒni tɔk] .... der Kreisverkehr

krv f [krʋ] .... das Blut

krvarenje n [krˈʋaːrɛɲɛ] .... die Blutung

krvariti [krʋaːriti] .... bluten

krvni tlak m [ˈkrʋni tlaːk] .... der Blutdruck

krvotok m [ˈkrʋɔtɔk] .... der Kreislauf

krzno n [ˈkrznɔ] .... das Fell

kucati [ˈkutsati] .... klopfen

kucati [ˈkutsati] .... tippen

kuća f [ˈkutɕa] .... das Haus

kućepazitelj, kućepaziteljica .... der, die Hausmeister,
  m, f [kutɕɛˈpaːzitɛʎ,   Hausmeisterin
  kutɕɛpaziˈtɛːʎitsa]

kugla f [ˈkuːgla] .... die Kugel

kuhalo za vodu n
  [ˈkuxalɔ za ˈʋɔdu] .... der Wasserkocher

kuhano [ˈkuxanɔ] .... gekocht

kuhar, kuharica m, f
  [ˈkuxar, ˈkuxaritsa] .... der, die Koch, Köchin

kuhati [ˈkuxati] .... kochen

kuhinja f [ˈkuxiɲa] .... die Küche

kuhinjska krpa f [ˈkuxiɲska ˈkrpa] ..... das Geschirrtuch

kuhinjski lonac m
  [ˈkuxiɲski ˈlɔːnats] .... der Kochtopf

kuhinjski stol m [ˈkuxiɲski stɔːl] .... der Esstisch

kuk m [kuk] — die Hüfte
kukuruz m [ˈkukuruz] — der Mais
kula f [ˈkuːla] — die Burg
kunić m [ˈkuːnitɕ] — das Kaninchen
kupaće gaće m [ˈkupatɕɛ ˈgatɕɛ] — die Badehose
kupaći kostim m [ˈkupatɕi kosˈtiːm] — der Badeanzug
kupaći ogrtač m [ˈkupatɕi ɔˈgrtatʃ] — der Bademantel
kupaonica f [kupaˈɔːnitsa] — das Badezimmer
kupati se [ˈkuːpati sɛ] — baden
kupina f [ˈkupina] — die Brombeere
kupiti [ˈkuːpiti] — kaufen
kupka f [ˈkupka] — das Bad
kupnja f [ˈkuːpɲa] — der Einkauf
kupovati [kuˈpɔːvati] — einkaufen
kupus m [ˈkupus] — der Weißkohl
kurzor m [ˈkurzɔr] — der Mauszeiger
kutija s osiguračima f
  [ˈkutija sɔsiguˈraːtʃima] — der Sicherungskasten
kvačilo n [ˈkvatʃilɔ] — die Kupplung
kvalifikacija f [kvalifiˈkatsija] — die Qualifikation
kvaliteta f [kvaliˈtɛta] — die Qualität
kvar m [ˈkvaːr] — die Panne
kvasac m [ˈkvaːsats] — die Hefe

L

laboratorij m [labɔraˈtɔːrij] — das Labor
labud m [ˈlabud] — der Schwan
ladica f [ˈladitsa] — die Schublade
lagan, a, o [ˈlagan] — leicht

lagati ['lagati] .... lügen
lakat m ['lakat] .... der Ellbogen
lanac za snijeg m
['laːnats za sniːeːg] .... die Schneekette
lančić m ['laːntʃitɕ] .... die Kette
laptop m ['laptɔp] .... der/das Laptop
lav m [laʋ] .... der Löwe
lavina f [la'ʋiːna] .... die Lawine
laž f [laːʒ] .... die Lüge
leća f ['leːtɕa] .... die Linse
leći ['letɕi] .... sich hinlegen
ledeni čaj m ['lɛdɛni tʃaj] .... der Eistee
leđa npl ['lɛdʒa] .... der Rücken
lepinja f ['lɛpiɲa] .... das Fladenbrot
leptir m ['lɛptir] .... der Schmetterling
let m [lɛːt] .... der Flug
letjeti ['lɛtjeti] .... fliegen
ležati ['lɛʒati] .... liegen
lice n ['liːtse] .... das Gesicht
ličiti ['litʃiti] .... streichen
liječnik, liječnica m, f
[lijeːtʃnik, lijeːtʃnitsa] .... der, die Arzt, Ärztin
lijek m [lijeːk] .... das Medikament
lijen, a, o [li'jeːn] .... faul
lijep, a, o [li'jeːp] .... schön
lijepiti [li'jeːpiti] .... kleben
lijevati [li'jeːʋati] .... gießen
lijeva, lijevi, lijevo [li'jeːʋa] .... linke(r, s)
lijevo [li'jeːʋɔ] .... links
limenka f ['limɛnka] .... die Dose
limeta f ['limeːta] .... die Limette

L

limun m ['limun] .... die Zitrone
limunada f [limu'na:da] .... die Limonade
lipanj m ['li:paɲ] .... der Juni
lisica f ['lisitsa] .... der Fuchs
lisnica f ['lisnitsa] .... die Brieftasche
list m ['li:st] .... das Blatt
listopad m ['listɔpad] .... der Oktober
lišće npl ['li:ʃtɕɛ] .... das Laub
litar m ['litar] .... der/das Liter
livada f ['livada] .... die Wiese
lomiti ['lɔmiti] .... brechen
lomljiv, a, o ['lɔmʎiʋ] .... zerbrechlich
lopta f ['lɔpta] .... der Ball
losos m ['lɔsɔs] .... der Lachs
loš, a, e [lɔʃ] .... schlecht
loše ['lɔʃɛ] .... übel
lubenica f [lu'benitsa] .... die Wassermelone
lud, a, o [lu:d] .... verrückt
luk m [luk] .... die Zwiebel
luka f ['lu:ka] .... der Hafen
lutka f ['lutka] .... die Puppe

LJ lj

ljekarna f ['ʎɛkarna] .... die Apotheke
ljepilo n ['ʎɛpilɔ] .... der Klebstoff
ljepljiva traka f ['ʎɛpʎiʋa 'tra:ka] .... das Klebeband
ljepušan, ljepušna,
  ljepušno ['ʎɛpuʃan] .... niedlich
ljestve fpl ['ʎɛstʋɛ] .... die Leiter

lješnjak m [ˈʎɛʃnak] .... die Haselnuss
ljeto n [ˈʎɛtɔ] .... der Sommer
ljubav f [ˈʎuːbav] .... die Liebe
ljubazan, ljubazna,
  ljubazno [ˈʎubazan] .... nett
ljubiti [ˈʎuːbiti] .... küssen
ljubomoran, ljubomorna,
  ljubomorno [ˈʎubɔmɔran] .... eifersüchtig
ljuljačka f [ˈʎuʎatʃka] .... die Schaukel
ljutit, a, o [ʎutit] .... böse
ljutiti se [ʎuːtiti sɛ] .... sich ärgern
ljutnja f [ˈʎuːtɲa] .... der Ärger

Mm

mačka f [ˈmatʃka] .... die Katze
maćeha f [ˈmatɕɛxa] .... die Stiefmutter
madež m [ˈmaːdɛʒ] .... das Muttermal
madrac m [maˈdraːts] .... die Matratze
magarac m [ˈmagarats] .... der Esel
magla f [ˈmagla] .... der Nebel
maglovito [maˈɡlɔvitɔ] .... neblig
mahati [ˈmaxati] .... winken
mail m [meːjl] .... die/das E-Mail
majica kratkih rukava f
  [ˈmaːjtsaˈkratkihruˈkaːva] .... das T-Shirt
majka f [ˈmaːjka] .... die Mutter
majoneza f [majɔˈnɛːza] .... die Mayonnaise
majstor, majstorica m .... der, die Handwerker,
  [ˈmajstɔr, ˈmajstɔritsa]   Handwerkerin

malen, a, o ['malɛn] .... klein
malina f ['malina] .... die Himbeere
malo ['malɔ] .... wenig
maloljetnik, maloljetnica m, f
  ['malɔʎɛtnik, 'malɔʎɛtnitsa] .... der/die Jugendliche
mama f ['mama] .... die Mama
maramica f ['maramitsa] .... das Taschentuch
marelica f [ma'rɛlitsa] .... die Aprikose
margarin m [marga'ri:n] .... die Margarine
marmelada f [marmɛ'la:da] .... die Marmelade
maslac m ['maslats] .... die Butter
maslina f ['maslina] .... die Olive
mast f [ma:st] .... das Fett
mastan, masna, masno
  ['ma:stan] .... fettig
mašina f [ma'ʃi:na] .... die Maschine
matematika f [matɛ'matika] .... die Mathematik
maternica f ['matɛrnitsa] .... die Gebärmutter
matovilac m [matɔ'ʋi:lats] .... der Feldsalat
med m [mɛːd] .... der Honig
medicina f [mɛdi'tsi:na] .... die Medizin
medicinski tehničar, ... der Krankenpfleger
  m [mɛ'diʦinski tɛ'xni ʧar]
medicinska sestra, f .... die Krankensch-
  [mɛ'diʦinska sɛ'stra]   wester
mediji mpl ['mɛːdiji] .... die Medien
medvjed m ['mɛdvjed] .... der Bär
međunarodni, međunarodna,
  međunarodno [mɛd͡ʒu'na:rɔdni] ...... international
mehaničar, mehaničarka m, f .... der, die Mechaniker,
  [mɛ'xaniʧar, mɛ'xaniʧarka]   Mechanikerin

M

mek, a, o [mɛk]	weich
memorijska kartica f	
[mɛˈmɔrijska ˈkaːrtitsa]	die Speicherkarte
mene [ˈmɛnɛ]	mich
meni [ˈmɛni]	mir
meningitis m [mɛninˈɡiːtis]	die Hirnhauten-
	zündung
mesnica f [ˈmɛːsnitsa]	die Metzgerei
meso n [ˈmɛːsɔ]	das Fleisch
mesti [ˈmɛsti]	fegen
metar m [ˈmɛːtar]	das Maßband
metar m [ˈmɛːtar]	der/das Meter
metla f [ˈmɛtla]	der Besen
metvica f [ˈmɛtʋitsa]	die Minze
mi [mi]	wir
migrena f [miˈɡrɛːna]	die Migräne
mijenjati [miˈjeːɲati]	wechseln
miješati [miˈjeːʃati]	mischen
mikrovalna pećnica f	
[ˈmikrɔʋalna ˈpɛtɕnitsa]	die Mikrowelle
milijarda f [miliˈjaːrda]	die Milliarde
milijun m [miliˈjuːn]	die Million
mililitar m [ˈmililitar]	der/das Milliliter
milimetar m [miliˈmɛːtar]	der/das Millimeter
mineralna voda f [ˈminɛralna ˈʋɔda]	das Mineralwasser
minuta f [miˈnuːta]	die Minute
mir m [miːr]	der Frieden
miran, mirna, mirno [ˈmiːran]	friedlich
miris m [ˈmiris]	der Geruch
mirisati [miˈrisati]	riechen
mirovina f [miˈrɔʋina]	die Rente

M

misli žitarice fpl

['miːsli ʒi'taritsɛ] .... das **Müsli**

misliti ['misliti] .... **denken**

miš m [miʃ] .... die **Maus**

mišić m [mi'ʃiːtɕ] .... der **Muskel**

mišljenje n ['miːʃʎɛɲɛ] .... die **Meinung**

mjehur m [mjɛ'xur] .... die **Blase**

mjera f ['mjɛra] .... das **Maß**

mjeriti ['mjɛːriti] .... **messen**

mjesec m ['mjɛsɛts] .... der **Monat**

mjesec m ['mjɛsɛts] .... der **Mond**

mjesto n ['mjɛstɔ] .... der **Ort**

mjesto n ['mjɛstɔ] .... die **Stelle**

mlad, a, o [mlaːd] .... **jung**

mladenka f ['mladɛnka] .... die **Braut**

mladi luk m ['mladi luk] .... die **Frühlingszwiebel**

mladoženja m [mla'dɔːʒɛɲa] .... der **Bräutigam**

mlijeko n [mli'jɛːkɔ] .... die **Milch**

mljeveno meso n

['mʎɛvɛnɔ 'mɛːsɔ] .... das **Hackfleisch**

mnogi ['mnɔgi] .... **viel(e)**

mobilan, mobilna, mobilno

['mɔbilan] .... **mobil**

mobilni telefon m

['mɔbilni 'tɛlɛfɔn] .... das **Mobiltelefon**

mobitel m ['mɔːbitɛl] .... das **Handy**

moći ['mɔːtɕi] .... **können**

moda f ['mɔːda] .... die **Mode**

moderan, moderna, moderno

['mɔdɛran] .... **modern**

moguće ['mɔgutɕɛ] .... **möglich**

M

mogućnost f [mɔˈguːtɛnɔst] .... die **Möglichkeit**
moj,a [mɔːj] .... mein(e)
mojeg [ˈmɔjɛg] .... meinen
moja, moj, moje [ˈmɔja] .... meine(r, s)
mokar, mokra, mokro [ˈmɔkar] .... nass
molba za posao f
  [ˈmɔːlba za ˈpɔsaɔ] .... die **Bewerbung**
molim [ˈmɔlim] .... bitte
moliti [ˈmɔːliti] .... beten
moliti za što [ˈmɔliti za ʃtɔ] .... bitten um
momčad f [ˈmɔmtʃad] .... die **Mannschaft**
morati [ˈmɔrati] .... müssen
more n [ˈmɔːrɛ] .... das **Meer**
most m [mɔst] .... die **Brücke**
motocikl m [mɔtɔˈtsiːkl] .... das **Motorrad**
motor m [ˈmɔtɔr] .... der **Motor**
motorno vozilo n
  [ˈmɔtɔrnɔ ˈvɔzilɔ] .... das **Kfz**
mozak m [ˈmɔzak] .... das **Gehirn**
možda [ˈmɔʒda] .... vielleicht
moždani udar m [ˈmɔʒdani ˈudar] .... der **Schlaganfall**
MP3 player m [ɛmpɛˈtriplɛjɛr] .... der **MP3-Player**
mraz m [mraz] .... der **Frost**
mreža f [ˈmrɛʒa] .... das **Netz**
mrkva f [ˈmrkva] .... die **Karotte**
mrlja f [ˈmrʎa] .... der **Fleck**
mršav, a, o [ˈmrʃav] .... dünn
mrtav, mrtva, mrtvo [ˈmrtav] .... tot
mrziti [ˈmrziti] .... hassen
mučnina f [mutʃˈnina] .... die **Übelkeit**
mudar, mudra, mudro [ˈmuːdar] .... klug

M

muha f ['muxa] .... die Fliege
munja f ['muɲa] .... der Blitz
muškarac m [muʃ'kaːrats] .... der Mann
muški ['muʃki] .... männlich
mušterija f [muʃ'tɛːrija] .... der, die Kunde, Kundin
muzej m [mu'zɛːj] .... das Museum

Nn

na [na] .... am
na [na] .... auf
način m [naːtʃin] .... die Art
naći ['naːtɕi] .... finden
nada f ['naːda] .... die Hoffnung
nadati se ['naːdati sɛ] .... hoffen
nadkoljenica f ['nadkɔʎenitsa] ...... der Oberschenkel
nadomjestak m ['nadɔmjɛstak] ...... der Ersatz
nadzirati [nad'ziːrati] .... kontrollieren
nagluh ['naglux] .... schwerhörig
najam m ['naːjam] .... die Miete
najbolja, najbolji, najbolje
  ['najbɔʎa] .... beste(r, s)
najgore ['najgɔrɛ] .... schlimm
najmodavac, najmodavka m, f ...... der, die Vermieter,
  [najmɔ'daːʋats, najmɔ'daːʋka]   Vermieterin
najprije ['najprijɛ] .... (zu)erst
nakit m ['naːkit] .... der Schmuck
nakon što ['nakɔnʃtɔ] .... nachdem
namirnica f ['namirnitsa] .... das Lebensmittel
namještaj m ['namjɛʃtaj] .... das Möbel

nanijeti šminku [ˈnanɛti ˈʃminku] ...... sich schminken
naočale fpl [ˈnaɔtʃalɛ] ...... die Brille
napad m [ˈnaːpad] ...... der Überfall
napadati [naˈpadati] ...... belästigen
napisati [naˈpisati] ...... aufschreiben
napojnica f [ˈnapɔjnitsa] ...... das Trinkgeld
napon m [ˈnaːpɔn] ...... die Spannung
napraviti [naˈpraʋiti] ...... machen
naprijed [ˈnaprijɛd] ...... vorn(e)
napuniti gorivom
   [naˈpuniti ˈɡɔriʋɔm] ...... tanken
naranča f [ˈnarantʃa] ...... die Orange
naročito [ˈnarɔtʃitɔ] ...... besonders
narod m [ˈnaːrɔd] ...... das Volk
naručiti [naˈrutʃiti] ...... bestellen
narudžba f [ˈnaːrudʒba] ...... die Bestellung
nas [naːs] ...... uns
nasilje n [ˈnaːsiʎɛ] ...... die Gewalt
naslonjač m [naˈslɔnatʃ] ...... der Sessel
nasuprot [ˈnasuprɔt] ...... gegenüber
naš, i [naːʃ] ...... unser(e)
naša, naše, našeg [ˈnaːʃa] ...... unsere(r, s)
natjecanje n [ˈnatjɛtsaɲɛ] ...... der Wettkampf
natjecati se [naˈtjɛtsati sɛ] ...... sich bewerben
natječaj za radno mjesto m
   [ˈnatjɛtʃaj za ˈradnɔ ˈmjɛstɔ] ...... die Stellenanzeige
natpis m [ˈnatpis] ...... das Schild
natrag [ˈnatrag] ...... zurück
navigacijski uređaj m
   [naʋiˈgaːtsijski ˈurɛdʒaj] ...... das Navigationsgerät

N

nazvati ['nazvati] .... anrufen

nažalost ['naʒalɔst] .... leider

ne [nɛ] .... nein

ne [nɛ] .... nicht

nebo n ['nɛbɔ] .... der Himmel

neboder m ['nɛbɔdɛr] .... das Hochhaus

nećak m ['nɛtɕak] .... der Neffe

nećakinja f [nɛ'tɕakiɲa] .... die Nichte

nedjelja f ['nɛdjeʎa] .... der Sonntag

nedonošče n [nɛdɔ'nɔʃtɕɛ] .... das Frühchen

nedostajati [nɛ'dɔːstajati] .... vermissen

negativan, negativna, negativno

['nɛgativan] .... negativ

neko vrijeme ['nɛkɔ vri'jeːmɛ] ...... eine Weile

nekoličina f ['nɛkɔlitʃina] .... wenig(e)

nekoliko ['nɛkɔlikɔ] .... mehrere

nektarina f [nɛkta'riːna] .... die Nektarine

nemastan, nemasna, nemasno

['nɛmastan] .... fettarm

nemoguć, a, e ['nɛmɔgutɕ] .... unmöglich

neobičan, neobična, neobično

['nɛɔbitʃan] .... seltsam

neoženjen m [nɛ'ɔʒɛɲɛn] .... ledig

nepokretan, nepokretna,
nepokretno ['nɛpɔkrɛtan] .... gelähmt

neprilika f ['nɛprilika] .... das Pech

nervozan, nervozna, nervozno

['nɛrvɔzan] .... nervös

nesimpatičan, nesimpatična,
nesimpatično [nɛsim'patitʃan] ...... unsympathisch

N

**nesposoban, nesposobna,
  nesposobno** [ˈnɛspɔsɔban] .... unfähig
nesretan, nesretna, nesretno
  [ˈnɛsrɛtan] .... unglücklich
nestrpljiv, a, o [nɛˈstrpʎiv] .... ungeduldig
nesvjestica f [ˈnɛsvjɛstitsa] .... die Ohnmacht
nešto [ˈnɛʃtɔ] .... etwas
netko [ˈnɛtkɔ] .... jemand
**netolerantan, netolerantna,
  netolerantno** [ˈnɛtɔlɛrantan] .... intolerant
neudata f [ˈnɛudata] .... ledig
neuljudan, neuljudna, neuljudno
  [nɛˈuʎudan] .... unhöflich
nezaposlen, a, o [nɛˈzapɔslɛn] .... arbeitslos
nezgoda f [ˈnɛzgɔda] .... der Unfall
neznatan, neznatna, neznatno
  [ˈnɛznatan] .... gering
nijedan, nijedna [ˈnijɛdan] .... kein(e)
nijedan, nijedna, nijedno [ˈnijɛdan] .... kein(e, r)
nikada [ˈnikada] .... nie(mals)
ništa [ˈniʃta] .... nichts
nitko [ˈnitkɔ] .... niemand
noć f [nɔːtɕ] .... die Nacht
noćna mora f [ˈnɔtɕna ˈmɔːra] .... der Albtraum
noćni ormarić m [ˈnɔtɕni ɔrˈmaːritɕ] .... der Nachttisch
noga f [ˈnɔga] .... das Bein
noga f [ˈnɔga] .... der Fuß
nogomet m [ˈnɔgɔmɛt] .... der Fußball
nokat m [ˈnɔkat] .... der Fingernagel
nokat nožnog prsta m
  [ˈnɔkat ˈnɔʒnɔg ˈprsta] .... der Zehennagel

N

normalan, normalna, normalno
  ['nɔrmalan] .... normal
normalno ['nɔrmalnɔ] .... normalerweise
nos m [nɔːs] .... die Nase
nositi ['nɔsiti] .... tragen
nov, a, o [nɔːʋ] .... neu
Nova godina f ['nɔʋa 'gɔdina] .... das Neujahr
novac m ['nɔʋats] .... das Geld
novčanica f [nɔʋ't͡ʃanitsa] .... der Geldschein
novčanik m [nɔʋ't͡ʃanik] .... der Geldbeutel
novinar, novinarka m, f .... der, die Journalist,
  ['nɔʋinar, 'nɔʋinarka]   Journalistin
novine fpl ['nɔʋinɛ] .... die Zeitung
nož m [nɔːʒ] .... das Messer
nožni prst m ['nɔʒni prst] .... der Zeh
nožni zglob m ['nɔʒni zglɔb] .... das Fußgelenk
nuditi ['nuditi] .... bieten
nula f ['nula] .... null
nužan, nužna, nužno ['nuːʒan] .... notwendig

N

NJnj

njega ['ɲega] .... ihn
njegov, a ['ɲegɔʋ] .... sein(e)
njegova, njegove,
  njegovog ['ɲegɔʋa] .... seine(r, s)
njegov, i ['ɲegɔʋ] .... sein(e)
njemu ['ɲemu] .... ihm
njezin ['ɲezin] .... ihr

njezina, e, og ['nɛzin] .... ihre(r, s)
nježa, nježna, nježno ['nɛʒan] .... sanft
njihova, e, og ['nixɔva] .... ihre(r, s)
njima ['nima] .... ihnen

Oo

o [ɔ] .... über
obala f ['ɔbala] .... die Küste
obavijest f ['ɔbavijɛst] .... die Auskunft
obećati [ɔ'bɛtɕati] .... versprechen
obitelj f [ɔ'bi:tɛʎ] .... die Familie
objasniti [ɔ'bja:sniti] .... erklären
oblačno ['ɔblatʃnɔ] .... wolkig
oblak m ['ɔblak] .... die Wolke
oblatna f ['ɔblatna] .... die Waffel
oboje ['ɔbɔjɛ] .... beide
obrana f ['ɔbrana] .... die Verteidigung
obraz m ['ɔbraz] .... die Wange
obrazovanje n [ɔbrazɔ'va:ɲɛ] .... die Bildung
obrok m ['ɔbrɔk] .... die Mahlzeit
obrva f ['ɔbrva] .... die Augenbraue
obući se ['ɔbutɕi sɛ] .... sich anziehen
ocat m ['ɔtsat] .... der Essig
ocean m ['ɔtsean] .... der Ozean
ocijeniti [ɔts'ijɛ:niti] .... beurteilen
očajan, očajna, očajno ['ɔtʃajan] .... verzweifelt
očekivati [ɔtʃɛ'ki:vati] .... erwarten
očistiti [ɔ'tʃistiti] .... reinigen
očit, a, o ['ɔtʃit] .... offensichtlich

očuh m [ˈɔtʃux] .... der Stiefvater
od [ɔd] .... ab
od [ɔd] .... von
od toga [ɔd ˈtɔga] .... davon
odakle [ˈɔdakle] .... woher
odbojka f [ˈɔdbɔjka] .... der Volleyball
odgovarati [ɔdgɔˈvaːrati] .... passen
odgovor m [ˈɔdgɔvɔr] .... die Antwort
odgovoran, odgovorna,
   odgovorno [ˈɔdgɔvɔran] .... verantwortlich
odgovoriti [ɔdgɔˈvɔːriti] .... (be)antworten
odgovornost f [ɔdgɔˈvɔːrnɔst] .... die Verantwortung
odjeća f [ˈɔdjetɕa] .... die Kleidung
odjednom [ɔdˈjednɔm] .... plötzlich
odjel m [ˈɔdjel] .... die Abteilung
odjelo n [ɔdˈjelo] .... der Anzug
odmah [ˈɔdmax] .... sofort
odmarati [ɔdˈmaːrati] .... sich ausruhen
odmor m [ˈɔdmɔr] .... der Urlaub
odmorište n [ˈɔdmɔriʃte] .... die Raststätte
odmoriti se [ɔdˈmɔriti se] .... sich erholen
odnos m [ˈɔdnɔs] .... die Beziehung
odora f [ˈɔdɔra] .... die Uniform
odrasli, odrasla m, f
   [ˈɔːdrasli, ˈɔːdrasla] .... der/die Erwachsene
odrezak m [ˈɔdrezak] .... das Steak
održavati se [ɔdrˈʒaːvati se] .... stattfinden
odsutno [ˈɔdsutnɔ] .... fort
odustati [ɔˈdustati] .... fallen lassen
odvjetnik, odvjetnica m, f .... der, die Rechtsanwalt,
   [ˈɔdvjetnik, ˈɔdvjetnitsa]   Rechtsanwältin

O

oglas m [ɔːglas] .... die Anzeige
ogledalo n [ɔˈgledalɔ] .... der Spiegel
ograda f [ˈɔgrada] .... der Zaun
ogrlica f [ˈɔgrlitsa] .... die Halskette
OK [ɔːˈkɛj] .... okay, O. K.
oko n [ˈɔkɔ] .... das Auge
okrugao, okrugla, okruglo
  [ɔˈkrugaɔ] .... rund
okus m [ˈɔːkus] .... der Geschmack
okvir m [ɔkˈviːr] .... der Rahmen
olovka f [ˈɔlɔvka] .... der Bleistift
oluja f [ɔˈluːja] .... der Sturm
omlet m [ɔmˈlɛːt] .... das Omelett
omot m [ˈɔmɔt] .... der Umschlag
on [ɔːn] .... er
ona [ˈɔna] .... sie
oni [ˈɔni] .... sie
ono [ˈɔnɔ] .... es
opasan, opasna,
  opasno [ˈɔpasan] .... gefährlich
opasnost f [ɔˈpaːsnɔst] .... die Gefahr
opeklina f [ɔpɛˈkliːna] .... die Brandwunde
opeklina od sunca f
  [ɔpɛˈkliːna ɔd ˈsuːntsa] .... der Sonnenbrand
operacija f [ɔpɛˈraːtsija] .... die Operation
opisati [ɔˈpiːsati] .... beschreiben
oprezan, oprezna, oprezno
  [ˈɔprɛzan] .... vorsichtig
oprosti! [ɔˈprɔsti] .... tut mir leid!
oprostiti se [ɔˈprɔstiti sɛ] .... sich verabschieden
oproštaj m [ˈɔprɔʃtaj] .... der Abschied

O

opustiti se [ɔ'pustiti sɛ] .... sich **entspannen**

opuštanje n [ɔ'puːʃtaɲɛ] .... die **Entspannung**

orah m ['ɔrax] .... die **Nuss**

orah m ['ɔrax] .... die **Walnuss**

organizirati [ɔrɡaniˈziːrati] .... **organisieren**

orkestar m ['ɔrkestar] .... das **Orchester**

ormar m ['ɔrmaːr] .... der **Schrank**

osa f [ɔsa] .... die **Wespe**

osam ['ɔsam] .... **acht**

osamdeset [ɔsam'dɛsɛt] .... **achtzig**

osamnaest [o'samnaɛst] .... **achtzehn**

osigurač m [ɔsi'ɡuratʃ] .... die **Sicherung**

osiguranje n [ɔsiɡu'raːɲɛ] .... die **Versicherung**

osim ['ɔsim] .... **außer**

osip m ['ɔsip] .... der **Hautausschlag**

osjećaj m ['ɔsjɛtɕaj] .... das **Gefühl**

osjećati [ɔ'sjɛːtɕati] .... sich **fühlen**

osjetljiv, a, o [ɔ'sjɛːtʎiʋ] .... **sensibel**

osnovna škola f ['ɔsnɔʋna 'ʃkɔːla] ... die **Grundschule**

osoba f ['ɔsɔba] .... die **Person**

osobna iskaznica f

['ɔsɔbna 'iskaznitsa] .... der **Personalausweis**

osobno ['ɔsɔbnɔ] .... **persönlich**

osobno ['ɔsɔbnɔ] .... **selbst**

osobnost f [ɔ'sɔːbnɔst] .... die **Persönlichkeit**

ospice fpl ['ɔspitsɛ] .... die **Masern**

ostalo ['ɔstalɔ] .... **übrig**

ostatak m [ɔs'taːtak] .... der **Rest**

ostati ['ɔstati] .... **bleiben**

ostaviti ['ɔstaviti] .... **verlassen**

ostvariti [ɔ'stʋaːriti] .... **leisten**

O

oštar, oštra, oštro [ˈɔʃtar] .... scharf
otac m [ˈɔtats] .... der Vater
otisak prsta m [ˈɔːtisak ˈprsta] .... der Fingerabdruck
otkad [ˈɔtkad] .... seit
otok m [ˈɔːtɔk] .... die Insel
otpad m [ˈɔtpad] .... der Abfall
otprilike [ɔtˈpriːlikɛ] .... ungefähr
otraga [ɔˈtraːga] .... hinten
otrov m [ˈɔtrɔʋ] .... das Gift
otrovanje n [ɔtrɔˈʋaːɲɛ] .... die Vergiftung
otvarač za boce m
   [ɔˈtʋaratʃ za ˈbɔtsɛ] .... der Flaschenöffner
otvarač za limenke m
   [ɔˈtʋaratʃ za ˈlimɛnkɛ] .... der Dosenöffner
otvoren, a, o [ɔˈtʋɔrɛn] .... offen
otvoriti [ɔˈtʋɔriti] .... öffnen
ovca f [ˈɔːftsa] .... das Schaf
ovisnost f [ˈɔʋisnɔst] .... die Sucht
ovratnik m [ˈɔːʋratnik] .... der Kragen
ozbiljan, ozbiljna, ozbiljno
   [ˈɔzbiʎan] .... ernst
ozlijediti [ɔzliˈjediti] .... verletzen
ozljeda f [ˈɔzʎɛda] .... die Verletzung
oženjen m [oˈʒɛɲɛn] .... verheiratet
ožiljak m [ˈɔʒiʎak] .... die Narbe
ožujak m [ˈɔʒujak] .... der März

o

Pp

pacijent, pacijentica m, f [patsiˈjɛːnt, patsiˈjɛːntitsa] — der, die Patient, Patientin

pahuljice za doručak fpl [paˈxuʎitsɛ za ˈdorutʃak] — die Frühstücksflocken

paket m [paˈkɛːt] — das Paket

paketić m [paˈkɛtitɕ] — das Päckchen

pakovanje n [ˈpakɔʋaɲe] — die Verpackung

palac m [ˈpaːlats] — der Daumen

palačinka f [palaˈtʃiːnka] — der Pfannkuchen

palica za golf f [ˈpalitsa za ɡɔlf] — der Golfschläger

pamćenje n [ˈpaːmtɕɛɲe] — das Gedächtnis

pametan telefon m [ˈpamɛtan tɛˈlɛfɔn] — das Smartphone

pametan, pametna, pametno [ˈpamɛtan] — intelligent

pamuk m [ˈpamuk] — die Baumwolle

papar m [ˈpapar] — der Pfeffer

papiga f [ˈpapiga] — der Papagei

papir m [paˈpiːr] — das Papier

paprika f [ˈpaprika] — der/die Paprika

papuča f [ˈpaputʃa] — der Hausschuh

papučica f [ˈpaputʃitsa] — das Gaspedal

par m [par] — das Paar

para f [ˈpaːra] — der Dampf

parfem m [parˈfɛːm] — das Parfüm

park m [park] — der Park

parkiralište n [parˈkiːraliʃtɛ] — der Parkplatz

parkirati [parˈkiːrati] — parken

P

parkirni automat m .... der Parkschein-
 ['parkirni auˈtɔmat] automat
partner, partnerica m, f der, die Partner,
 ['partnɛr, 'partnɛritsa] Partnerin
pas m [pas] der Hund
pas vodič za slijepce m
 [pas vɔˈditʃ za sliˈjɛːptsɛ] der Blindenhund
pasta za zube f ['pasta za ˈzuːbɛ] .... die Zahnpasta
pasti ['pasti] fallen
pastrva f ['pastrʋa] die Forelle
paški sir m ['paʃki sir] der Pager Käse
patentni zatvarač m
 [paˈtɛntni zaˈtʋaratʃ] .... der Reißverschluss
patka f ['patka] die Ente
patlidžan m [paˈtlidʒan] die Aubergine
pauk m ['pauk] die Spinne
paun m ['paːun] der Pfau
pauza f ['pauza] die Pause
paziti ['paziti] aufpassen
pčela f ['ptʃɛla] die Biene
pecivo n ['pɛtsiʋɔ] das Gebäck
peć f [pɛːtɕ] der Ofen
pečeno ['pɛtɕɛnɔ] gebacken
peći [pɛtɕi] backen
pećnica f ['pɛːtɕnitsa] der Backofen
pedala f [pɛˈdaːla] das Pedal
pedala za kočnicu f
 [pɛˈdaːla za ˈkɔːtʃnitsu] das Bremspedal
pedeset [pɛˈdɛsɛt] fünfzig
pekarnica f [pɛˈkaːrnitsa] die Bäckerei
pelena f ['pɛlɛna] die Windel

pelud n [ˈpɛlud] .... der Pollen

penjati se [ˈpɛɲati sɛ] .... klettern

penkala f [pɛnˈkaːla] .... der Kugelschreiber

pepeljara f [pɛˈpɛʎara] .... der Aschenbecher

perad n [ˈpɛrad] .... das Geflügel

perika f [pɛˈriːka] .... die Perücke

perilica za rublje f
[ˈpɛrilitsa za ˈruːbʎɛ] .... die Waschmaschine

perilica za suđe f
[ˈpɛrilitsa za ˈsuʤɛ] .... die Spülmaschine

pernica f [ˈpɛrnitsa] .... das Federmäppchen

pero n [ˈpɛːrɔ] .... die Feder

peron m [pɛˈrɔːn] .... der Bahnsteig

peršin m [ˈpɛrʃin] .... die Petersilie

pet [pɛːt] .... fünf

peta f [ˈpɛːta] .... die Ferse

petak m [ˈpɛːtak] .... der Freitag

petnaest [ˈpɛtnaɛst] .... fünfzehn

piće n [ˈpiːtɕɛ] .... das Getränk

pidžama f [piˈdʒaːma] .... der Schlafanzug

pijan, a, o [ˈpijan] .... betrunken

pijesak m [ˈpiːjɛsak] .... der Sand

pijetao m [ˈpiːjɛːtaɔ] .... der Hahn

pile n [ˈpilɛ] .... das Hähnchen

pilot, pilotkinja m, f
[piˈlɔt, piˈlɔtkiɲa] .... der, die Pilot, Pilotin

pilula f [ˈpilula] .... die Pille

PIN m [pin] .... die PIN-Nummer

pinceta f [pinˈtsɛta] .... die Pinzette

pisaći stol m [ˈpisatɕi stɔːl] .... der Schreibtisch

pisati [ˈpisati] .... schreiben

P

pismo n [ˈpiːsmɔ] .... der Brief
pitanje n [ˈpiːtaɲɛ] .... die Frage
pitati [ˈpiːtati] .... fragen
piti [ˈpiti] .... trinken
pivo n [ˈpiːʋɔ] .... das Bier
pizza f [ˈpitsa] .... die Pizza
pjegice fpl [ˈpjɛɡitsɛ] .... die Sommersprossen
pjena za brijanje f
   [ˈpjɛna za ˈbrijaɲɛ] .... der Rasierschaum
pjenušac m [pjɛˈnuːʃats] .... der Sekt
pjesma f [ˈpjɛsma] .... das Lied
pješačiti [pjɛˈʃatʃiti] .... wandern
pješačka zona f [pjɛˈʃatʃka ˈzɔːna] ..... die Fußgängerzone
pješački prijelaz m
   [ˈpjɛʃatʃki priˈjɛːlaz] .... der Zebrastreifen
pjevati [ˈpjɛvati] .... singen
plaća f [ˈplaːtɕa] .... das Gehalt
pladanj m [ˈplaːdaɲ] .... das Tablett
plakati [ˈplakati] .... weinen
plan grada m [plan ˈɡraːda] .... der Stadtplan
plastika f [ˈplastika] .... der Kunststoff
platiti [ˈplatiti] .... bezahlen
plav, a, o [ˈplav] .... blau
plaža f [ˈplaːʒa] .... der Strand
ples m [plɛs] .... der Tanz
plesati [ˈplɛsati] .... tanzen
plesti [ˈplɛsti] .... stricken
pletena vesta f [ˈplɛtɛna ˈʋɛːsta] ...... die Strickjacke
plin m [plin] .... das Gas
plivačke naočale fpl
   [ˈpliʋatʃkɛ ˈnaɔtʃalɛ] .... die Schwimmbrille

P

plivati [ˈplivati] .... schwimmen

pljačka f [ˈpʎatʃka] .... der Raubüberfall

pločnik m [ˈplɔtʃnik] .... der Bürgersteig

plodovi mora mpl [ˈplɔdɔvi ˈmɔːra] .... die Meeresfrüchte

plosnat, a, o [ˈplɔsnat] .... flach

pluća npl [ˈpluːtɕa] .... die Lunge

po [pɔ] .... je

po modi [pɔ ˈmɔːdi] .... modisch

pobjeći [ˈpɔbjetɕi] .... fliehen

pobjediti [pɔbiˈjeːditi] .... gewinnen

početak m [pɔˈtʃetak] .... der Anfang

početi [ˈpɔtʃeti] .... beginnen

pod m [pɔːd] .... der Boden

podaci mpl [pɔˈdaːtsi] .... die Daten

podne n [ˈpɔːdne] .... der Mittag

podrum m [ˈpɔdrum] .... der Keller

podvožnjak m [ˈpɔːdvɔʒɲak] .... die Unterführung

podzemna garaža f
   [ˈpɔdzemna gaˈraːʒa] .... die Tiefgarage

podzemna željeznica f
   [ˈpɔdzemna ˈʒeʎeznitsa] .... die U-Bahn

poglavlje n [ˈpɔglavʎe] .... das Kapitel

pogled m [ˈpɔgled] .... die Aussicht

pohraniti [pɔˈxraːniti] .... speichern

pojačivač okusa m .... der Geschmacksver-
   [pɔˈjatʃivatʃ ˈɔːkusa] .... stärker

pojas za spašavanje m
   [ˈpɔjas za spaˈʃaːvaɲe] .... der Rettungsring

pojedinačni ležaj m
   [pɔjeˈdinatʃni ˈleːʒaj] .... das Einzelbett

pokazati [ˈpɔkaːzati] .... zeigen

P

poklon m ['pɔklɔn] .... das Geschenk
poklopac m ['pɔklɔpats] .... der Deckel
pokretne stepenice fpl
['pɔkrɛtnɛ stɛ'pɛnitsɛ] .... die Rolltreppe
pokrivač m [pɔ'krivatʃ] .... die (Bett)decke
pokriven, a, o [pɔ'kriːvɛn] .... bedeckt
pokušati ['pɔkuʃati] .... versuchen
pokvaren, a, o ['pɔkvarɛn] .... kaputt
pola ['pɔla] .... halb
polarni medvjed m
['pɔlarni 'mɛdvjɛd] .... der Eisbär
polazak m ['pɔlazak] .... der Abflug
polica za knjige f ['pɔlitsa za kɲiːgɛ] ...... das Bücherregal
policajac, policajka m, f .... der, die Polizist,
[pɔli'tsaːjats, pɔli'tsajka]   Polizistin
policija f [pɔ'litsija] .... die Polizei
policijska postaja f
[pɔ'litsijska 'pɔːstaja] .... die Polizeiwache
policijski auto m [pɔ'litsijski 'autɔ] ...... der Polizeiwagen
polirati [pɔ'liːrati] .... polieren
politika f [pɔ'litika] .... die Politik
polje n ['pɔʎɛ] .... das Feld
poljubac m ['pɔʎubats] .... der Kuss
polovica f [pɔ'lɔvitsa] .... die Hälfte
polubrat m ['pɔlubrat] .... der Stiefbruder
polupansion m ['pɔlupansiɔn] ...... die Halbpension
polusestra f ['pɔlusɛstra] .... die Stiefschwester
pomfrit m [pɔm'frit] .... die Pommes frites
pomoći ['pɔmɔtɕi] .... helfen
ponedjeljak m [pɔ'nɛːdjɛʎak] ...... der Montag
ponekad ['pɔnɛkad] .... manchmal

P

poneka, poneki, poneko ['pɔnɛka] ...... manche(r, s)

ponestajanje daha n
[pɔ'nɛstajaɲɛ 'daxa] .... die Atemnot

ponjeti ['pɔɲɛti] .... mitnehmen

ponoć f ['pɔːnɔtɕ] .... die Mitternacht

ponosan, ponosna, ponosno
['pɔnɔsan] .... stolz

ponoviti [pɔ'nɔviti] .... wiederholen

ponovo ['pɔnɔvɔ] .... wieder

ponuditi [pɔ'nuditi] .... anbieten

pop glazba f [pɔp 'glazba] .... die Popmusik

popis m ['pɔpis] .... die Liste

poplava f ['pɔplava] .... die Überschwemmung

popodne n ['pɔpɔdnɛ] .... der Nachmittag

popust m ['pɔːpust] .... die Ermäßigung

pored ['pɔrɛd] .... neben

porez m ['pɔrɛz] .... die Steuer

poriluk m ['pɔriluk] .... der Lauch

porodiljni dopust m
['pɔrɔdiʎni 'dɔːpust] .... die Elternzeit

poruka f ['pɔruka] .... die Nachricht

posao m ['pɔsaɔ] .... das Geschäft

posebna, poseban, posebno
['pɔsɛbna] .... besondere(r, s)

posjedovati [pɔsjɛ'dɔvati] .... besitzen

posjet m ['pɔsjɛt] .... der Besuch

posjetitelj, posjetiteljica m, f .... der, die Besucher,
[pɔ'sjɛːtitɛʎ, pɔsjɛti'tɛʎitsa] .... Besucherin

posjetiti [pɔ'sjɛːtiti] .... besuchen

poslije ['pɔsʎɛ] .... nach

P

poslodavac, poslodavka m, f .... der, die Arbeitgeber,
[pɔslɔˈdaːʋats, pɔslɔˈdaːʋka]   Arbeitgeberin

poslužiti [pɔˈsluːʒiti] .... bedienen

pospremati [pɔsˈprɛmati] .... aufräumen

postaja f [ˈpɔstaja] .... die Haltestelle

postati [ˈpɔstati] .... werden

posteljina f [pɔstɛˈʎina] .... die Bettwäsche

postotak m [pɔˈstɔtak] .... das Prozent

posuda f [ˈpɔsuda] .... der Behälter

posuditi [pɔˈsuditi] .... (aus)leihen

pošta f [ˈpɔʃta] .... die Post

poštanska markica f
[ˈpɔʃtanska ˈmarkitsa] .... die Briefmarke

poštanski broj m [ˈpɔʃtanski brɔj] ..... die Postleitzahl

poštanski pretinac m
[ˈpɔʃtanski ˈpretinats] .... das Postfach

poštanski sandučić m
[ˈpɔʃtanski ˈsandutʃitɕ] .... der Briefkasten

poštar, poštarica m, f .... der, die Briefträger,
[ˈpɔʃtar, ˈpɔʃtaritsa]   Briefträgerin

poštarina f [pɔˈʃtarina] .... das Porto

poštarina plaćena
[pɔˈʃtarina ˈplatɕena] .... portofrei

potok m [ˈpɔtɔk] .... der Bach

potpisati [pɔtˈpiːsati] .... unterschreiben

potpun, a, o [ˈpɔtpun] .... ganze(r, s)

potpuno [ˈpɔtpunɔ] .... völlig

potreban, potrebna, potrebno
[ˈpɔtreban] .... nötig

potres m [ˈpɔtrɛs] .... das Erdbeben

povećalo n [pɔˈʋetɕalɔ] .... die Lupe

P

povijest m ['pɔʋijest] .... die Geschichte

povoljan, povoljna, povoljno
['pɔʋɔʎan] .... günstig

povrće n ['pɔʋrtɕe] .... das Gemüse

pozdrav m ['pɔzdraʋ] .... der Gruß

pozdraviti ['pɔzdraʋiti] .... (be)grüßen

pozitivan, pozitivna, pozitivno
['pɔzitiʋan] .... positiv

pozivnica f ['pɔziʋnitsa] .... die Einladung

poznanik, poznanica m, f
['pɔznanik, 'pɔznanitsa] .... der/die Bekannte

pozor! ['pɔzɔr] .... Achtung!

pozornica f ['pɔ'zɔːrnitsa] .... die Bühne

pozvati ['pɔzʋati] .... einladen

požar m ['pɔʒar] .... der Brand

požuriti se [pɔ'ʒuriti se] .... sich beeilen

prah m [prax] .... das Pulver

prašina f ['praʃina] .... der Staub

prati ['prati] .... waschen

pravo n ['praːʋɔ] .... das Recht

prazan, prazna, prazno ['praːzan] .... leer

praznici mpl ['praːznitsi] .... die Ferien

praznik m ['praːznik] .... der Feiertag

predjelo n ['predjelɔ] .... die Vorspeise

prednost f ['prednɔst] .... der Vorteil

prednost prolaza f
['prednɔst 'prɔːlaza] .... die Vorfahrt

predstaviti [pred'staʋiti] .... vorstellen

pregača f ['pregatʃa] .... die Schürze

pregled prtljage m
['preːgled prt'ʎaːge] .... die Gepäckkontrolle

P

prehlada f [ˈprɛxlada] — die Erkältung

prekid trudnoće m [ˈprɛkid ˈtrudˈnɔtɕɛ] — der Schwangerschaftsabbruch

prekidač m [prɛˈkidatʃ] — der Schalter

prekidač za uključivanje/ isključivanje m [prɛˈkidatʃ za ukʎuˈtʃiːʋanjɛ/iskʎuˈtʃiːʋanjɛ] — der Ein-/Aus-Schalter

prekjučer [ˈprɛkjutʃɛr] — vorgestern

preko [ˈprɛkɔ] — über

prekosutra [ˈprɛkɔsutra] — übermorgen

prema [ˈprɛma] — gemäß

prema [ˈprɛma] — in Richtung

preporučiti [prɛpɔˈruːtʃiti] — empfehlen

prepoznati [ˈprɛpɔznati] — erkennen

preseliti se [prɛˈsɛliti sɛ] — umziehen

presjedati [prɛˈsjɛdati] — umsteigen

prestati [ˈprɛstati] — aufhören

preuzimanje n [prɛuˈzimanjɛ] — der Download

pri [pri] — an

pri [pri] — bei

pribor za jelo m [ˈpribɔr za ˈjɛlɔ] — das Besteck

pričati [ˈpriːtʃati] — erzählen

prijatelj, prijateljica m, f [ˈprijatɛʎ, prijaˈtɛʎitsa] — der, die Freund, Freundin

prijava f [ˈpriːjaʋa] — die Anmeldung

prije [ˈprijɛ] — bevor

prije toga [ˈprijɛ ˈtɔga] — davor

prijedlog m [priˈjɛːdlɔg] — der Vorschlag

prijelom kosti m [priˈjɛːlɔm ˈkɔsti] — der Knochenbruch

prijenosnik m [priˈjɛːnɔsnik] — das Getriebe

prijepodne n [prijɛˈpɔːdnɛ] — der Vormittag

P

prilika f ['priːlika] .... die Gelegenheit

primalja f ['primaʎa] .... die Hebamme

pripadati [pripadati] .... gehören

priroda f ['priroda] .... die Natur

prirodan, prirodna, prirodno
['prirodan] .... natürlich

prirodne znanosti fpl .... die Naturwissen-
['prirodne 'znanosti] schaften

pristojba f ['priːstojba] .... die Gebühr

prišt m [priːʃt] .... der Pickel

pritiskati ['pritiskati] .... drücken

pritom ['pritom] .... dabei

privatan, privatna, privatno
['privatan] .... privat

privlačan, privlačna, privlačno
['privlatʃan] .... attraktiv

prizemlje n ['priːzɛmʎɛ] .... das Erdgeschoss

prljav, a, o ['prʎav] .... schmutzig

probati [proːbati] .... anprobieren

probava f ['probava] .... die Verdauung

problem m ['problɛm] .... das Problem

probuditi se ['probuditi sɛ] .... aufwachen

probušena guma
[pro'buːʃena 'guma] .... die Reifenpanne

prodati ['prodati] .... verkaufen

prodavač, prodavačica m, f .... der, die Verkäufer,
[pro'davatʃ, proda'vatʃitsa] Verkäuferin

program m ['program] .... das Programm

prohladan, prohladna, prohladno
['proxladan] .... kühl

proizvod m ['proizvod] .... das Produkt

P

projektor m [prɔˈjɛktɔr]	der Beamer
prokulica f [ˈprɔkulitsa]	der Rosenkohl
proljeće n [ˈprɔːʎɛtɕɛ]	der Frühling
proljev m [ˈprɔːʎɛv]	der Durchfall
promatrati [prɔˈmaːtrati]	beobachten
promet m [ˈprɔːmɛt]	der Verkehr
prometna nesreća f	
[ˈprɔmɛtna ˈnɛsrɛtɕa]	der Verkehrsunfall
promijeniti [prɔmiˈjɛːniti]	ändern
pronaći [prɔˈnaːtɕi]	herausfinden
propustiti [ˈprɔpustiti]	verpassen
prosinac m [ˈprɔsinats]	der Dezember
proslava f [ˈprɔslava]	die Feier
proslijediti [prɔsliˈjɛːditi]	weiterleiten
prošlo [ˈprɔʃlɔ]	vorbei
protiv [ˈprɔːtiv]	gegen
provala f [ˈprɔvala]	der Einbruch
provesti [ˈprɔvɛsti]	verbringen
prozor m [ˈprɔːzɔr]	das Fenster
prskati [ˈprskati]	spritzen
prst m [prst]	der Finger
prsten m [ˈprstɛn]	der Ring
pršut m [ˈprʃut]	der luftgetrocknete Schinken
prtljaga f [prtˈʎaːga]	das Gepäck
prtljaga teža od dopuštene f	
[prtˈʎaːga ˈtɛʒa ɔd dɔˈpuːʃtɛnɛ]	das Übergepäck
prtljažnik m [prtˈʎaːʒnik]	der Kofferraum
prva pomoć f [ˈprva ˈpɔmɔtɕ]	die erste Hilfe
prva, i, o [ˈprva]	erste(r, s)
pržena jaja npl [ˈprʒɛna jaːja]	das Rührei

P

prženo ['prʒɛnɔ] .... gebraten
pržiti ['prʒiti] .... braten
psovati ['psɔːvati] .... fluchen
pšenica f ['pʃɛnitsa] .... der Weizen
ptica f ['ptitsa] .... der Vogel
pucati ['putsati] .... schießen
pulover m [puˈlɔvɛr] .... der Pullover
pun, a, o [pun] .... voll
punac m ['puːnats] .... der Schwiegervater
puni pansion m ['puni 'pansiɔn] ...... die Vollpension
punica f ['punitsa] .... die Schwiegermutter
puniti ['puːniti] .... füllen
punjač m [punˈjaːtʃ] .... das Ladegerät
puno ['punɔ] .... viel
puran m [puˈraːn] .... der Truthahn
purica f ['puritsa] .... die Pute
pustinja f ['pustiɲa] .... die Wüste
pustiti ['pustiti] .... lassen
pušiti ['puʃiti] .... rauchen
put m [puːt] .... der Weg
putnik, putnica m, f
['puːtnik, 'puːtnitsa] .... der/die Reisende
putovanje n [putɔˈvaːɲɛ] .... die Reise
putovnica f [puˈtɔːvnitsa] .... der Reisepass
puž m [puːʒ] .... die Schnecke

R

Rr

račić m ['ratʃitɕ] .... die Garnele
račun m ['ratʃun] .... das Konto

račun m [ˈratʃun]	die Rechnung
računalo n [raˈtʃunalɔ]	der Computer
računati [raˈtʃunati]	rechnen
rad m [raːd]	die Arbeit
radijator m [radiˈjaːtɔr]	der Heizkörper
radio m [ˈradiɔ]	das Radio
radionica f [radiˈɔnitsa]	die Werkstatt
raditi [raːditi]	arbeiten
radni dan m [ˈradni dan]	der Wochentag
radno vrijeme n [ˈradnɔ ʋriˈjɛːmɛ]	die Öffnungszeiten
rado [ˈradɔ]	gern(e)
rajčica f [ˈrajtʃitsa]	die Tomate
rak m [rak]	der Krebs
rakija f [ˈrakija]	der Schnaps
rame n [ˈramɛ]	die Schulter
rana f [ˈrana]	die Wunde
rano [ˈranɔ]	früh
raspored sati m [ˈraspɔrɛd ˈsaːti]	der Stundenplan
rastava f [ˈrastava]	die Scheidung
rastaviti se [rasˈtaviti sɛ]	sich scheiden lassen
rastavljen, a m, f [ˈrastaʋʎɛn, a]	geschieden
rasti [ˈrasti]	wachsen
rat m [rat]	der Krieg
ravan, ravna, ravno [ˈraːʋan]	eben
ravan, ravna, ravno [ˈraːʋan]	gerade
ravnalo n [ˈraʋnalɔ]	das Lineal
ravno [ˈraːʋnɔ]	geradeaus
ravnoteža f [raʋnɔˈtɛːʒa]	das Gleichgewicht
razglednica f [ˈrazglɛdnitsa]	die Postkarte
razgovarati [razˈgɔʋaːrati]	sich unterhalten
razgovor m [ˈrazgɔʋɔr]	die Unterhaltung

R

razgovor za posao m .... das Bewerbungsge-
['razgɔvɔr za 'pɔsaɔ] spräch
različit, a, o ['raːzlitʃit] .... verschieden
razlog m ['raːzlɔg] .... der Grund
razred m ['raːzred] .... die Klasse
razumjeti [ra'zumjeti] .... verstehen
razumljivo [ra'zumʎivɔ] .... selbstverständlich
raž m [raʒ] .... der Roggen
rebro n ['rɛbrɔ] .... die Rippe
recept m [rɛ'tsɛpt] .... das Rezept
rečenica f [rɛ'tʃɛnitsa] .... der Satz
reći ['rɛtɕi] .... sagen
red m [rɛːd] .... die Ordnung
red vožnje m [rɛd 'vɔʒɲɛ] .... der Fahrplan
redovna autobusna linija f
['rɛdɔvna au'tɔːbusna 'liːnija] .... der Linienbus
registarska tablica f
[rɛ'gistarska 'tablitsa] .... das Nummernschild
reklama [rɛ'klaːma] .... die Werbung
remen m ['rɛːmɛn] .... der Gürtel
rendgenska slika f
['rɛndgɛnska 'slika] .... das Röntgenbild
rep m [rɛːp] .... der Schwanz
repa m ['rɛpa] .... die Rübe
restoran m [rɛs'tɔran] .... das Restaurant
rezati ['rɛzati] .... schneiden
rezervacija f [rɛzɛr'vaːtsija] .... die Reservierung
rezervirati [rɛzɛr'viːrati] .... reservieren
rezultat m [rɛ'zultat] .... das Ergebnis
riba f ['riba] .... der Fisch
ribati ['ribati] .... schrubben

R

riječ f [riˈjɛːtʃ] .... das Wort
rijeka f [riˈjɛːka] .... der Fluss
rijetko [riˈjɛːtkɔ] .... selten
rikola f [ˈrikɔla] .... der Rucola
riža f [ˈriʒa] .... der Reis
rječnik m [ˈrjɛːtʃnik] .... das Wörterbuch
rješenje n [rjɛˈʃɛːɲɛ] .... der Bescheid
robna kuća f [ˈrɔbna ˈkutɕa] .... das Kaufhaus
rod m [rɔd] .... das Geschlecht
roditelji mpl [ˈrɔditɛʎi] .... die Eltern
rođak, rođakinja m, f
    [ˈrɔdʑak, ˈrɔdʑakinja] .... der/die Verwandte
rođendan m [ˈrɔdʑɛndan] .... der Geburtstag
rođenje n [ˈrɔdʑɛːɲɛ] .... die Geburt
rok uporabe m [rɔk ˈupɔrabɛ] .... das Verfallsdatum
rolanje n [ˈrɔːlaɲɛ] .... das Inlineskaten
roman m [rɔˈmaːn] .... der Roman
roniti [ˈrɔniti] .... tauchen
roštiljati [rɔʃˈtiʎati] .... grillen
rotkvica f [ˈrɔtkʋitsa] .... das Radieschen
rubeola f [rubɛˈɔːla] .... die Röteln
rublje n [ˈruːblʲɛ] .... die Wäsche
ručak m [ˈruːtʃak] .... das Mittagessen
ručna kočnica f [ˈrutʃna ˈkɔːtʃnitsa] .... die Handbremse
ručna prtljaga f [ˈrutʃna prtˈʎaːga] .... das Handgepäck
ručni sat m [ˈrutʃni saːt] .... die Armbanduhr
ručni zglob m [ˈrutʃni zglɔb] .... das Handgelenk
ručnik m [ˈrutʃnik] .... das Handtuch
rujan m [ˈruːjan] .... der September
ruka f [ˈruːka] .... der Arm
ruka f [ˈruːka] .... die Hand

R

rukav m [ruˈkaːʋ] .... der Ärmel
rukavica f [ruˈkavitsa] .... der Handschuh
rukomet m [ˈrukɔmɛt] .... der Handball
ruksak m [ˈruksak] .... der Rucksack
rupa f [ˈrupa] .... das Loch
ruž za usne m [ruːʒ za ˈusnɛ] .... der Lippenstift
ruža f [ˈruːʒa] .... die Rose
ružan, ružna, ružno [ˈruʒan] .... hässlich

Ss

s tim [stiːm] .... damit
s/sa [s/sa] .... mit
sada [ˈsada] .... jetzt
saditi [ˈsaːditi] .... pflanzen
salama f [saˈlaːma] .... die Salami
salata f [saˈlata] .... der Salat
salata glavatica f [saˈlata glaˈʋatitsa] ..... der Kopfsalat
sam [sam] .... bin
sam, a, o [saːm] .... allein
samo [ˈsamɔ] .... nur
**samostalan, samostalna,
   samostalno** [ˈsamɔstalan] .... selbstständig
**samosvjestan, samosvjesna,
   samosvjesno** [ˈsamɔsʋjestan] .... selbstbewusst
san m [san] .... der Traum
san m [san] .... der Schlaf
sandala f [sanˈdaːla] .... die Sandale
sanjati [ˈsaːɲati] .... träumen
sapun [ˈsapun] .... die Seife

s

sarma f [ˈsarma] .... der Sauerkrautwickel mit Hackfleischfüllung

sastanak m [ˈsastanak] .... die Besprechung

sat m [saːt] .... die Stunde

sat m [saːt] .... die Uhr

sati [ˈsaːti] .... Uhr

sauna f [ˈsauna] .... die Sauna

sav [saːʋ] .... sämtlich

sav, sva, sve [saʋ, sʋa, sʋɛ] .... all

savjestan, savjesna, savjesno [ˈsaʋjestan] .... sorgfältig

savjet m [ˈsaːʋjet] .... der Rat

saznati [ˈsaznati] .... erfahren

scena f [ˈstsɛːna] .... die Szene

se [sɛ] .... man

sebe [ˈsɛbɛ] .... sich

sedamdeset [sɛdamˈdɛsɛt] .... siebzig

sedamnaest [sɛˈdamnaɛst] .... siebzehn

sedlo n [ˈsɛdlɔ] .... der Sattel

sekunda f [sɛˈkuːnda] .... die Sekunde

selo n [ˈsɛlɔ] .... das Dorf

semafor m [sɛˈmafor] .... die Ampel

sendvič m [ˈsɛndʋitʃ] .... das Sandwich

senf m [sɛnf] .... der Senf

seosko imanje n [ˈsɛɔskɔ iˈmaːɲɛ] .... der Bauernhof

sestra f [ˈsɛstra] .... die Schwester

sestrična f [sɛˈstriːtʃna] .... die Cousine

si [si] .... bist

sida f [ˈsiːda] .... das Aids

siguran, sigurna, sigurno [ˈsiguran] .... sicher

S

sigurno [ˈsigurnɔ]	bestimmt
sigurnosni pojas m [ˈsigurnɔsni ˈpɔjas]	der Sicherheitsgurt
sigurnost f [siˈguːrnɔst]	die Sicherheit
sijati [ˈsiːjati]	sieben
siječanj m [siˈjeːtʃanj]	der Januar
silovanje n [ˈsilɔʋaɲɛ]	die Vergewaltigung
SIM kartica f [sim ˈkaːrtitsa]	die SIM-Karte
simpatičan, simpatična,	
simpatično [simˈpatitʃan]	sympathisch
simptom m [simpˈtɔːm]	das Symptom
sin m [sin]	der Sohn
sinagoga f [sinaˈgɔːga]	die Synagoge
sir m [sir]	der Käse
sirni namaz m [sirni ˈnaːmaz]	der Frischkäse
siromašan, siromašna, siromašno	
[siˈrɔmaʃan]	arm
sirov, a, o [ˈsirɔʋ]	roh
sirup protiv kašlja m	
[ˈsirup ˈprɔtiʋ ˈkaʃʎa]	der Hustensaft
sistem m [ˈsistɛm]	das System
sit, a, o [sit]	satt
sitniš m [sitˈniːʃ]	das Kleingeld
sito n [ˈsitɔ]	das Sieb
siv, a, o [siːʋ]	grau
sjećati se [ˈsjɛtɕati sɛ]	sich erinnern
sjedaće mjesto n [ˈsjedatɕe ˈmjestɔ]	der Sitzplatz
sjedalo n [ˈsjedalɔ]	der Sitz
sjediti [ˈsjediti]	sitzen
sjeme n [ˈsjemɛ]	der Samen
sjena f [ˈsjena]	der Schatten
sjesti [ˈsjesti]	sich setzen

S

sjever m ['sjɛvɛr] .... der Norden

Sjeverna Amerika f
['sjɛvɛrna a'mɛrika] .... (das) Nordamerika

sjeverno ['sjɛvɛrnɔ] .... nördlich

skener m ['skɛnɛr] .... der Scanner

skija f ['skija] .... der Ski

skijanje n ['skijaɲɛ] .... das Skifahren

skinuti se ['skinuti sɛ] .... sich ausziehen

skok m [skɔk] .... der Sprung

skoro ['skɔrɔ] .... fast

skraćeno radno vrijeme
['skra:tɕɛnɔ 'radnɔ ʋri'jɛːmɛ] .... die Teilzeit

skup, a, o [sku:p] .... teuer

skupljati ['skupʎati] .... sammeln

sladak, slatka, slatko ['sladak] ... süß

sladoled m ['sladɔlɛːd] .... das Eis

slan, a, o ['sla:nɔ] .... salzig

slap m [sla:p] .... der Wasserfall

slastičarnica f [slasti'tʃaːrnitsa] ... die Konditorei

slati ['slati] .... schicken

slatkiši mpl [slat'ki:ʃi] .... die Süßigkeiten

slavina f ['slavina] .... der Wasserhahn

sletjeti ['slɛtjɛti] .... landen

slijediti [sli'jɛːditi] .... folgen

slijep, a, o [sli'jɛːp] .... blind

slijepo crijevo n [sli'jɛːpɔ tsri'jɛʋɔ] ... der Blinddarm

slika f ['slika] .... das Bild

sljedeća, sljedeći, sljedeće
['sʎɛdɛtɕa] .... nächste(r, s)

sljepački štap m ['sʎɛpatʃki ʃtap] ... der Blindenstock

S

slobodan, slobodna,
  slobodno ['slɔbɔdan] .... frei
slobodno vrijeme n
  ['slɔbɔdnɔ ʋriˈjɛmɛ] .... die Freizeit
slon m [slɔn] .... der Elefant
slovkati ['slɔːʋkati] .... buchstabieren
slovo n [slɔːʋɔ] .... der Buchstabe
složenac m [slɔˈʒɛːnats] .... der Eintopf
slučaj m ['sluːtʃaj] .... der Fall
slučaj m ['sluːtʃaj] .... der Zufall
slušalice fpl ['sluʃalitsɛ] .... der Kopfhörer
slušati ['sluʃati] .... zuhören
slušni aparat m ['sluʃni aˈparat] ...... das Hörgerät
slutnja f ['sluːtɲa] .... die Ahnung
služba pomoći na cesti f
  ['sluʒba ˈpɔmɔtɕi na ˈtsɛsti] .... der Pannendienst
službenik m ['sluʒbɛnik] .... der/die Angestellte
smeće n ['smɛtɕɛ] .... der Müll
smeđ, a, e [smɛːdʑ] .... braun
smetati ['smɛtati] .... stören
smetnja f ['smɛːtɲa] .... die Störung
smijati se ['smijati sɛ] .... lachen
smijem li ...? ['smijem li] .... darf ich ...?
smiješan, smiješna,
  smiješno [smiˈjɛːʃan] .... komisch
smisao f ['smiːsaɔ] .... der Sinn
smjer m [smjɛːr] .... die Richtung
smjestiti se ['smjɛːʃtiti sɛ] .... lächeln
smjeti ['smjɛti] .... dürfen
smokva f ['smɔkʋa] .... die Feige
smrt f [smrt] .... der Tod

S

smrznut, a, o ['smrznut]	tiefgefroren
smrznuta hrana f ['smrznuta xra:na]	die Tiefkühlkost
snaga f ['sna:ga]	die Kraft
snažan, snažna, snažno ['sna:ʒan]	kräftig
snijeg m [sni'je:g]	der Schnee
sniježiti [sni'je:ʒiti]	schneien
soba f ['sɔba]	das Zimmer
sočan, sočna, sočno ['sɔtʃan]	saftig
software m ['sɔftvɐr]	die Software
sojina sjemenka f ['sɔːjina 'sjemenka]	die Sojabohne
sok m [sɔk]	der Saft
sok od jabuke m [sɔk ɔd 'jabukɛ]	der Apfelsaft
sok od naranče m [sɔk ɔd 'narantʃɛ]	der Orangensaft
sol f [sɔːl]	das Salz
solarno grijanje n ['sɔlarnɔ 'grijaɲɛ]	die Solarheizung
sova f ['sɔːva]	die Eule
spajalica f ['spajalitsa]	die Büroklammer
spam mail m ['spɛmmejl]	die/das Spammail
spasiti ['spasiti]	retten
spavaća soba f ['spavatʃa 'sɔba]	das Schlafzimmer
spavati ['spa:vati]	schlafen
spolni odnos m ['spolni 'ɔdnɔs]	der Geschlechts-verkehr
spomenik m ['spɔmɛnik]	das Denkmal
spontani pobačaj m ['spɔntani 'pɔbatʃaj]	die Fehlgeburt
spor, a, o [spɔr]	langsam
sport m [spɔrt]	der Sport
sportska dvorana f ['spɔrtska dʋɔ'ra:na]	die Sporthalle

S

sportsko igralište n
['spɔrtskɔ 'igrɑliʃte] .... der Sportplatz
sposoban, sposobna, sposobno
['spɔsɔban] .... fähig
spremnik za gorivo m
['sprɛmnik za 'gɔrivɔ] .... der Benzintank
spreman, spremna, spremno
['sprɛman] .... bereit
sprovod m ['sprɔvɔd] .... die Beerdigung
spužva f ['spuʒva] .... der Schwamm
sramežljiv, a, o [sra'mɛːʒʎiv] .... schüchtern
srce n ['srtsɛ] .... das Herz
srčani infarkt m ['srtʃani in'faːrkt] .... der Herzinfarkt
srebro n ['srɛbrɔ] .... das Silber
sreća f ['srɛtɕa] .... das Glück
sredina f ['srɛdina] .... die Mitte
srednje veličine f ['srɛdɲɛ vɛli'tʃiːnɛ] ...... mittelgroß
srednja, srednji, srednje ['srɛdɲa] .... mittlere(r, s)
sredstvo protiv bolova n
['srɛdstvɔ 'prɔtiv 'bɔlɔva] .... das Schmerzmittel
sredstvo za čišćenje WC-a n
['srɛdstvɔ za 'tʃiʃtɕɛɲɛ vɛ'tsɛːa] .... der WC-Reiniger
sredstvo za čišćenje n
['srɛdstvɔ za 'tʃiʃtɕɛɲɛ] .... das Reinigungsmittel
sredstvo za dezinfekciju n .... das Desinfektion-
['srɛdstvɔ za dezin'fɛktsiju] .... smittel
sresti se ['srɛsti sɛ] .... sich treffen
sretan, sretna, sretno ['srɛtan] .... glücklich
srijeda f [sri'jɛːda] .... der Mittwoch
srna f ['srna] .... das Reh
srpanj m ['srpaɲ] .... der Juli

s

stabilan, stabilna, stabilno [ˈstabilan]	stabil
stadion m [ˈstadiɔn]	das Stadion
stajati [ˈstaːjati]	kosten
stajati [ˈstajati]	stehen
stambeni blok m [ˈstambɛni blɔk]	der Wohnblock
stan m [staːn]	die Wohnung
stanar, stanarka m, f [staˈnaːr, staˈnaːrka]	der, die Mieter, Mieterin
stanje n [ˈstaːɲɛ]	der Zustand
stanovati [staˈnɔvati]	wohnen
star, a, o [star]	alt
Stara godina f [ˈstaːra ˈgɔdina]	der/das Silvester
staviti [ˈstaviti]	legen
staviti [ˈstaviti]	stellen
ste [stɛ]	seid
stepenice fpl [stɛˈpɛnitsɛ]	die Treppe
sterilan, sterilna, sterilno [ˈstɛrilan]	steril
stetoskop m [stɛtɔˈskɔːp]	das Stethoskop
stići [ˈstiːtɕi]	ankommen
stijena f [stiˈjɛːna]	der Felsen
stil m [stil]	der Stil
stjuard, stjuardesa m, f [ˈstjuːard, stjuarˈdɛːsa]	der, die Flugbegleiter, Flugbegleiterin
sto [stɔː]	hundert
stol m [stɔːl]	der Tisch
stolica f [ˈstɔlitsa]	der Stuhl
stolica bez naslona f [ˈstɔlitsa bɛz ˈnaːslɔna]	der Hocker
stolni tenis m [ˈstɔːlni ˈtɛːnis]	das Tischtennis
strah f [straːx]	die Angst

S

strana f [ˈstraːna]	die Seite
stranac, strankinja m, f	der, die Ausländer,
[ˈstraːnats, ˈstrankiɲa]	Ausländerin
strani jezik m [ˈstraːni ˈjɛzik]	die Fremdsprache
stric m [striːts]	der Onkel
strpljiv, a, o [ˈstrpʎiʋ]	geduldig
struja f [ˈstruːja]	der Strom
strujno brojilo n [ˈstruːjno ˈbrɔjilo]	der Stromzähler
strunjača f [ˈstruɲatʃa]	die Matte
studeni m [ˈstudɛni]	der November
student, studentica m, f	der, die Student,
[ˈstudɛnt, stuˈdɛntitsa]	Studentin
studentska iskaznica f	
[ˈstudɛntska ˈiskaznitsa]	der Studentenausweis
studij m [ˈstuːdij]	das Studium
stupanj m [ˈstuːpaɲ]	der/das Grad
stvar f [stʋar]	die Sache
stvarno [ˈstʋaːrno]	echt
stvarno [ˈstʋaːrno]	wirklich
su [su]	sind
subota f [ˈsubɔta]	der Samstag
sud m [suːd]	das Gericht
sudac m [ˈsuːdats]	der Richter
sudjelovati [ˈsudjɛlɔʋati]	teilnehmen
sudoper m [ˈsudɔpɛr]	das Spülbecken
suh, a, o [sux]	trocken
suknja f [ˈsukɲa]	der Rock
sunce n [ˈsuːntsɛ]	die Sonne
sunčane naočale fpl	
[ˈsuntʃanɛ ˈnaɔtʃalɛ]	die Sonnenbrille
sunčano [ˈsuntʃano]	sonnig

S

sunčati se ['suntʃati sɛ]	sich sonnen
supermarket m [supɛrmarˈkɛːt]	der Supermarkt
suprug m ['suprug]	der Ehemann
supruga f ['supruga]	die Ehefrau
supružnici mpl ['supruʒnitsi]	das Ehepaar
surfati ['surfati]	surfen
susjed, susjeda m, f	der, die Nachbar,
['susjɛd, 'susjɛda]	Nachbarin
sušilica rublja f ['suʃilitsa 'ruːbʎa]	der Wäschetrockner
sušilo za kosu n ['suʃilɔ za 'kɔsu]	der Föhn
sušiti kosu ['suːʃiti 'kɔsu]	föhnen
sutkinja f ['sutkiɲa]	die Richterin
sutra ['sutra]	morgen
suvenir m [suvɛˈniːr]	das Souvenir
suvremen, a, o ['suvrɛmɛn]	aktuell
svadba f ['svadba]	die Hochzeit
svaka, svak, svako ['svaka]	jede(r, s)
sve [svɛ]	alles
svečanost f ['svɛtʃanɔst]	das Fest
svemir m ['svɛmir]	der Weltraum
sveučilište n [svɛˈutʃiliʃtɛ]	die Universität
svi [svi]	alle
svibanj m ['sviːbaɲ]	der Mai
sviđati se ['sviːdʑati sɛ]	gefallen
svijeća f [svi'jɛtɕa]	die Kerze
svijet m [svi'jɛːt]	die Welt
svijetao, svijetla, svijetlo	
[svi'jɛtaɔ]	hell
svinja f ['sviːɲa]	das Schwein
svinjetina f ['sviɲɛtina]	das Schweinefleisch
svjetiljka f ['svjɛtiʎka]	die Lampe

s

svjetlo n ['svjɛtlɔ] .... das Licht
svjež, a, e [svjɛːʒ] .... frisch
svježi sir m ['svjɛʒi sir] .... der Quark
svuda ['svʊda] .... überall

Š š

šah m [ʃax] .... das Schach
šal m [ʃal] .... der Schal
šalica f ['ʃalitsa] .... die Tasse
šalter m ['ʃaltɛr] .... der Schalter
šampinjon m [ʃampiˈɲɔːn] .... der Champignon
šampon m [ʃamˈpɔːn] .... das Shampoo
šank m [ʃank] .... die Theke
šapa f ['ʃapa] .... die Pfote
šaren, a, o ['ʃarɛn] .... bunt
šarlah m ['ʃarlax] .... der Scharlach
šator m ['ʃatɔr] .... das Zelt
šećer m ['ʃɛtɕɛr] .... der Zucker
šef, šefica m, f [ʃɛf, 'ʃɛfitsa] .... der, die Chef, Chefin
šepati ['ʃɛpati] .... hinken
šesnaest ['ʃɛsnaɛst] .... sechzehn
šest [ʃɛst] .... sechs
šešir m ['ʃɛʃir] .... der Hut
šešir za sunce m ['ʃɛʃir za 'suːntsɛ] ... der Sonnenhut
šetnja f ['ʃɛːtɲa] .... der Spaziergang
šezdeset [ʃɛzˈdɛsɛt] .... sechzig
širok, a, o ['ʃirɔk] .... breit
šišmiš m ['ʃiʃmiʃ] .... die Fledermaus

Š

šivati [ˈʃiːʋati]	nähen
škare fpl [ˈʃkarɛ]	die Schere
škola f [ˈʃkɔːla]	die Schule
škola f [ˈʃkɔːla]	die Lehre
školarac, školarka m, f	der, die Schüler,
[ʃkɔˈlaːrats, ʃkɔˈlaːrka]	Schülerin
školjka f [ˈʃkɔʎka]	die Muschel
školska bilježnica f	
[ˈʃkɔlska ˈbiʎɛʒnitsa]	das Schulheft
školski predmet m	
[ˈʃkɔlski ˈprɛdmɛt]	das Schulfach
šljiva f [ˈʃʎiːʋa]	die Pflaume
šogor m [ˈʃɔːgɔr]	der Schwager
šogorica f [ʃɔˈgɔritsa]	die Schwägerin
šok m [ʃɔk]	der Schock
špagete fpl [ʃpaˈgɛːtɛ]	die Spaghetti
šparoga f [ˈʃparɔga]	der Spargel
špek m [ʃpɛk]	der Speck
špilja f [ˈʃpiːʎa]	die Höhle
špinat m [ʃpiˈnaːt]	der Spinat
štaka f [ˈʃtaka]	die Krücke
štakor m [ˈʃtakɔr]	die Ratte
štapić m [ˈʃtapitɕ]	das Stäbchen
štedjeti [ˈʃtɛːdjɛti]	sparen
štedni račun m [ˈʃtɛːdni ˈratʃun]	das Sparkonto
štednjak m [ˈʃtɛːdɲak]	der Herd
štitna žlijezda f [ˈʃtitna ʒliˈjɛːzda]	die Schilddrüse
što [ʃtɔ]	was
šuma f [ˈʃuma]	der Wald
šunka f [ˈʃuːnka]	der Schinken
švicarski franak m	
[ˈʃʋitsarski ˈfraːnak]	der Schweizer Franken

Š

Tt

ta, taj, to [taː]	diese(r, s)
tablet m [ˈtaːblet]	der Tablet-Computer
tableta f [taˈblɛːta]	die Tablette
takva, takav, takvo [ˈtakva]	solche(r, s)
tako [ˈtakɔ]	so
također [taˈkɔdʒɛr]	auch
taksi m [ˈtaksi]	das/der Taxi
taman, tamna, tamno [ˈtaːman]	dunkel
tamo [ˈtamɔ]	dort
tamo [ˈtamɔ]	hin
tampon m [tamˈpɔːn]	der Tampon
tanjur m [ˈtaɲur]	der Teller
tapison m [tapiˈsɔːn]	der Teppichboden
tastatura f [tastaˈtuːra]	die Tastatur
tata m [ˈtata]	der Papa
tava f [taːva]	die Bratpfanne
tavan m [ˈtavan]	der Dachboden
tebe [ˈtɛbɛ]	dich
tebi [ˈtɛbi]	dir
tečaj m [ˈtɛtʃaj]	der Kurs
tehnički, tehnička, tehničko [ˈtɛxnitʃki]	technisch
tekstovna poruka f [ˈtɛkstɔvna ˈpɔruka]	die, das SMS
tekuć, a, e [ˈtɛkutɕ]	flüssig
telefon m [tɛˈlɛfɔn]	das Telefon
telefonirati [tɛlɛfɔˈniːrati]	telefonieren
telefonska sekretarica f [tɛˈlɛfɔnska sɛkrɛˈtaritsa]	der Anrufbeantworter

T

telefonski broj m [teˈlɛfɔnski brɔj]	die Telefonnummer
teletina f [ˈtɛlɛtina]	das Kalbfleisch
televizor m [tɛlɛˈviːzɔr]	der Fernseher
temperatura f [tɛmpɛraˈtuːra]	die Temperatur
tenis m [ˈtɛːnis]	das Tennis
tenisica f [ˈtɛnisitsa]	der Turnschuh
tepih m [tɛˈpix]	der Teppich
terapija f [tɛˈraːpija]	die Therapie
terasa f [tɛˈraːsa]	die Terrasse
teretana f [tɛrɛˈtaːna]	das Fitnessstudio
teretnjak m [ˈtɛrɛtɲak]	der Lkw
termin m [ˈtɛrmin]	der Termin
termofor m [ˈtɛrmɔfɔr]	die Wärmflasche
termosica f [ˈtɛrmɔsitsa]	die Thermoskanne®
test na trudnoću m [tɛst na trudˈnɔtɕu]	der Schwangerschaftstest
testis m [tɛsˈtiːs]	der Hoden
teško [ˈtɛʃkɔ]	schwierig
teta f [ˈtɛːta]	die Tante
tetak m [ˈtɛːtak]	der Onkel
težak, teška, teško [ˈtɛːʒak]	schwer
težina f [tɛˈʒina]	das Gewicht
ti [tiː]	du
tigar m [ˈtigar]	der Tiger
tih, a, o [tix]	ruhig
tijekom [tiˈjɛːkɔm]	während
tijelo n [tiˈjɛːlɔ]	der Körper
tijesto n [tiˈjɛːstɔ]	der Teig
tikvica f [ˈtikvitsa]	die Zucchini
tinta f [ˈtiːnta]	die Tinte
tip m [tiːp]	der Typ

T

tiskati ['tiskati] .... drucken
tisuću ['tisutɕu] .... tausend
tišina f [ti'ʃiːna] .... die Ruhe
tjedan m ['tjedan] .... die Woche
tjestenina f [tjeste'niːna] .... die Nudeln
tkanina f ['tkanina] .... der Stoff
tko [tkɔ] .... wer
to [tɔː] .... das
toalet m [tɔa'lɛːt] .... die Toilette
toaletni papir m [tɔa'lɛːtni 'papir] ..... das Toilettenpapier
tobogan m ['tɔbɔgan] .... die Rutsche
točan, točna, točno ['tɔtʃan] .... pünktlich
točka f ['tɔtʃka] .... der Punkt
točno ['tɔtʃnɔ] .... genau
tolerantan, tolerantna,
    tolerantno [tɔle'raːntan] .... tolerant
topao, topla, toplo ['tɔpaɔ] .... warm
toplomjer m ['tɔplɔmjeːr] .... das Thermometer
toranj m ['tɔːraɲ] .... der Turm
torba f ['tɔːrba] .... die Tasche
torbica f ['tɔːrbitsa] .... die Handtasche
torta f ['tɔːrta] .... die Torte
tost m [tɔst] .... das Toastbrot
toster m ['tɔstɛr] .... der Toaster
tradicionalan, tradicionalna,
    tradicionalno ['traditsiɔnalan] .... traditionell
trajati ['traːjati] .... dauern
trajekt m [tra'jekt] .... die Fähre
traktor m ['traktɔr] .... der Traktor
tramvaj m ['traːmʋaj] .... die Straßenbahn
traperice fpl ['traperitse] .... die Jeans

T

travanj m [traːʋaɲ] .... der April

travnjak m [ˈtraʋɲak] .... der Rasen

traženje n [ˈtraːʒɛɲɛ] .... die Suche

tražiti [ˈtraːʒiti] .... suchen

trbuh m [ˈtrbux] .... der Bauch

trčati [ˈtrtʃati] .... laufen

trebati [ˈtrɛːbati] .... brauchen

trebati [ˈtrɛːbati] .... sollen

treća, treći, treće [ˈtrɛːtɕa] .... dritte(r, s)

trećina f [trɛˈtɕiːna] .... das/der Drittel

trenerka f [ˈtrɛːnɛrka] .... der Trainingsanzug

trenutak m [trɛˈnuːtak] .... der Moment

trepavica f [ˈtrɛpavitsa] .... die Wimper

trešnja f [ˈtrɛʃɲa] .... die Kirsche

tretman m [trɛtˈmaːn] .... die Behandlung

trg m [trg] .... der Platz

trgovački centar m
   [ˈtrgɔvatʃki ˈtsɛːntar] .... das Einkaufszentrum

trgovina f [trˈgɔvina] .... der Laden

tri [tri] .... drei

tri puta [tri ˈpuːta] .... dreimal

trideset [ˈtriːdeset] .... dreißig

trinaest [ˈtriːnaest] .... dreizehn

trn m [trn] .... der Dorn

trosjed m [ˈtrɔsjɛd] .... das Sofa

trošiti [ˈtrɔʃiti] .... ausgeben

troškovi mpl [ˈtrɔʃkɔvi] .... die Kosten

truba f [ˈtruːba] .... die Hupe

truba f [ˈtruːba] .... die Trompete

trud m [truːd] .... die Mühe

trudna [ˈtruːdna] .... schwanger

trudnoća f [trudˈnɔtɕa] .... die Schwangerschaft
tržnica f [ˈtrʒnitsa] .... der Markt
tu [tuː] .... da
tu [tuː] .... hier
tuberkuloza f [tuberkuˈlɔːza] .... die Tuberkulose
tuđ, a, e [tuːdʑ] .... fremd
tulipan m [ˈtulipan] .... die Tulpe
tuna f [ˈtuːna] .... der Thunfisch
tunel m [tuˈneːl] .... der Tunnel
turist, turistkinja m, f .... der, die Tourist,
  [ˈturist, tuˈristkiɲa]   Touristin
turistički ured m .... die Touristen-
  [tuˈristitʃki ˈuːred]   information
turpija za nokte f [ˈturpija za ˈnɔktɛ] ..... die Nagelfeile
tuš m [tuːʃ] .... die Dusche
tuširati se [tuˈʃirati sɛ] .... sich duschen
tužan, tužna, tužno [ˈtuːʒan] .... traurig
tvoja, tvojoj, tvojeg [ˈtvɔja] .... deine(r, s)
tvoj, a [tvɔːj] .... dein(e)
tvornica f [ˈtvɔːrnitsa] .... die Fabrik
tvrd, a, o [tʋrd] .... hart
tvrdoglav, a, o [tʋrˈdɔglaʋ] .... dickköpfig

Uu

u [u] .... in
u [u] .... nach
u [u] .... um
u pomoć! [ˈupɔmɔtɕ] .... Hilfe!
u rodu [uˈrɔdu] .... verwandt

ubiti ['ubiti] .... töten
ubod insekta m ['ubɔd in'sɛːkta] .... der Insektenstich
ubojstvo n [u'bɔːjstvɔ] .... der Mord
ubrus m ['ubrus] .... die Serviette
učenik, učenica m, f .... der/die Auszubil-
 [u'tʃɛnik, u'tʃɛnítsa] dende
učitelj, učiteljica m, f .... der, die Lehrer,
 ['utʃitɛʎ, utʃi'tɛʎitsa] Lehrerin
učiti ['utʃiti] .... lernen
ući ['uːtɕi] .... einsteigen
udaljiti [u'daːʎiti] .... entfernen
udarati čekićem ['udarati 'tʃɛkitɕɛm] .... hämmern
udariti [u'dariti] .... schlagen
udata f ['udata] .... verheiratet
udoban, udobna, udobno ['udɔban] .... bequem
udovac, udovica m, f
 [u'dɔːvats, 'udɔvitsa] der, die Witwer, Witwe
ugao m ['uːgaɔ] .... die Ecke
ugasiti [u'gaːsiti] .... ausschalten
ugljen m ['ugʎɛn] .... die Kohle
ugljična kiselina f
 ['ugʎitʃna kisɛ'liːna] die Kohlensäure
ugovor m ['ugɔvɔr] .... der Vertrag
uho n ['uxɔ] .... das Ohr
ujak m ['uːjak] .... der Onkel
Ujedinjeni narodi mpl .... die Vereinten
 [ujɛ'diːɲɛni 'naːrɔdi] Nationen
ukusan, ukusna,
 ukusno ['ukusan] lecker
ulaz m ['uːlaz] .... der Eingang
ulica f ['ulitsa] .... die Straße

U

uličica f [ˈulitʃitsa] .... die Gasse

ulje n [ˈuːʎɛ] .... das Öl

uljudan, uljudna,
  uljudno [ˈuʎudan] .... höflich

uloviti [uˈlɔːviti] .... fangen

umak m [ˈumak] .... die Soße

umiriti se [uˈmiːriti sɛ] .... sich beruhigen

umivaonik m [umivaˈɔnik] .... das Waschbecken

umjesto [ˈumjɛstɔ] .... statt

umjetnost f [ˈuːmjɛtnɔst] .... die Kunst

umoran, umorna, umorno
  [ˈumɔran] .... müde

umrijeti [ˈumrijɛti] .... sterben

unajmiti [uˈnaːjmiti] .... mieten

unajmljen stan m
  [uˈnaːjmʎɛn stan] .... die Mietwohnung

unuk, unuka m, f .... der, die Enkel,
  [ˈuːnuk, ˈuːnuka]   Enkelin

unutar [ˈunutar] .... innerhalb

unutra [ˈunutra] .... (dr)innen

unutrašnja, unutrašnji,
  unutrašnje [ˈunutraʃna] .... innere(r, s)

upala f [ˈupala] .... die Entzündung

upaliti [uˈpaːliti] .... einschalten

upaljač m [uˈpaʎatʃ] .... das Feuerzeug

uplašiti se [uˈplaʃiti sɛ] .... sich erschrecken

upotrijebiti [upɔˈtrijeːbiti] .... benutzen

upravljač m [uˈpravʎatʃ] .... das Lenkrad

uputnica f [ˈuputnitsa] .... die Überweisung

ured m [ˈuːred] .... das Büro

USB stick [uɛsˈbeː stik] .... der USB-Stick

U

usisati prašinu [uˈsisati ˈpraʃinu] .... Staub saugen
usisavač m [usiˈsavatʃ] .... der Staubsauger
uskoro [ˈuskɔrɔ] .... bald
Uskrs m [ˈuskrs] .... das Ostern
usna f [ˈusna] .... die Lippe
usno [ˈusnɔ] .... mündlich
uspjeh m [ˈuspjex] .... der Erfolg
uspješan, uspješna,
uspješno [ˈuspjeʃan] .... erfolgreich
usprkos [ˈusprkɔs] .... trotz
usta npl [ˈuːsta] .... der Mund
ustati [ˈustati] .... aufstehen
utičnica f [utitʃˈnitsa] .... die Steckdose
utikač m [utiˈkatʃ] .... der Stecker
utopiti se [uˈtɔpiti sɛ] .... ertrinken
utorak m [ˈutɔrak] .... der Dienstag
uvijek [ˈuːʋijɛk] .... immer
uvjet m [ˈuːʋjɛt] .... die Bedingung
uz to [ˈuztɔː] .... dazu
uzak, uska, usko [ˈuːzak] .... eng
uzbuđen, a, o [ˈuzbudʒɛn] .... aufgeregt
uzemljenje n [uzɛˈmʎɛːɲɛ] .... die Erdung
uzeti [ˈuzɛti] .... nehmen
uživati [uʒiːʋati] .... genießen

Vv

vadičep m [ˈʋaditʃɛp] .... der Korkenzieher
vaga f [ˈʋaːga] .... die Waage
val m [ʋal] .... die Welle

valuta f [ʋaˈluːta] — die Währung

Vama [ˈʋama] — Ihnen

vani [ˈʋaːni] — (dr)außen

vas [ʋas] — euch

Vaš, a [ʋaʃ] — Ihr(e)

vaš, a, e [ʋaʃ] — euer(e)

Vaši, h, vašeg [ˈʋaʃi] — Ihre(r, s)

vaši, h, vašeg [ˈʋaʃi] — euere(r, s)

vatra f [ˈʋatra] — das Feuer

vatrogasci mpl [ʋatrɔgaːstsi] — die Feuerwehr

vatrogasna postaja f
   [ˈʋatrɔgasna ˈpɔːstaja] — die Feuerwache

vaza f [ˈʋaːza] — die Vase

važan, važna, važno [ˈʋaːʒan] — wichtig

večer f [ʋɛˈtʃɛr] — der Abend

večera f [ˈʋɛˈtʃɛra] — das Abendessen

već [ʋɛtɕ] — schon

većina f [ʋɛˈtɕina] — meiste(n)

vegetarijski, vegetarijska,
   vegetarijsko [ʋɛgɛˈtaːrijski] — vegetarisch

velegrad m [ˈʋelegrad] — die Großstadt

veleposlanstvo n
   [ˈʋelepɔslaːnstʋɔ] — die Botschaft

veličanstven, a, o [ʋɛˈlitʃaːnstʋɛn] — großartig

veličina f [ʋeliˈtʃiːna] — die Größe

velik, a, o [ˈʋeːlik] — groß

veljača f [ˈʋeʎatʃa] — der Februar

vena f [ˈʋeːna] — die Vene

veseliti se [ʋɛˈseliti sɛ] — sich freuen

veseliti se na [ʋɛˈseliti sɛ na] — sich freuen auf

veselje n [ʋɛˈseːʎɛ] — die Freude

veseo, vesela, veselo [ˈʋɛsɛɔ] .... froh
veslanje n [ˈʋɛslaɲɛ] .... das Rudern
vespa f [ˈʋɛspa] .... der Motorroller
veterinar, veterinarka m, f .... der, die Tierarzt,
   [ʋɛtɛriˈnaːr, ʋɛtɛriˈnaːrka]   Tierärztin
vezica za cipele f
   [ˈʋɛzitsa za ˈtsipɛlɛ] .... der Schnürsenkel
vi [ʋiː] .... ihr
Vi [ʋiː] .... Sie
vic m [ʋits] .... der Witz
vidjeti [ˈʋidjɛti] .... sehen
vijak m [ˈʋiːjak] .... die Schraube
vijećnica f [ʋiˈjɛːtɕnitsa] .... das Rathaus
vijesti fpl [ʋiˈjɛːsti] .... die Nachrichten
vikati [ˈʋikati] .... schreien
vikend m [ˈʋikɛnd] .... das Wochenende
vilica f [ˈʋilitsa] .... die Gabel
vino n [ˈʋiːnɔ] .... der Wein
violina f [ʋiɔˈliːna] .... die Geige
virus m [ˈʋiːrus] .... das Virus
visok, a, o [ˈʋisɔk] .... hoch
visoka školska sprema f .... der Hochschulab-
   [ˈʋisɔka ˈʃkɔlska ˈsprɛma]   schluss
visoko učilište n [ˈʋisɔkɔ ˈutʃiliʃtɛ] .... die Hochschule
više [ˈʋiʃɛ] .... mehr
više puta [ˈʋiʃɛ ˈputa] .... mehrmals
višestruko [ˈʋiʃɛstrukɔ] .... mehrfach
vitak, vitka, vitko [ˈʋitak] .... schlank
vitamin m [ʋitaˈmiːn] .... das Vitamin
viza f [ˈʋiːza] .... das Visum
vječno [ˈʋjɛːtʃnɔ] .... ewig

V

vjenčati se ['vjɛːntʃati sɛ] .... heiraten
vjera f ['vjɛra] .... die Religion
vjerojatno ['vjɛrɔjatnɔ] .... wahrscheinlich
vjerovati [vjɛ'rɔːvati] .... glauben
vješalica f ['vjɛʃalitsa] .... der Kleiderbügel
vjetar m ['vjɛtar] .... der Wind
vjetrobransko staklo n .... die Windschutz-
   ['vjɛtrɔbranskɔ 'staklɔ]   scheibe
vjetrovito [vjɛ'trɔvitɔ] .... windig
vjeverica f ['vjɛvɛritsa] .... das Eichhörnchen
vježba f ['vjɛʒba] .... die Übung
vježbati ['vjɛʒbati] .... trainieren
vlada f ['vlaːda] .... die Regierung
vlak m [vlaːk] .... der Zug
vlasac m ['vlaːsats] .... der Schnittlauch
vlasništvo n ['vlaːsniʃtvɔ] .... das Eigentum
vlažan, vlažna, vlažno ['vlaːʒan] .... feucht
voće n ['vɔtɕɛ] .... das Obst
voda f ['vɔda] .... das Wasser
voda iz vodovoda f
   ['vɔda iz 'vɔdɔvɔda] .... das Leitungswasser
vodeći broj banke m
   ['vɔdɛtɕi brɔj 'baːnkɛ] .... die Bankleitzahl
vodene kozice fpl ['vɔdɛnɛ 'kɔzitsɛ] .... die Windpocken
vojnik, vojnikinja m, f .... der, die Soldat,
   ['vɔjnik, vɔj'niːkiɲa]   Soldatin
voljeti ['vɔʎɛti] .... lieben
vozačka dozvola f
   ['vɔzatʃka 'dɔzvola] .... der Führerschein
vozilo n ['vɔzilɔ] .... das Fahrzeug
voziti ['vɔziti] .... fahren

V

voziti saonice [ˈvɔziti saˈɔnitse]	Schlitten fahren
voziti snowboard [ˈvɔziti ˈsnɔʊbɔrd]	das Snowboarding
vozna karta f [ˈvɔzna ˈkaːrta]	die Fahrkarte
vozni trak m [ˈvɔzni trak]	die Fahrspur
vožnja f [ˈvɔʒna]	die Fahrt
vrata npl [ˈvraːta]	die Tür
vratiti se [ˈvratiti se]	zurückkommen
vreća za spavanje f [ˈvretɕa za ˈspavaɲe]	der Schlafsack
vrećica f [ˈvretɕika]	die Tüte
vrećica za smće f [ˈvretɕitsa za ˈsmetɕe]	der Müllbeutel
vremenska prognoza f [ˈvremenska prɔɡˈnɔːza]	der Wetterbericht
vrhnje n [ˈvrxɲe]	die Sahne
vrijednost f [vriˈjeːdnɔst]	der Wert
vrijeme n [vriˈjeːme]	die Uhrzeit
vrijeme n [vriˈjeːme]	das Wetter
vrijeme n [vriˈjeːme]	die Zeit
vrlo [ˈvrlɔ]	sehr
vrt m [vrt]	der Garten
vrtlariti [vrtˈlariti]	gärtnern
vrtoglavica f [vrtɔˈɡlavitsa]	der Schwindel
vruć, a, e [ˈvruːtɕ]	heiß
vrućica f [ˈvruːtɕitsa]	das Fieber
vući [ˈvuːtɕi]	ziehen
vuk m [vuːk]	der Wolf
vulkan m [vulˈkaːn]	der Vulkan
vuna f [ˈvuna]	die Wolle

v

Ww

WC m [ʋɛˈtseː] .... das WC

Zz

za [za] .... für
zabava f [ˈzaːbava] .... der Spaß
zabavan, zabavna, zabavno
   [ˈzaːbavan] .... lustig
zaboraviti [zabɔˈraːviti] .... vergessen
zabrana pušenja f [ˈzabrana ˈpuʃɛɲa] ..... das Rauchverbot
zabraniti [zaˈbraːniti] .... verbieten
zabranjen, a, o [zaˈbraːɲɛn] .... verboten
začin m [ˈzaːtʃin] .... das Gewürz
začinska biljka f [ˈzatʃinska ˈbiːʎka] ... das Kraut
zadnja, zadnji, zadnje [ˈzadɲa] ..... letzte(r, s)
zadržati [zaˈdrʒati] .... behalten
zagrliti se [zaˈgrliti sɛ] .... sich umarmen
zagrljaj m [ˈzagrʎaj] .... die Umarmung
zahvaliti se [zaˈxvaːliti sɛ] .... sich bedanken
zahvalnost f [ˈzaxvalnɔst] .... der Dank
zajam m [ˈzaːjam] .... das Darlehen
zajedno [ˈzajɛdnɔ] .... zusammen
zakašnjenje n [zakaʃˈɲɛːɲe] .... die Verspätung
zaljev m [ˈzaːʎɛʋ] .... die Bucht
zaljubiti se [zaˈʎuːbiti sɛ] .... sich verlieben

Z

zaljubljen, a, o [zaˈʎuˑbʎɛn]	verliebt
zamorac m [ˈzamɔrats]	das Meerschw-einchen
zamrzivač m [zamrˈzivatʃ]	der Gefrierschrank
zanimanje n [zaˈniˑmaɲɛ]	der Beruf
zanimljiv, a, o [zaˈniˑmʎiʋ]	interessant
zapad m [ˈzaˑpad]	der Westen
zapadno [ˈzapadnɔ]	westlich
zapanjen, a, o [zaˈpaɲɛn]	bestürzt
zapravo [ˈzapraʋɔ]	eigentlich
zaraditi [zaˈraˑditi]	verdienen
zaspati [ˈzaspati]	einschlafen
zastava f [ˈzaˑstaʋa]	die Fahne
zastoj m [ˈzaːstɔj]	der Stau
zastrašen, a, o [zaˈstraˑʃɛn]	verängstigt
zaštita f [ˈzaʃtita]	der Schutz
zaštititi [zaˈʃtititi]	schützen
zaštitna krema za sunčanje f [ˈzaʃtitna ˈkrɛma za ˈsuːntʃaɲɛ]	das Sonnenschutz-mittel
zašto [ˈzaʃtɔ]	warum
zatiljak m [ˈzatiʎak]	der Nacken
zatim [ˈzatim]	dann
zato [ˈzatɔ]	deshalb
zatvor m [ˈzaːtʋɔr]	das Gefängnis
zatvoren, a, o [ˈzatʋɔrɛn]	geschlossen
zatvoriti [zaˈtʋɔriti]	schließen
zaustaviti [zaˈustaviti]	anhalten
zaušnjaci mpl [ˈzauʃɲatsi]	der Mumps
zauzet, a, o [ˈzauzɛt]	beschäftigt
zauzeto [ˈzauzɛtɔ]	besetzt
zavezati se [zaˈʋɛzati sɛ]	sich anschnallen

Z

zavidan, zavidna, zavidno
['zaːʋidan] .... neidisch

zavjesa f ['zaʋjesa] .... der Vorhang

zavoj m ['zaːʋɔj] .... die Kurve

završiti [zaˈʋrʃiti] .... (be)enden

zbog [zbɔg] .... wegen

zbog toga ['zbɔgtɔga] .... dadurch

zbunjen, a, o ['zbuːɲɛn] .... verwirrt

zdjela f ['zdjɛla] .... die Schüssel

zdrav, a, o [zdraʋ] .... gesund

zdravlje n ['zdraʋʎɛ] .... die Gesundheit

zdravstveno osiguranje n .... die Krankenver-
['zdraʋstʋɛnɔ ɔsiguˈraːɲɛ]   sicherung

zebra f ['zɛbra] .... das Zebra

zelen, a, o ['zɛlɛn] .... grün

zemlja f ['zɛmʎa] .... die Erde

zemlja f ['zɛmʎa] .... das Land

zemljište n ['zɛmʎiʃtɛ] .... das Grundstück

zemljopis m ['zɛmʎɔpis] .... die Erdkunde

zet m [zɛt] .... der Schwiegersohn

zgodan, zgodna, zgodno
['zgɔdan] .... hübsch

zgrada f ['zgrada] .... das Gebäude

zid m [ziːd] .... die Mauer

zima f ['zima] .... der Winter

zlatarnica f [zlaˈtaːrnitsa] .... das Juweliergeschäft

zlatna ribica f ['zlaːtna ˈribitsa] ...... der Goldfisch

zlato n ['zlaːtɔ] .... das Gold

zločinac, zločinka m, f .... der, die Verbrecher,
['zlɔtʃinats, 'zlɔtʃinka]   Verbrecherin

zmija f ['zmija] .... die Schlange

z

značiti [ˈznatʃiti]	bedeuten
znak m [znaːk]	das Zeichen
znakovni jezik gluhi m	
[ˈznakɔvni ˈjɛzik gluˈxix]	die Gebärdensprache
znamenitosti fpl [znaˈmɛnitɔsti]	die Sehenswür-
	digkeiten
znanost f [ˈznanɔst]	die Wissenschaft
znanstveno istraživanje n	
[ˈznanstvɛnɔ istraˈʒiːvaɲɛ]	die Forschung
znati [ˈznati]	kennen
znati [ˈznati]	wissen
znatiželjan, znatiželjna,	
znatiželjno [ˈznatiʒɛʎan]	neugierig
znatno [ˈznatnɔ]	ziemlich
zob f [zɔb]	der Hafer
zoološki vrt m [ˈzɔlɔʃki ʋrt]	der Zoo
zračna luka f [ˈzratʃna ˈluːka]	der Flughafen
zrak m [zraːk]	die Luft
zrakoplov m [ˈzrakɔplɔʋ]	das Flugzeug
zrakoplovna tvrtka f	
[ˈzrakɔplɔʋna ˈtʋrtka]	die Fluggesellschaft
zreo, zrela, zrelo [ˈzrɛɔ]	reif
zrno grozda n [ˈzrnɔ ˈgrɔʒda]	die Weintraube
zub m [zuːb]	der Zahn
zubar, zubarka m, f	der, die Zahnarzt,
[ˈzubar, ˈzubarka]	Zahnärztin
zubno meso n [ˈzubnɔ ˈmɛsɔ]	das Zahnfleisch
zubobolja f [ˈzubɔbɔʎa]	die Zahnschmerzen
zvati [ˈzvati]	nennen
zvati [ˈzvati]	rufen
zvati se [ˈzvati sɛ]	heißen

z

zvijezda f [zʋiˈjɛːzda] .... der Stern
zvoniti [ˈzʋɔniti] .... klingeln
zvono n [ˈzʋɔnɔ] .... die Klingel
zvučnik m [ˈzʋutʃnik] .... der Lautsprecher
zvuk m [zʋuk] .... das Geräusch

Ž ž

žaba f [ˈʒaba] .... der Frosch
žaba krastača f [ˈʒaba ˈkrastatʃa] .... die Kröte
žaliti [ˈʒaliti] .... bedauern
žaliti se [ˈʒaliti sɛ] .... sich beschweren
žarulja f [ˈʒaruʎa] .... die Glühbirne
žedan, žedna, žedno [ˈʒɛːdan] .... durstig
žeđ f [ʒɛːdʒ] .... der Durst
želja f [ˈʒɛʎa] .... der Wunsch
željeti [ˈʒɛʎɛti] .... mögen
željeti [ˈʒɛʎɛti] .... wünschen
želudac m [ˈʒɛludats] .... der Magen
žemlja f [ˈʒɛmʎa] .... das Brötchen
žena f [ˈʒɛna] .... die Frau
ženski, ženska, žensko [ˈʒɛnski] .... weiblich
žeti [ˈʒɛːti] .... ernten
žica f [ˈʒitsa] .... der Draht
žirafa f [ʒiˈraːfa] .... die Giraffe
žiroračun m [ˈʒirɔratʃun] .... das Girokonto
živac m [ˈʒiːʋats] .... der Nerv
živica f [ʒiˈʋiːtsa] .... die Hecke
živjeti [ˈʒiːʋjɛti] .... leben

ž

život m [ˈʒivɔt] .... das Leben
životinja f [ʒiˈvɔtiɲa] .... das Tier
životopis m [ʒiˈvɔtɔpis] .... der Lebenslauf
žlica f [ˈʒliːtsa] .... der Löffel
žmigavac m [ˈʒmigaʋats] .... das Blinklicht
žrtva f [ˈʒrtʋa] .... das Opfer
žumanjak m [ʒuˈmaːɲak] .... das Eigelb
žut, a, o [ʒuːt] .... gelb
žvakaća guma f
   [ˈʒʋakatɕa ˈguma] .... der/das Kaugummi

ž

DEUTSCH
KROATISCH

NJEMAČKO
HRVATSKI

A Aa

ab [ap]	od
der **Abend** –e ['a:bn̩t]	večer f
das **Abendessen** – ['a:bn̩tʔɛsn̩]	večera f
aber ['a:bɐ]	ali
der **Abfall** Abfälle ['apfal]	otpad m
der **Abfalleimer** – ['apfalʔaimɐ]	koš za otpad m
der **Abflug** Abflüge ['apflu:k]	polazak m
abholen ['apho:lən]	doći po
der **Abschied** –e ['apʃi:t]	oproštaj m
die **Abteilung** –en [ap'tailʊŋ]	odjel m
die **Abtreibung** –en ['aptraibʊŋ]	abortus m
acht [axt]	osam
Achtung! ['axtʊŋ]	pozor!
achtzehn ['axtse:n]	osamnaest
achtzig ['axtsɪç]	osamdeset
der **Adapter** – [a'daptɐ]	adapter m
die **Adresse** –n [a'drɛsə]	adresa f
Afrika ['a:frika]	Afrika f
die **Ahnung** –en ['a:nʊŋ]	slutnja f
das **Aids** *kein Pl* [e:ts]	sida f
der **Akku** –s ['aku]	baterija f
die **Akte** –n ['aktə]	dosje n
aktuell [ak'tʊɛl]	suvremen, a, o
der **Albtraum** –träume ['alptraum]	noćna mora f
der **Alkohol** *kein Pl* ['alkoho:l]	alkohol m
alkoholfrei [alko'ho:lfrai]	bez alkohola
alkoholisch [alko'ho:lɪʃ]	alkoholno
alle ['alə]	svi

A

allein [aˈlain]	sam, a, o
alleinstehend [aˈlainʃteːənt]	neoženjen, neudata m, f
die **Allergie** –n [alɛrˈɡiː]	alergija f
allergisch [aˈlɛrɡɪʃ]	alergičan, alergična, alergično
alles [ˈaləs]	sve
als [als]	kad
also [ˈalzo]	dakle
alt [alt]	star, a, o
das **Alter** – [ˈaltɐ]	dob
das **Alu** *kein Pl* [ˈaːlu]	aluminij m
die **Alufolie** –n [ˈaːlufoːljə]	aluminijska folija f
am [am]	na
die **Ampel** –n [ˈampl]	semafor m
an [an]	pri
die **Ananas** –/–se [ˈananas]	ananas m
anbieten [ˈanbiːtn]	ponuditi
andere(r, s) [ˈandərə]	druga, drugi, drugo
ändern [ˈɛndɐn]	promijeniti
anders [ˈandɐs]	drukčije
der **Anfang** Anfänge [ˈanfaŋ]	početak m
anfangen [ˈanfaŋən]	početi
anfassen [ˈanfasn]	dirati
der/die **Angestellte** –n [ˈanɡəʃtɛltə]	službenik m
die **Angst** Ängste [aŋ(k)st]	strah f
anhalten [ˈanhaltn]	zaustaviti
ankommen [ˈankɔmən]	stići
die **Ankunft** Ankünfte [ˈankʊnft]	dolazak m
die **Anmeldung** –en [ˈanmɛldʊŋ]	prijava f
anprobieren [ˈanprobiːrən]	probati

A

der **Anrufbeantworter** – [ˈanruːfbəʔantvɔrtɐ]	telefonska sekretarica f
anrufen [ˈanruːfn̩]	nazvati
anschalten [ˈanʃaltn̩]	upaliti
sich **anschnallen** [ˈanʃnalən]	zavezati se
die **Antwort** –en [ˈantvɔrt]	odgovor m
antworten [ˈantvɔrtn̩]	odgovoriti
die **Anzeige** –n [ˈantsaigə]	oglas m
sich **anziehen** [ˈantsiːən]	obući se
der **Anzug** Anzüge [ˈantsuːk]	odjelo n
der **Apfel** Äpfel [ˈapfl̩]	jabuka f
der **Apfelsaft** –säfte [ˈapfl̩zaft]	sok od jabuke m
die **Apotheke** –n [apoˈteːkə]	ljekarna f
die **App** –s [ɛp]	aplikacija f
die **Aprikose** –n [apriˈkoːzə]	marelica f
der **April** –e [aˈprɪl]	travanj m
die **Arbeit** –en [ˈarbait]	rad m
arbeiten [ˈarbaitn̩]	raditi
der, die **Arbeitgeber, Arbeitgeberin** –, –nen [ˈarbaitgeːbɐ, ˈarbaitgeːbərɪn]	poslodavac, poslodavka m, f
arbeitslos [ˈarbaitsloːs]	nezaposlen, a, o
der **Ärger** kein Pl [ˈɛrgɐ]	ljutnja f
sich **ärgern** [ˈɛrgɐn]	ljutiti se
arm [arm]	siromašan, siromašna, siromašno
der **Arm** –e [arm]	ruka f
die **Armbanduhr** –en [ˈarmbantʔuːɐ̯]	ručni sat m
der **Ärmel** – [ˈɛrml̩]	rukav m
arrogant [aroˈgant]	arogantan, arogantna, arogantno

die **Art** –en [aːɐ̯t]	način m
der **Artikel** - [arˈtiːkl̩]	članak m
der, die **Arzt, Ärztin** Ärzte, –nen [aːɐ̯tst, ˈɛːɐ̯tstɪn]	liječnik, liječnica m, f
der **Aschenbecher** - [ˈaʃn̩bɛçɐ]	pepeljara f
Asien [ˈaːzjən]	Azija f
der **Ast** Äste [ast]	grana f
das **Asthma** *kein Pl* [ˈastma]	astma f
das **Asyl** –e [aˈzyːl]	azil m
die **Atemnot** *kein Pl* [ˈaːtəmnoːt]	ponestajanje daha n
atmen [ˈaːtmən]	disati
attraktiv [atrakˈtiːf]	privlačan, privlačna, privlačno
die **Aubergine** –n [obɛrˈʒiːnə]	patlidžan m
auch [aux]	također
auf [auf̩]	na
auf Wiedersehen! [auf ˈviːdɐzeːən]	doviđenja
der **Aufenthalt** –e [ˈaufʔɛnthalt]	boravak m
aufgeregt [ˈaufɡəreːkt]	uzbuđen, a, o
aufhören [ˈaufhøːrən]	prestati
aufpassen [ˈaufpasn̩]	paziti
aufräumen [ˈaufʁɔymən]	pospremati
aufschreiben [ˈaufʃraibn̩]	napisati
aufstehen [ˈaufʃteːən]	ustati
aufwachen [ˈaufvaxn̩]	probuditi se
der **Aufzug** Aufzüge [ˈauftsuːk]	dizalo n
das **Auge** –n [ˈaugə]	oko n
die **Augenbraue** –n [ˈaugn̩brauə]	obrva f
der **August** –e [auˈgʊst]	kolovoz m
aus [aus]	iz
die **Ausbildung** –en [ˈausbɪldʊŋ]	obrazovanje n

die **Ausfahrt** –en [ˈausfaːɐ̯t] .... izlaz m

der **Ausflug** Ausflüge [ˈausfluːk] .... izlet m

der **Ausgang** Ausgänge [ˈausgaŋ] ... izlaz m

ausgeben [ˈausgeːbn̩] .... trošiti

die **Auskunft** Auskünfte [ˈauskʊnft] ... obavijest f

das **Ausland** kein Pl [ˈauslant] .... inozemstvo n

der, die **Ausländer, Ausländerin** .... stranac, strankinja

–, –nen [ˈauslɛndɐ, ˈauslɛndərɪn] m, f

ausleihen [ˈauslaiən] .... posuditi

der **Auspuff** –e [ˈauspʊf] .... ispušnik m

sich **ausruhen** [ˈausruːən] .... odmarati

ausschalten [ˈausʃaltn̩] .... ugasiti

außen [ˈausn̩] .... vani

außer [ˈausɐ] .... osim

außerhalb [ˈausɐhalp] .... izvan

äußerst [ˈɔysɛst] .... krajnje

die **Aussicht** –en [ˈauszɪçt] .... pogled m

aussteigen [ˈausʃtaign̩] .... izaći

der **Ausweis** –e [ˈausvais] .... iskaznica f

sich **ausziehen** [ˈaustsiːən] .... skinuti se

der/die **Auszubildende** –n .... naučnik,

[ˈaustsubɪldn̩də] naučnica m, f

das **Auto** –s [ˈauto] .... auto m

die **Autobahn** –en [ˈautobaːn] .... autocesta f

Bb

das **Baby** –s [ˈbeːbi] .... beba f

das **Babyfläschchen** – ....

[ˈbeːbiflɛʃçən] bočica za bebe f

B

der **Bach** Bäche [bax]	potok m
backen ['bakn̩]	peći
die **Bäckerei** –en [bɛkə'rai]	pekarnica f
der **Backofen** –öfen ['bak?o:fn̩]	pećnica f
das **Bad** Bäder [ba:t]	kupka f
der **Badeanzug** –anzüge ['ba:də?antsu:k]	kupaći kostim m
die **Badehose** –n ['ba:dəho:zə]	kupaće gaće m
der **Bademantel** –mäntel ['ba:dəmantl̩]	kupaći ogrtač m
baden ['ba:dn̩]	kupati se
die **Badewanne** –n ['ba:dəvanə]	kada f
das **Badezimmer** – ['ba:dətsɪmɐ]	kupaonica f
das **Badminton** *kein Pl* ['bɛtmɪntn̩]	badminton m
der **Bagger** – ['bagɐ]	bager m
die **Bahn** –en [ba:n]	vlak m
der **Bahnhof** –höfe ['ba:nho:f]	kolodvor m
der **Bahnsteig** –e ['ba:nʃtaik]	peron m
bald [balt]	uskoro
der **Balkon** –s/–e [bal'kɔn]	balkon m
der **Ball** Bälle [bal]	lopta f
die **Banane** –n [ba'na:nə]	banana f
die **Band** –s [bɛnt]	bend m
die **Bandage** –n [ban'da:ʒə]	bandaža f
die **Bank** Bänke [baŋk]	klupa f
die **Bank** Banken [baŋk]	banka f
die **Bankleitzahl** –en ['baŋklaittsa:l]	vodeći broj banke m
die **Bar** –s [ba:ɐ]	bar m
der **Bär** –en [bɛ:ɐ]	medvjed m
das **Bargeld** *kein Pl* ['ba:ɐgɛlt]	gotovina f
der **Bart** Bärte [ba:ɐt]	brada f

B

das **Basilikum** *kein Pl* [baˈziːlikʊm]	bosiljak m
basteln [ˈbastln]	izraditi
die **Batterie** -n [batəˈriː]	baterija f
der **Bauch** Bäuche [baʊx]	trbuh m
bauen [ˈbaʊən]	graditi
der **Bauernhof** –höfe [ˈbaʊɐnhoːf]	seosko imanje n
der **Baum** Bäume [baʊm]	drvo n
der **Baumarkt** –märkte [ˈbaʊmarkt]	građevinska trgovina f
die **Baumwolle** *kein Pl* [ˈbaʊmvɔlə]	pamuk m
die **Baustelle** -n [ˈbaʊʃtɛlə]	gradilište n
der **Beamer** - [ˈbiːmɐ]	projektor m
beantworten [bəˈʔantvɔrtn]	odgovoriti
der **Becher** - [ˈbɛçɐ]	čaša f
sich **bedanken** [bəˈdaŋkn]	zahvaliti se
bedauern [bəˈdaʊɐn]	žaliti
bedeckt [bəˈdɛkt]	pokriven, a, o
bedeuten [bəˈdɔytn]	značiti
bedienen [bəˈdiːnən]	poslužiti
die **Bedingung** -en [bəˈdɪŋʊŋ]	uvjet m
sich **beeilen** [bəˈʔaɪlən]	požuriti se
beenden [bəˈʔɛndn]	završiti
die **Beerdigung** -en [bəˈʔeːɐ̯dɪgʊŋ]	sprovod m
die **Beere** -n [ˈbeːrə]	boba f
beginnen [bəˈgɪnən]	početi
begrüßen [bəˈgryːsn]	pozdraviti
behalten [bəˈhaltn]	zadržati
der **Behälter** - [bəˈhɛltɐ]	posuda f
die **Behandlung** -en [bəˈhandlʊŋ]	tretman m
behindert [bəˈhɪndɐt]	invalidan, ivalidna, invalidno

B

die **Behinderung** –en [bəˈhɪndərʊŋ]	invaliditet m
bei [bai]	pri
bei [bai]	kod
beide [ˈbaidə]	oboje
das **Bein** –e [bain]	noga f
beißen [ˈbaisn]	gristi
der/die **Bekannte** –n [bəˈkantə]	poznanik, poznanica m, f
bekommen [bəˈkɔmən]	dobiti
belästigen [bəˈlɛstɪgn]	napadati
benutzen [bəˈnʊtsn]	upotrijebiti
das **Benzin** kein Pl [bɛnˈtsiːn]	gorivo
der **Benzintank** –s [bɛnˈtsiːntaŋk]	spremnik za gorivo m
beobachten [bəˈʔoːbaxtn]	promatrati
bequem [bəˈkveːm]	udoban, udobna, udobno
bereit [bəˈrait]	spreman, spremna, spremno
bereits [bəˈraits]	već
der **Berg** –e [bɛrk]	brijeg m
der **Bericht** –e [bəˈrɪçt]	izvještaj m
der **Beruf** –e [bəˈruːf]	zanimanje n
sich **beruhigen** [bəˈruːɪgn]	umiriti se
berühren [bəˈryːrən]	dodirnuti
beschäftigt [bəˈʃɛftɪçt]	zauzet, a, o
der **Bescheid** –e [bəˈʃait]	rješenje n
beschreiben [bəˈʃraibn]	opisati
sich **beschweren** [bəˈʃveːrən]	žaliti se
der **Besen** – [ˈbeːzn]	metla f
besetzt [bəˈzɛtst]	zauzeto
besitzen [bəˈzɪtsn]	posjedovati

besondere(r, s) [bəˈzɔndərə] .... posebna, poseban, posebno

besonders [bəˈzɔndɐs] .... naročito
die **Besprechung** –en [bəˈʃprɛçʊŋ] ...... sastanak m
besser [ˈbɛsɐ] .... bolje
beste(r, s) [ˈbɛstə] .... najbolja, najbolji, najbolje

das **Besteck** –e [bəˈʃtɛk] .... pribor za jelo m
bestellen [bəˈʃtɛlən] .... naručiti
die **Bestellung** –en [bəˈʃtɛlʊŋ] .... narudžba f
bestimmt [bəˈʃtɪmt] .... sigurno
bestrafen [bəˈʃtraːfn̩] .... kazniti
bestürzt [bəˈʃtʏrtst] .... zapanjen, a, o
der **Besuch** –e [bəˈzuːx] .... posjet m
besuchen [bəˈzuːxn̩] .... posjetiti
der, die **Besucher, Besucherin** –, ... posjetitelj,
–nen [bəˈzuːxɐ, bəˈzuːxərɪn] posjetiteljica m, f
die **Betäubung** –en [bəˈtɔybʊŋ] ...... anestezija f
beten [ˈbeːtn̩] .... moliti
der **Betrag** Beträge [bəˈtraːk] ...... iznos m
betrunken [bəˈtrʊŋkn̩] .... pijan, a, o
das **Bett** –en [bɛt] .... krevet m
die **Bettdecke** –n [ˈbɛtdɛkə] .... pokrivač m
die **Bettwäsche** –n [ˈbɛtvɛʃə] ...... posteljina f
beurteilen [bəˈʔʊrtailən] .... ocijeniti
bevor [bəˈfoːɐ̯] .... prije
sich **bewegen** [bəˈveːɡn̩] .... kretati se
der **Beweis** –e [bəˈvais] .... dokaz m
sich **bewerben** [bəˈvɛrbn̩] .... natjecati se
die **Bewerbung** –en [bəˈvɛrbʊŋ] ...... molba za posao f
das **Bewerbungsgespräch** –e ......
[bəˈvɛrbʊŋsɡəʃprɛːç] razgovor za posao m

bewusstlos [bəˈvʊstloːs] — bez svijesti

bezahlen [bəˈtsaːlən] — platiti

die **Beziehung** –en [bəˈtsiːʊŋ] — odnos m

der **BH** –/–s [beːˈhaː] — grudnjak m

die **Bibliothek** –en [biblioˈteːk] — knjižnica f

die **Biene** –n [ˈbiːnə] — pčela f

das **Bier** –e [ˈbiːɐ] — pivo n

bieten [ˈbiːtn̩] — nuditi

das **Bild** –er [bɪlt] — slika f

der **Bildschirm** –e [ˈbɪltʃɪrm] — ekran m

die **Bildung** *kein Pl* [ˈbɪldʊŋ] — obrazovanje n

billig [ˈbɪlɪç] — jeftin, a, o

bin [bɪn] — sam

die **Birne** –n [ˈbɪrnə] — kruška f

bis [bɪs] — do

bisschen [ˈbɪsçən] — malo

bist [bɪst] — si

bitte [ˈbɪtə] — molim

bitten um [ˈbɪtən ʊm] — moliti za što

die **Blase** –n [ˈblaːzə] — mjehur m

blass [blas] — blijed, a, o

das **Blatt** Blätter [blat] — list m

blau [blau] — plav, a, o

bleiben [ˈblaibn̩] — ostati

bleifrei [ˈblaifrai] — bezolovno gorivo m

der **Bleistift** –e [ˈblaiʃtɪft] — olovka f

blind [blɪnt] — slijep, a, o

der **Blinddarm** –därme [ˈblɪntdarm] — slijepo crijevo n

der **Blindenhund** –e [ˈblɪndn̩hʊnt] — pas vodič za slijepce m

der **Blindenstock** –stöcke [ˈblɪmdn̩ʃtɔk] — sljepački štap m

B

B

das **Blinklicht** -er [ˈblɪŋklɪçt]	žmigavac m
der **Blitz** -e [blɪts]	munja f
blöd [bløːt]	glup, a, o
blühen [ˈblyːən]	cvasti
die **Blume** -n [ˈbluːmə]	cvijet m
der **Blumenkohl** *kein Pl* [ˈbluːmənkoːl]	cvjetača f
die **Bluse** -n [ˈbluːzə]	bluza f
das **Blut** *kein Pl* [bluːt]	krv f
der **Blutdruck** -e/-drücke [ˈbluːtdrʊk]	krvni tlak m
die **Blüte** -n [ˈblyːtə]	cvat m
bluten [ˈbluːtn̩]	krvariti
die **Blutung** -en [ˈbluːtʊŋ]	krvarenje n
der **Boden** Böden [ˈboːdn̩]	pod m
die **Bohne** -n [ˈboːnə]	grah m
bohren [ˈboːrən]	bušiti
die **Bombe** -n [ˈbɔmbə]	bomba f
das/der **Bonbon** -s [bɔŋˈbɔŋ]	bonbon m
die **Bordkarte** -n [ˈbɔrtkartə]	karta za ukrcaj f
die **Börse** -n [ˈbœrzə]	burza f
böse [ˈbøːzə]	ljutit, a, o
die **Botschaft** -en [ˈboːtʃaft]	veleposlanstvo n
der **Brand** Brände [ˈbrant]	požar m
die **Brandwunde** -n [ˈbrantvʊndə]	opeklina f
braten [ˈbraːtn̩]	pržiti
die **Bratpfanne** -n [ˈbraːtpfanə]	tava f
brauchen [ˈbrauxn̩]	trebati
braun [braun]	smeđ, a, e
die **Braut** Bräute [braut]	mladenka f
der **Bräutigam** -e [ˈbrɔytɪgam]	mladoženja m

B

brechen ['brɛçn̩]	lomiti
der **Brei** –e [brai]	kaša f
breit [brait]	širok, a, o
die **Bremse** -n ['brɛmzə]	kočnica f
bremsen ['brɛmzn̩]	kočiti
das **Bremspedal** -e ['brɛmspedaːl]	pedala za kočnicu f
brennen ['brɛnən]	goriti
die **Brezel** -n ['breːtsl]	perec m
der **Brief** -e [briːf]	pismo n
der **Briefkasten** -kästen ['briːfkastn̩]	poštanski sandučić m
die **Briefmarke** -n ['briːfmarkə]	poštanska markica f
die **Brieftasche** -n ['briːftaʃə]	lisnica f
die **Brille** -n ['brɪlə]	naočale fpl
bringen ['brɪŋən]	donijeti
der **Brokkoli** -/-s ['brɔkoli]	brokula f
die **Brombeere** -n ['brɔmbeːrə]	kupina f
die **Bronchitis** Bronchitiden [brɔnˈçiːtɪs]	bronhitis m
das **Brot** -e [broːt]	kruh m
das **Brötchen** - ['brøːtçən]	žemlja f
die **Brücke** -n ['brʏkə]	most m
der **Bruder** Brüder ['bruːdə]	brat m
der **Brunnen** - ['brʊnən]	bunar m
die **Brust** Brüste [brʊst]	grudi fpl
das **Buch** Bücher [buːx]	knjiga f
buchen ['buːxn̩]	rezervirati
das **Bücherregal** -e ['byːçɐregaːl]	polica za knjige f
die **Buchhandlung** -en ['buːxhandlʊŋ]	knjižara f
der **Buchstabe** -n ['buːxʃtaːbə]	slovo n

B

buchstabieren [buːxʃtaˈbiːrən] .... slovkati
die **Bucht** –en [bʊxt] .... zaljev m
das **Bügelbrett** –bretter
  [ˈbyːglbrɛt] .... daska za glačanje f
das **Bügeleisen** - [ˈbyːgl?aizn̩] .... glačalo n
bügeln [ˈbyːgln̩] .... glačati
die **Bühne** –n [ˈbyːnə] .... pozornica f
bunt [bʊnt] .... šaren, a, o
die **Burg** –en [bʊrk] .... kula f
der **Bürgersteig** –e [ˈbʏrgɐʃtaik] .... pločnik m
das **Büro** –s [byˈroː] .... ured m
die **Büroklammer** –n [byˈroːklamɐ] .... spajalica f
die **Bürste** –n [ˈbʏrstə] .... četka f
der **Bus** -se [bʊs] .... autobus m
der **Busbahnhof** –höfe
  [ˈbʊsbaːnhoːf] .... autobusni kolodvor m
die **Bushaltestelle** –n
  [ˈbʊshaltəʃtɛlə] .... autobusna postaja f
die **Butter** *kein Pl* [ˈbʊtɐ] .... maslac m

Cc

das **Café** –s [kaˈfeː] .... kafić f
der **Campingplatz** –plätze
  [ˈkɛmpɪŋplats] .... kamp m
der **Cappuccino** –s [kapʊˈtʃiːno] .... kapučino m
der **CD-Spieler** - [tseːˈdeːʃpiːlɐ] .... CD player m
der **Champignon** –s [ˈʃampɪnjɔŋ] .... šampinjon m
die **Chance** –n [ˈʃãːsə] .... prilika f
der **Check-in-Automat** -en
  [ˈtʃɛk?ɪn?automaːt] .... Check-in-automat m

der **Check-in-Schalter** –
['tʃɛkʔınʃaltɐ] .... Check-in šalter m

der, die **Chef, Chefin** –s,
-nen [ʃɛf, 'ʃɛfɪn] .... šef, šefica m, f

die **Chips** *Pl* [tʃɪps] .... čips m

das **Cholesterin** *kein Pl*
[koleste'ri:n] .... kolesterol m

das **Cockpit** –s ['kɔkpɪt] .... kokpit m

der **Cocktail** –s ['kɔkteːl] .... koktel m

die/das **Cola** –s ['ko:la] .... kola f

der **Computer** – [kɔm'pju:tɐ] .... računalo n

die **Cornflakes** *Pl* ['kɔːɐ̯nfleːks] .... kornfleks m

der/das **Couscous** – ['kʊskʊs] .... kuskus m

der, die **Cousin, Cousine** –s, –n
[ku'zɛ̃ː, ku'zi:nə] .... bratić, sestrična m, f

das **Croissant** –s [krʊa'sãː] .... kroasan m

Dd

da [da:] .... tu

dabei [da'bai] .... pritom

das **Dach** Dächer [dax] .... krov m

der **Dachboden** –böden ['daxbo:dn̩] .... tavan m

dadurch [da'dʊrç] .... zbog toga

die **Dame** –n ['da:mə] .... dama f

damit [da'mɪt] .... s tim

der **Dampf** Dämpfe [dampf] .... para f

der **Dank** *kein Pl* [daŋk] .... zahvalnost f

dann [dan] .... zatim

darf ich ...? [darf ɪç]	smijem li ...?
das **Darlehen** – [ˈdaːɐ̯leːən]	zajam m
der **Darm** Därme [darm]	crijeva npl
das [das]	to
dass [das]	da
die **Datei** –en [daˈtai]	datoteka f
die **Daten** Pl [ˈdaːtn̩]	podaci mpl
die **Dattel** –n [ˈdatl̩]	datulja f
das **Datum** Daten [ˈdaːtʊm]	datum m
dauern [ˈdauɐn]	trajati
der **Daumen** – [ˈdaumən]	palac m
davon [daˈfɔn]	od toga
davor [daˈfoːɐ̯]	prije toga
dazu [daˈtsuː]	uz to
die **Decke** –n [ˈdɛkə]	pokrivač m
der **Deckel** – [ˈdɛkl̩]	poklopac m
dein(e) [ˈdain(ə)]	tvoj, a
deine(r, s) [ˈdainə]	tvoja, tvojoj, tvojeg
der **Delfin** –e [dɛlˈfiːn]	dupin m
die **Demenz** –en [deˈmɛnts]	demencija f
denken [ˈdɛŋkn̩]	misliti
das **Denkmal** –mäler [ˈdɛŋkmaːl]	spomenik m
denn [dɛn]	jer
das **Deodorant** –s/–e [deodoˈrant]	dezodorans m
die **Depression** –en [deprɛˈsjoːn]	depresija f
der [deːɐ̯]	muški član, Nominativ jednina
deshalb [ˈdɛshalp]	zato
das **Desinfektionsmittel** – [dɛsʔɪnfɛkˈtsjoːnsmɪtl̩]	sredstvo za dezinfekciju n
das **Dessert** –s [dɛˈseːɐ̯]	desert m

deswegen [dɛsˈveːɡn̩]	zato
deutlich [ˈdɔytlɪç]	izrazito
der **Dezember** - [deˈtsɛmbɐ]	prosinac m
der **Diabetes** *kein Pl* [diaˈbeːtɛs]	dijabetes m
die **Diagnose** –n [diaˈɡnoːzə]	dijagnoza f
der **Diamant** –en [diaˈmant]	dijamant m
die **Diät** –en [diˈɛːt]	dijeta f
dich [dɪç]	tebe
dick [dɪk]	debeo, debela, debelo
dickköpfig [ˈdɪkkœpfɪç]	tvrdoglav, a, o
die [diː]	ženski član, Nominativ jednina
der **Diebstahl** –stähle [ˈdiːpʃtaːl]	krađa f
die **Diele** –n [ˈdiːlə]	predvorje n
der **Dienstag** –e [ˈdiːnstaːk]	utorak m
diese(r, s) [ˈdiːzə]	ta, taj, to
der **Diesel** *kein Pl* [ˈdiːzl̩]	dizel n
digital [diɡiˈtaːl]	digitalan, digitalna, digitalno
die **Digitalkamera** –s [diɡiˈtaːlkaməra]	digitalna kamera f
der **Dinkel** *kein Pl* [ˈdɪŋkl̩]	krupnik m
dir [diːɐ̯]	tebi
der **Dollar** –s [ˈdɔlar]	dolar m
der **Dom** –e [doːm]	katedrala f
der **Döner** - [ˈdøːnɐ]	kebap m
der **Donner** - [ˈdɔnɐ]	grmljavina f
der **Donnerstag** –e [ˈdɔnɐstaːk]	četvrtak m
doof [doːf]	glup, a, o
das **Doppelbett** –en [ˈdɔpl̩bɛt]	bračni krevet m

D

doppelt ['dɔplt] .... dvostruko

das **Doppelzimmer** – ['dɔpltsɪmɐ] .... dvokrevetna soba f

das **Dorf** Dörfer [dɔrf] .... selo n

der **Dorn** –en [dɔrn] .... trn m

dort [dɔrt] .... tamo

die **Dose** –n ['do:zə] .... limenka f

der **Dosenöffner** – ['do:zn̩ʔœfnɐ] ...... otvarač za limenke m

der **Download** –s ['daunlo:t] .... preuzimanje n

der **Draht** Drähte [dra:t] .... žica f

draußen ['drausn̩] .... vani

drei [drai] .... tri

dreimal ['draima:l] .... tri puta

dreißig ['draisɪç] .... trideset

dreizehn ['draitse:n] .... trinaest

dringend ['drɪŋənt] .... hitno

drinnen ['drɪnən] .... unutra

dritte(r, s) ['drɪtə] .... treća, treći, treće

das/der **Drittel** – ['drɪtl̩] .... trećina f

die **Drogerie** –n [drogə'ri:] .... drogerija f

drucken ['drʊkn̩] .... tiskati

drücken ['drʏkn̩] .... pritiskati

du [du:] .... ti

dumm [dʊm] .... glup, a, o

dunkel ['dʊŋkl̩] .... taman, tamna, tamno

dünn [dʏn] .... mršav, a, o

durch [dʊrç] .... kroz

der **Durchfall** Durchfälle ['dʊrçfal] .... proljev m

dürfen ['dʏrfn̩] .... smjeti

der **Durst** kein Pl [dʊrst] .... žeđ f

durstig ['dʊrstɪç] .... žedan, žedna, žedno

die **Dusche** –n ['du:ʃə] .... tuš m

sich **duschen** ['duːʃn̩]	tuširati se
das **Duschgel** -e/-s ['duːʃgeːl]	gel za tuširanje m
die **DVD** -s [deːfauˈdeː]	DVD m

Ee

E

eben ['eːbn̩]	plosnat, a, o
echt [ɛçt]	stvarno
die **EC-Karte** -n [eːˈtseːkartə]	bankovna kartica f
die **Ecke** -n ['ɛkə]	ugao m
die **Ehefrau** -en ['eːəfrau]	supruga f
der **Ehemann** -männer ['eːəman]	suprug m
das **Ehepaar** -e ['eːəpaːɐ̯]	supružnici mpl
das **Ei** -er [ai]	jaje n
die **Eiche** -n ['aiçə]	hrast m
das **Eichhörnchen** - ['aiçhœrnçən]	vjeverica f
die **Eidechse** -n ['aidɛksə]	gušter m
eifersüchtig ['aifɐzʏçtiç]	ljubomoran, ljubo-morna, ljubomorno
das **Eigelb** -e/- ['aigɛlp]	žumanjak m
eigentlich ['aign̩tliç]	zapravo
das **Eigentum** *kein Pl* ['aign̩tuːm]	vlasništvo n
eilig ['ailiç]	hitan, hitna, hitno
der **Eimer** - ['aimɐ]	kanta f
ein(e) ['ain(ə)]	jedan, jedna, jedno
der **Ein-/Aus-Schalter** - ['ainˈʔausʃaltɐ]	prekidač za uključivanje/isključivanje m
die **Einbahnstraße** -n ['ainbaːnʃtraːsə]	jednosmjerna ulica f

E

der **Einbruch** Einbrüche [ˈainbrʊx]	provala f
einchecken [ˈaintʃɛkn̩]	čekirati
einfach [ˈainfax]	jednostavno
die **Einfahrt** -en [ˈainfaːɐ̯t]	ulaz m
der **Eingang** Eingänge [ˈaingaŋ]	ulaz m
einige(r, s) [ˈainɪgə]	nekoliko
der **Einkauf** Einkäufe [ˈainkauf]	kupnja f
einkaufen [ˈainkaufn̩]	kupovati
der **Einkaufswagen** -	
[ˈainkaufsvaːgn̩]	kolica za kupovinu n
das **Einkaufszentrum** –zentren	
[ˈainkaufstsɛntrɔm]	trgovački centar m
einladen [ˈainlaːdn̩]	pozvati
die **Einladung** -en [ˈainlaːdʊŋ]	pozivnica f
einmal [ˈainmaːl]	jednom
eins [ains]	jedan
einschalten [ˈainʃaltn̩]	upaliti
einschlafen [ˈainʃlaːfn̩]	zaspati
einsteigen [ˈainʃtaign̩]	ući
der **Eintopf** Eintöpfe [ˈaintɔpf]	složenac m
das **Einzelbett** -en [ˈaintsl̩bɛt]	pojedinačni ležaj m
das **Einzelzimmer** - [ˈaintsl̩tsimɐ]	jednokrevetna soba f
das **Eis** kein Pl [ais]	sladoled m
der **Eisbär** -en [ˈaisbɛːɐ̯]	polarni medvjed m
die **Eiscreme** -s/-n [ˈaiskreːm]	sladoled m
das **Eishockey** kein Pl [ˈaishɔki]	hokej na ledu m
der **Eistee** -s [ˈaisteː]	ledeni čaj m
das **Eiweiß** -e/- [ˈaivais]	bjelanjak m
das **Ekzem** -e [ɛkˈtseːm]	ekcem m
der **Elefant** -en [eleˈfant]	slon m

elektrisch [e'lɛktrɪʃ]	električan, električ-na, električno
elf [ɛlf]	jedanaest
der **Ellbogen** – ['ɛlboːgn̩]	lakat m
die **Eltern** *Pl* ['ɛltɐn]	roditelji mpl
die **Elternzeit** –en ['ɛltɐntsait]	porodiljni dopust m
die/das **E-Mail** –s ['iːmeːl]	mail m
die **E-Mail-Adresse** –n ['iːmeːlʔadresə]	email-adresa f
der/das **Embryo** –s/Embryonen ['ɛmbryo]	embrion m
empfehlen [ɛm'pfeːlən]	preporučiti
empfindlich [ɛm'pfɪntlɪç]	osjetljiv, a, o
das **Ende** –n ['ɛndə]	kraj m
enden ['ɛndn̩]	završiti
endlich ['ɛntlɪç]	konačno
die **Energie** –n [enɛr'giː]	energija f
eng [ɛŋ]	uzak, uska, usko
der, die **Enkel, Enkelin** –, –nen ['ɛŋkl̩, 'ɛŋkəlɪn]	unuk, unuka m, f
die **Ente** –n ['ɛntə]	patka f
entfernen [ɛnt'fɛrnən]	udaljiti
entlassen werden [ɛnt'lasn̩ veːɐ̯dn̩]	dobiti otkaz
sich **entschuldigen** [ɛnt'ʃʊldɪgn̩]	ispričati se
die **Entschuldigung** –en [ɛnt'ʃʊldɪgʊŋ]	isprika f
sich **entspannen** [ɛnt'ʃpanən]	opustiti se
die **Entspannung** –en [ɛnt'ʃpanʊŋ]	opuštanje n
die **Entzündung** –en [ɛnt'tsʏndʊŋ]	upala f
die **Epilepsie** –n [epilɛ'psiː]	epilepsija f
er [eːɐ̯]	on

E

das **Erdbeben** – [ˈeːɐtbeːbn̩]	potres m
die **Erdbeere** –n [ˈeːɐtbeːrə]	jagoda f
die **Erde** –n [ˈeːɐdə]	zemlja f
das **Erdgeschoss** –geschosse [ˈeːɐtɡəʃɔs]	prizemlje n
die **Erdkunde** *kein Pl* [ˈeːɐtkʊndə]	zemljopis m
die **Erdnuss** –nüsse [ˈeːɐtnʊs]	kikiriki m
der **Erdrutsch** –e [ˈeːɐtrʊtʃ]	klizište n
die **Erdung** –en [ˈeːɐdʊŋ]	uzemljenje n
das **Ereignis** –se [ɛɐ̯ˈʔaignɪs]	događaj m
erfahren [ɛɐ̯ˈfaːrən]	saznati
der **Erfolg** –e [ɛɐ̯ˈfɔlk]	uspjeh m
erfolgreich [ɛɐ̯ˈfɔlkraiç]	uspješan, uspješna, uspješno
das **Ergebnis** –se [ɛɐ̯ˈgeːpnɪs]	rezultat m
erhalten [ɛɐ̯ˈhaltn̩]	dobiti
sich **erholen** [ɛɐ̯ˈhoːlən]	odmoriti se
sich **erinnern** [ɛɐ̯ˈʔɪnɐn]	sjećati se
die **Erkältung** –en [ɛɐ̯ˈkɛltʊŋ]	prehlada f
erkennen [ɛɐ̯ˈkɛnən]	prepoznati
erklären [ɛɐ̯ˈklɛːrən]	objasniti
erlauben [ɛɐ̯ˈlaubn̩]	dozvoliti
die **Ermäßigung** –en [ɛɐ̯ˈmɛːsɪɡʊŋ]	popust m
ernst [ɛrnst]	ozbiljan, ozbiljna, ozbiljno
ernten [ˈɛrntn̩]	žeti
der **Ersatz** *kein Pl* [ɛɐ̯ˈzats]	nadomjestak m
sich **erschrecken** [ɛɐ̯ˈʃrɛkn̩]	uplašiti se
erst [eːɐst]	najprije
die **erste Hilfe** *kein Pl* [eːɐstə ˈhɪlfə]	prva pomoć f
erste(r, s) [ˈeːɐstə]	prva, i, o

E

ertrinken [ɛɐ̯ˈtrɪŋkn̩] .... utopiti se

der/die Erwachsene –n

  [ɛɐ̯ˈvaksənə] .... odrasli, odrasla m, f

erwarten [ɛɐ̯ˈvartn̩] .... očekivati

erzählen [ɛɐ̯ˈtsɛːlən] .... pričati

es [ɛs] .... ono

der Esel – [ˈeːzl̩] .... magarac m

der Espresso –s/Espressi [ɛsˈprɛso] ... espreso m

essen [ˈɛsn̩] .... jesti

das Essen _kein Pl_ [ˈɛsn̩] .... jelo n

der Essig _kein Pl_ [ˈɛsɪç] .... ocat m

der Esstisch –e [ˈɛstɪʃ] .... kuhinjski stol m

das Esszimmer – [ˈɛstsɪmɐ] .... blagovaonica f

die Etage –n [eˈtaːʒə] .... kat m

das Etagenbett –en [eˈtaːʒənbɛt] ..... krevet na kat m

etliche(r, s) [ˈɛtlɪçə] .... nekoliko

etwas [ˈɛtvas] .... nešto

die EU [eːˈʔuː] .... EU f

euch [ɔyç] .... vas

euer(e) [ˈɔyɐ(ə)] .... vaš, a, e

euere(r, s) [ˈɔyərə] .... vaši, vaš, vašeg

die Eule –n [ˈɔylə] .... sova f

der Euro –[s] [ˈɔyro] .... euro m

das Europa [ɔyˈroːpa] .... Europa f

die Europäische Union

  [ɔyroˈpɛːɪʃə uˈnjoːn] .... europska unija f

ewig [ˈeːvɪç] .... vječno

die Explosion –en [ɛksploˈzjoːn] ..... eksplozija f

Ff

die **Fabrik** -en [fa'bri:k]	tvornica f
der **Faden** Fäden ['fa:dn̩]	konac m
fähig ['fɛːɪç]	sposoban, sposobna, sposobno
die **Fahne** -n ['fa:nə]	zastava f
die **Fähre** -n ['fɛːrə]	trajekt m
fahren ['fa:rən]	voziti
fahren ['fa:rən]	voziti
die **Fahrkarte** -n ['fa:ɐ̯kartə]	vozna karta f
der **Fahrkartenautomat** -en ['fa:ɐ̯kartn̩ʔautoma:t]	automat za karte m
der **Fahrplan** –pläne ['fa:ɐ̯pla:n]	red vožnje m
der **Fahrpreis** -e ['fa:ɐ̯prais]	cijena vožnje f
das **Fahrrad** –räder ['fa:ɐ̯ra:t]	bicikl m
der **Fahrradhelm** -e ['fa:ɐ̯ra:thɛlm]	kaciga za bicikl f
der **Fahrradweg** -e ['fa:ɐ̯ra:tve:k]	biciklistička staza f
die **Fahrspur** -en ['fa:ɐ̯ʃpu:ɐ̯]	vozni trak m
der **Fahrstuhl** –stühle ['fa:ɐ̯ʃtu:l]	dizalo n
die **Fahrt** -en [fa:ɐ̯t]	vožnja f
das **Fahrzeug** -e ['fa:ɐ̯tsɔyk]	vozilo n
der **Fall** Fälle [fal]	slučaj m
fallen ['falən]	pasti
fallen lassen ['falən lasn̩]	odustati
falls [fals]	ako
falsch [falʃ]	krivo
die **Familie** -n [fa'mi:liə]	obitelj f
fangen ['faŋən]	uloviti
die **Farbe** -n ['farbə]	boja f

fast [fast] — skoro

das **Fastfood** *kein Pl* [ˈfaːstfuːt] — brza hrana f

faul [faul] — lijen, a, o

das **Faxgerät** –e [ˈfaksɡərɛːt] — faks m

der **Februar** –e [ˈfeːbruaːɐ̯] — veljača f

die **Feder** –n [ˈfeːdə] — pero n

der **Federball** –bälle [ˈfeːdɐbal] — badminton m

das **Federmäppchen** –
   [ˈfeːdɐmɛpçən] — pernica f

fegen [ˈfeːɡn̩] — mesti

der **Fehler** – [ˈfeːlɐ] — greška f

die **Fehlgeburt** –en [ˈfeːlɡəbuːɐ̯t] — spontani pobačaj m

die **Feier** –n [ˈfaɪɐ] — proslava f

der **Feiertag** –e [ˈfaɪɐtaːk] — praznik m

die **Feige** –n [ˈfaɪɡə] — smokva f

fein [ˈfaɪn] — fin, a, o

das **Feld** –er [fɛlt] — polje n

der **Feldsalat** –e [ˈfɛltzalaːt] — matovilac m

das **Fell** –e [fɛl] — krzno n

der **Felsen** – [ˈfɛlzn̩] — stijena f

der **Fenchel** *kein Pl* [ˈfɛnçl̩] — komorač m

das **Fenster** – [ˈfɛnstɐ] — prozor m

die **Ferien** *Pl* [ˈfeːri̯ən] — praznici mpl

die **Fernbedienung** –en
   [ˈfɛrnbədiːnʊŋ] — daljinski upravljač m

fernsehen [ˈfɛrnzeːən] — gledati televiziju

der **Fernseher** – [ˈfɛrnzeːɐ] — televizor m

die **Ferse** –n [ˈfɛrzə] — peta f

fertig [ˈfɛrtɪç] — gotovo

fest [fɛst] — čvrst, a, o

das **Fest** –e [fɛst] — svečanost f

F

die **Festplatte** -n [ˈfɛstplatə]	hard disk m
das **Fett** -e [fɛt]	mast f
fett [fɛt]	debeo, debela, debelo
fettarm [ˈfɛtʔarm]	nemastan, nemasna, nemasno
fettig [ˈfɛtɪç]	mastan, masna, masno
feucht [fɔyçt]	vlažan, vlažna, vlažno
das **Feuer** - [ˈfɔyɐ]	vatra f
der **Feuerlöscher** - [ˈfɔyɐlœʃɐ]	aparat za gašenje vatre m
die **Feuerwache** -n [ˈfɔyɐvaxə]	vatrogasna postaja f
die **Feuerwehr** -en [ˈfɔyɐveːɐ̯]	vatrogasci mpl
das **Feuerzeug** -e [ˈfɔyɐtsɔyk]	upaljač m
das **Fieber** - [ˈfiːbɐ]	vrućica f
der **Film** -e [fɪlm]	film m
der **Filter** - [ˈfɪltɐ]	filter m
der **Filzstift** -e [ˈfɪltsʃtɪft]	flomaster m
finden [ˈfɪndn̩]	naći
der **Finger** - [ˈfɪŋɐ]	prst m
der **Fingerabdruck** -abdrücke [ˈfɪŋɐʔapdrʊk]	otisak prsta m
der **Fingernagel** -nägel [ˈfɪŋɐnaːgl̩]	nokat m
der **Fisch** -e [fɪʃ]	riba f
das **Fitnessstudio** -s [ˈfɪtnɛsʃtuːdjo]	teretana f
flach [flax]	plosnat, a, o
das **Fladenbrot** -e [ˈflaːdn̩broːt]	lepinja f
die **Flasche** -n [ˈflaʃə]	boca f
der **Flaschenöffner** - [ˈflaʃn̩ʔœfnɐ]	otvarač za boce m

F

die **Flatrate** –s ['flɛtreɪt]	flatrate m
der **Fleck** -e/-en [flɛk]	mrlja f
die **Fledermaus** –mäuse ['fleːdɐmaus]	šišmiš m
das **Fleisch** *kein Pl* [flaiʃ]	meso n
die **Fliege** -n ['fliːgə]	muha f
fliegen ['fliːgn̩]	letjeti
fliehen ['fliːən]	pobjeći
der **Floh** Flöhe [floː]	buha f
fluchen ['fluːxn̩]	psovati
flüchten ['flʏçtn̩]	bježati
der **Flüchtling** -e ['flʏçtlɪŋ]	izbjeglica f
der **Flug** Flüge [fluːk]	let m
der, die **Flugbegleiter,** **Flugbegleiterin** -, -nen ['fluːkbəglaitɐ, 'fluːkbəglaitərɪn]	stjuard, stjuardesa m, f
der **Flügel** - ['flyːgl̩]	krilo n
die **Fluggesellschaft** -en ['fluːkgəzɛlʃaft]	zrakoplovna tvrtka f
der **Flughafen** –häfen ['fluːkhaːfn̩]	zračna luka f
das **Flugzeug** -e ['fluːktsɔyk]	zrakoplov m
der **Flur** -e [fluːɐ̯]	hodnik m
der **Fluss** Flüsse [flʊs]	rijeka f
flüssig ['flʏsɪç]	tekuć, a, e
der **Föhn** -e [føːn]	sušilo za kosu n
föhnen ['føːnən]	sušiti kosu
folgen ['fɔlgn̩]	slijediti
die **Forelle** -n [fo'rɛlə]	pastrva f
die **Forschung** -en ['fɔrʃʊŋ]	znanstveno istraživanje n
fort [fɔrt]	odsutno

F

das **Foto** –s ['fo:to]	fotografija f
das **Fotoalbum** –alben ['fo:to?album]	fotoalbum m
der **Fotoapparat** –e ['fo:to?apara:t]	fotoaparat m
fotografieren [fotogra'fi:rən]	fotografirati
die **Frage** –n ['fra:gə]	pitanje n
fragen ['fra:gn̩]	pitati
die **Frau** –en [frau]	žena f
Frau ... [frau]	gospođa f
frei [frai]	slobodan, slobodna, slobodno
der **Freitag** –e ['fraita:k]	petak m
die **Freizeit** _kein Pl_ ['fraitsait]	slobodno vrijeme n
fremd [frɛmt]	tuđ, a, e
die **Fremdsprache** –n ['frɛmtʃpra:xə]	strani jezik m
die **Freude** –n ['frɔydə]	veselje n
sich **freuen** ['frɔyən]	veseliti se
sich **freuen auf** ['frɔyən auf]	veseliti se na
der, die **Freund, Freundin** –e, –nen [frɔynt, 'frɔyndɪn]	prijatelj, prijateljica m, f
freundlich ['frɔyntlɪç]	ljubazan, ljubazna, ljubazno
der **Frieden** _kein Pl_ ['fri:dn̩]	mir m
der **Friedhof** –höfe ['fri:tho:f]	groblje n
friedlich ['fri:tlɪç]	miran, mirna, mirno
frisch [frɪʃ]	svjež, a, e
die **Frischhaltefolie** –n ['frɪʃhaltəfo:ljə]	folija za održanje svježine f
der **Frischkäse** – ['frɪʃkɛ:zə]	sirni namaz m
der, die **Friseur, Friseurin** –e, –nen [fri'zø:ɐ̯, fri'zø:rɪn]	frizer, frizerka m, f

F

der **Friseursalon** –s [fri'zø:ɐ̯zalɔŋ]	frizerski salon m
frittieren [frɪ'ti:rən]	pržiti
froh [fro:]	veseo, vesela, veselo
der **Frosch** Frösche [frɔʃ]	žaba f
der **Frost** Fröste [frɔst]	mraz m
früh [fry:]	rano
das **Frühchen** – ['fry:çən]	nedonošče n
der **Frühling** –e ['fry:lɪŋ]	proljeće n
die **Frühlingszwiebel** –n ['fry:lɪŋstsviːbl̩]	mladi luk m
das **Frühstück** –stücke ['fry:ʃtʏk]	doručak m
die **Frühstücksflocken** *Pl* ['fry:ʃtʏksflɔkn̩]	pahuljice za doručak fpl
der **Fuchs** Füchse [fʊks]	lisica f
sich **fühlen** ['fy:lən]	osjećati
der **Führerschein** –e ['fy:rɐʃain]	vozačka dozvola f
füllen ['fʏlən]	puniti
fünf [fʏnf]	pet
fünfzehn ['fʏnftse:n]	petnaest
fünfzig ['fʏnftsɪç]	pedeset
für [fy:ɐ̯]	za
der **Fuß** Füße [fu:s]	noga f
der **Fußball** *kein Pl* ['fu:sbal]	nogomet m
der **Fußboden** –böden ['fu:sbo:dn̩]	pod m
die **Fußgängerzone** –n ['fu:sgɛŋɐtso:nə]	pješačka zona f
das **Fußgelenk** –e ['fu:sgəlɛŋk]	nožni zglob m
füttern ['fʏtɐn]	hraniti

F

Gg

die **Gabel** –n [ˈgaːbl]	vilica f
der **Gang** Gänge [gaŋ]	hodnik m
die **Gans** Gänse [gans]	guska f
ganz [gants]	čitav, a, o
ganze(r, s) [ˈgantsə]	potpun, a, o
die **Garage** –n [gaˈraːʒə]	garaža f
die **Garnele** –n [garˈneːlə]	račić f
der **Garten** Gärten [ˈgartn̩]	vrt m
gärtnern [ˈgɛrtnɛn]	vrtlariti
das **Gas** –e [gaːs]	plin m
das **Gaspedal** –e [ˈgaːspedaːl]	papučica f
die **Gasse** –n [ˈgasə]	uličica f
der **Gast** Gäste [gast]	gost m
die **Gaststätte** –n [ˈgastʃtɛtə]	gostionica f
das **Gebäck** –e [gəˈbɛk]	pecivo n
gebacken [gəˈbakən]	pećeno
die **Gebärdensprache** –n [gəˈbɛːɐ̯dn̩ʃpraːxə]	znakovni jezik m
	gluhi m
die **Gebärmutter** –mütter [gəˈbɛːɐ̯mʊtɐ]	maternica f
das **Gebäude** – [gəˈbɔydə]	zgrada f
geben [ˈgeːbn̩]	dati
gebraten [gəˈbraːtən]	prženo
die **Gebühr** –en [gəˈbyːɐ̯]	pristojba f
die **Geburt** –en [gəˈbuːɐ̯t]	rođenje n
der **Geburtstag** –e [gəˈbuːɐ̯tstaːk]	rođendan m
das **Gedächtnis** –se [gəˈdɛçtnɪs]	pamćenje n
geduldig [gəˈdʊldɪç]	strpljiv, a, o

die **Gefahr** –en [gəˈfaːɐ̯]	opasnost f
gefährlich [gəˈfɛːɐ̯lɪç]	opasan, opasna, opasno
gefallen [gəˈfalən]	sviđati se
das **Gefängnis** -se [gəˈfɛŋnɪs]	zatvor m
das **Geflügel** *kein Pl* [gəˈflyːgl̩]	perad n
der **Gefrierschrank** -schränke [gəˈfriːɐ̯ʃʀaŋk]	zamrzivač m
das **Gefühl** -e [gəˈfyːl]	osjećaj m
gegen [ˈgeːgn̩]	protiv
gegenüber [geːgnˈʔyːbɐ]	nasuprot
das **Gehalt** Gehälter [gəˈhalt]	plaća f
gehen [geːən]	ići
das **Gehirn** -e [gəˈhɪʀn]	mozak m
gehören [gəˈhøːʀən]	pripadati
gehörlos [gəˈhøːɐ̯loːs]	gluh, a, o
der **Gehweg** -e [ˈgeːveːk]	pločnik m
die **Geige** –n [ˈgaɪɡə]	violina f
gekocht [gəˈkɔxt]	kuhano
gelähmt [gəˈlɛːmt]	nepokretan, nepokretna, nepokretno
gelb [gɛlp]	žut, a, o
das **Geld** Gelder [gɛlt]	novac m
der **Geldautomat** -en [ˈgɛltʔautomaːt]	bankomat m
der **Geldbeutel** – [ˈgɛltbɔytl̩]	novčanik m
der **Geldschein** -e [ˈgɛltʃaɪn]	novčanica f
die **Gelegenheit** –en [gəˈleːgnhaɪt]	prilika f
gemäß [gəˈmɛːs]	prema
das **Gemüse** – [gəˈmyːzə]	povrće n

G

gemütlich [gəˈmyːtlɪç] .... udoban, udobna, udobno

genau [gəˈnau] .... točno

genießen [gəˈniːsn̩] .... uživati

genug [gəˈnuːk] .... dosta

geöffnet [gəˈʔœfnət] .... otvoren, a, o

das **Gepäck** *kein Pl* [gəˈpɛk] .... prtljaga f

die **Gepäckkontrolle** –n

   [gəˈpɛkkɔntrələ] .... pregled prtljage m

gerade [gəˈraːdə] .... ravan, ravna, ravno

geradeaus [gəraːdəˈʔaus] .... ravno

das **Geräusch** –e [gəˈrɔyʃ] .... zvuk m

das **Gericht** –e [gəˈrɪçt] .... jelo n

das **Gericht** –e [gəˈrɪçt] .... sud m

gering [gəˈrɪŋ] .... neznatan, neznatna, neznatno

gern(e) [ˈɡɛrn(ə)] .... rado

die **Gerste** *kein Pl* [ˈɡɛrstə] .... ječam m

der **Geruch** Gerüche [gəˈrux] .... miris m

das **Geschäft** –e [gəˈʃɛft] .... posao m

das **Geschenk** –e [gəˈʃɛŋk] .... poklon m

die **Geschichte** *kein Pl* [gəˈʃɪçtə] .... povijest m

geschieden [gəˈʃiːdn̩] .... rastavljen, a m, f

das **Geschirr** –e [gəˈʃɪr] .... posuđe m

das **Geschirrtuch** –tücher

   [gəˈʃɪrtuːx] .... kuhinjska krpa f

das **Geschlecht** –er [gəˈʃlɛçt] .... rod m

der **Geschlechtsverkehr** *kein Pl*

   [gəˈʃlɛçtsfɛɐkeːɐ] .... spolni odnos m

geschlossen [gəˈʃlɔsn̩] .... zatvoren, a, o

der **Geschmack** Geschmäcke(r)

   [gəˈʃmak] .... okus m

G

der **Geschmacksverstärker** –
  [gəˈʃmaksfɛɐ̯ʃtɛrkɐ] .... pojačivač okusa m

die **Geschwindigkeit** –en
  [gəˈʃvɪndɪçkait] .... brzina f

die **Geschwister** *Pl* [gəˈʃvɪstɐ] .... braća mpl

das **Geschwür** –e [gəˈʃvyːɐ̯] .... čir m

das **Gesicht** –er [gəˈzɪçt] .... lice n

gestern [ˈɡɛstɐn] .... jučer

gestresst [gəˈʃtrɛst] .... biti pod stresom

gesund [gəˈzʊnt] .... zdrav, a, o

die **Gesundheit** *kein Pl*
  [gəˈzʊnthait] .... zdravlje n

das **Getränk** –e [gəˈtrɛŋk] .... piće n

das **Getriebe** – [gəˈtriːbə] .... prijenosnik m

die **Gewalt** *kein Pl* [gəˈvalt] .... nasilje n

das **Gewicht** *kein Pl* [gəˈvɪçt] .... težina f

gewinnen [gəˈvɪnən] .... pobijediti

das **Gewitter** – [gəˈvɪtɐ] .... oluja f

das **Gewürz** –e [gəˈvʏrts] .... začin m

gießen [ˈɡiːsn̩] .... lijevati

das **Gift** –e [ɡɪft] .... otrov m

die **Giraffe** –n [ɡiˈrafə] .... žirafa f

das **Girokonto** –konten
  [ˈʒiːrokɔnto] .... žiroračun m

die **Gitarre** –n [ɡiˈtarə] .... gitara f

das **Glas** Gläser [ɡlaːs] .... čaša f

glatt [ɡlat] .... gladak, glatka,
                                                         glatko

die **Glatze** –n [ˈɡlatsə] .... ćelava glava f

glauben [ˈɡlaubn̩] .... vjerovati

gleich [ɡlaiç] .... isto

G

das **Gleichgewicht** *kein Pl*
['glaiçgəviçt] .... ravnoteža f
das **Gleis** –e ['glais] .... peron m
das **Glück** *kein Pl* [glʏk] .... sreća f
glücklich ['glʏklɪç] .... sretan, sretna,
sretno

der **Glückwunsch** –wünsche
['glʏkvʊnʃ] .... čestitka f
die **Glühbirne** –n ['gly:bɪrnə] .... žarulja f
das **Gluten** *kein Pl* [glu'te:n] .... gluten m
glutenfrei [glu'te:nfrai] .... bez glutena
das **Gold** *kein Pl* [gɔlt] .... zlato n
der **Goldfisch** –e ['gɔltfɪʃ] .... zlatna ribica f
das **Golf** *kein Pl* [gɔlf] .... golf m
der **Golfschläger** – ['gɔlfʃlɛ:gɐ] .... palica za golf f
der **Gorilla** –s [goˈrɪla] .... gorila m
der **Gott** Götter [gɔt] .... Bog m
das **Grab** Gräber [gra:p] .... grob m
der/das **Grad** –e [gra:t] .... stupanj m
das **Gramm** –e/– [gram] .... gram m
die **Grapefruit** –s ['gre:pfru:t] .... grejp m
grau [grau] .... siv, a, o
grillen ['grɪlən] .... roštiljati
die **Grippe** –n ['grɪpə] .... gripa f
groß [gro:s] .... velik, a, o
großartig ['gro:sʔaɐtɪç] .... veličanstven, a, o
die **Größe** –n ['grø:sə] .... veličina f
die **Großeltern** *Pl* ['gro:sʔɛltɐn] .... djed i baka
die **Großmutter** –mütter
['gro:smʊtɐ] .... baka f
die **Großstadt** –städte ['gro:sʃtat] .... velegrad m

G

der **Großvater** –väter [ˈgroːsfaːtɐ]	djed m
grün [gryːn]	zelen, a, o
der **Grund** Gründe [grʊnt]	razlog m
die **Grundschule** –n [ˈgrʊntʃuːlə]	osnovna škola f
das **Grundstück** –e [ˈgrʊntʃtʏk]	zemljište n
die **Gruppe** –n [ˈgrʊpə]	grupa f
der **Gruß** Grüße [gruːs]	pozdrav m
grüßen [ˈgryːsn]	pozdraviti
die **Grußkarte** –n [ˈgruːskartə]	razglednica f
der/das **Gummi** –s [ˈgʊmi]	guma f
der **Gummihandschuh** –e [ˈgʊmihantʃuː]	gumena rukavica f
der **Gummistiefel** – [ˈgʊmiʃtiːfl̩]	gumena čizma f
günstig [ˈgʏnstɪç]	povoljan, povoljna, povoljno
die **Gurke** –n [ˈgʊrkə]	krastavac m
der **Gürtel** – [ˈgʏrtl̩]	remen m
gut [guːt]	dobar, dobra, dobro
gut [guːt]	dobro
das **Gymnasium** Gymnasien [gʏmˈnaːzjʊm]	gimnazija f

H

Hh

das **Haar** –e [haːɐ̯]	kosa f
die **Haarbürste** –n [ˈhaːɐ̯bʏrstə]	četka za kosu f
habe [ˈhaːbə]	imam
haben [ˈhaːbn̩]	imati
habt [ˈhaːpt]	imate
das **Hackfleisch** *kein Pl* [ˈhakflaiʃ]	mljeveno meso n

der **Hafen** Häfen [ˈhaːfn̩]	luka f
der **Hafer** *kein Pl* [ˈhaːfɐ]	zob f
der **Hahn** Hähne [haːn]	pijetao m
das **Hähnchen** – [ˈhɛːnçən]	pile n
halb [halp]	pola
die **Halbpension** *kein Pl* [ˈhalppãːzjoːn]	polupansion m
die **Hälfte** –n [ˈhɛlftə]	polovica f
die **Halle** –n [ˈhalə]	dvorana f
hallo! [haˈloː]	bok!
der **Hals** Hälse [hals]	grlo n
die **Halskette** –n [ˈhalskɛtə]	ogrlica f
die **Halsschmerzen** *Pl* [ˈhalsʃmɛrtsn̩]	grlobolja f
halten [ˈhaltn̩]	držati
die **Haltestelle** –n [ˈhaltəʃtɛlə]	postaja f
der **Hamburger** – [ˈhamburgɐ]	hamburger m
der **Hammer** Hämmer [ˈhamɐ]	čekić m
hämmern [ˈhɛmɐn]	udarati čekićem
die **Hand** Hände [hant]	ruka f
der **Handball** *kein Pl* [ˈhantbal]	rukomet m
die **Handbremse** –n [ˈhantbrɛmzə]	ručna kočnica f
das **Handgelenk** –e [ˈhantɡəlɛŋk]	ručni zglob m
das **Handgepäck** *kein Pl* [ˈhantɡəpɛk]	ručna prtljaga f
der **Handschuh** –e [ˈhantʃuː]	rukavica f
die **Handtasche** –n [ˈhanttaʃə]	torbica f
das **Handtuch** –tücher [ˈhanttuːx]	ručnik m
der, die **Handwerker, Handwerkerin** –, –nen [ˈhantvɛrkɐ, ˈhantvɛrkərən]	majstor, majstorica m
das **Handy** –s [ˈhɛndi]	mobitel m

hart [hart]	tvrd, a, o
die **Haselnuss** –nüsse [ˈhaːzlnʊs]	lješnjak m
hassen [ˈhasn̩]	mrziti
hässlich [ˈhɛslɪç]	ružan, ružna, ružno
hast [hast]	imaš
hat [hat]	ima
der **Hauptbahnhof** –höfe [ˈhauptbaːnhoːf]	glavni kolodvor m
die **Hauptstadt** –städte [ˈhauptʃtat]	glavni grad m
das **Haus** Häuser [haus]	kuća f
die **Hausaufgabe** –n [ˈhausʔaufgaːbə]	domaća zadaća f
der, die **Hausmeister,** **Hausmeisterin** –, –nen [ˈhausmaistɐ, ˈhausmaistərɪn]	kućepazitelj, kućepaziteljica m, f
der **Hausschuh** –e [ˈhausʃuː]	papuča f
die **Haut** Häute [haut]	koža f
der **Hautausschlag** –ausschläge [ˈhautʔausʃlaːk]	osip m
die **Hebamme** –n [ˈheːpʔamə]	primalja f
heben [ˈheːbn̩]	dignuti
die **Hecke** –n [ˈhɛkə]	živica f
die **Hefe** –n [ˈheːfə]	kvasac m
heiraten [ˈhairaːtn̩]	vjenčati se
heiß [hais]	vruć, a, e
heißen [ˈhaisn̩]	zvati se
der **Heizkörper** – [ˈhaitskœrpɐ]	radijator m
die **Heizung** –en [ˈhaitsʊŋ]	grijanje n
helfen [ˈhɛlfn̩]	pomoći
hell [hɛl]	svijetao, svijetla, svijetlo

H

der **Helm** –e [hɛlm]	kaciga f
das **Hemd** –en [hɛmt]	košulja f
herausfinden [hɛˈraʊsfɪndn̩]	pronaći
der **Herbst** –e [hɛrpst]	jesen f
der **Herd** –e [heːɐ̯t]	štednjak m
der **Herr** –en [hɛr]	muškarac m
Herr ... [hɛr]	gospodin m
das **Herz** –en [hɛrts]	srce n
der **Herzinfarkt** –e [ˈhɛrtsʔɪnfarkt]	srčani infarkt m
der **Heuschnupfen** – [ˈhɔʏʃnʊpfn̩]	alergija na pelud f
heute [ˈhɔʏtə]	danas
hier [hiːɐ̯]	tu
Hilfe! [ˈhɪlfə]	u pomoć!
die **Himbeere** –n [ˈhɪmbeːrə]	malina f
der **Himmel** *kein Pl* [ˈhɪml̩]	nebo n
hin [hɪn]	tamo
hinken [ˈhɪŋkən]	šepati
sich **hinlegen** [ˈhɪnleːgn̩]	leći
sich **hinsetzen** [ˈhɪnzɛtsn̩]	sjesti
hinten [ˈhɪntn̩]	otraga
hinter [ˈhɪntɐ]	iza
die **Hirnhautentzündung** –en [ˈhɪrnhaʊtʔɛntsʏndʊŋ]	meningitis m
das **HIV** *kein Pl* [haːʔiːˈfaʊ]	HI virus m
das **Hobby** –s [ˈhɔbi]	hobi m
hoch [hoːx]	visok, a, o
das **Hochhaus** –häuser [ˈhoːxhaʊs]	neboder m
der **Hochschulabschluss** –abschlüsse [ˈhoːxʃuːlʔapʃlʊs]	visoka školska sprema f
die **Hochschule** –n [ˈhoːxʃuːlə]	visoko učilište n
die **Hochzeit** –en [ˈhɔxtsaɪt]	svadba f

H

der **Hocker** – [ˈhɔkɐ]	stolica bez naslona f
der **Hoden** – [ˈhoːdn̩]	testis m
der **Hof** Höfe [hoːf]	dvorište n
hoffen [ˈhɔfn̩]	nadati se
die **Hoffnung** -en [ˈhɔfnʊŋ]	nada f
höflich [ˈhøːflɪç]	uljudan, uljudna, uljudno
die **Höhle** -n [ˈhøːlə]	špilja f
holen [ˈhoːlən]	ići po
das **Holz** kein Pl [hɔlts]	drvo n
die **Holzkohle** -n [ˈhɔltskoːlə]	drveni ugljen m
der **Honig** kein Pl [ˈhoːnɪç]	med m
hören [ˈhøːrən]	čuti
das **Hörgerät** -e [ˈhøːɐ̯ɡərɛːt]	slušni aparat m
die **Hose** -n [ˈhoːzə]	hlače fpl
das **Hotel** -s [hoˈtɛl]	hotel m
hübsch [hʏpʃ]	zgodan, zgodna, zgodno
der **Hubschrauber** – [ˈhuːpʃraubɐ]	helikopter m
der **Huf** -e [huːf]	kopito n
die **Hüfte** -n [ˈhʏftə]	kuk m
der **Hügel** – [ˈhyːɡl̩]	brežuljak m
das **Huhn** Hühner [huːn]	kokoš f
die **Hummel** -n [ˈhʊml̩]	bumbar m
der **Hummer** – [ˈhʊmɐ]	jastog m
der **Hund** -e [hʊnt]	pas m
hundert [ˈhʊndɐt]	sto
der **Hunger** kein Pl [ˈhʊŋɐ]	glad f
hungrig [ˈhʊŋrɪç]	gladan, gladna, gladno
die **Hupe** -n [ˈhuːpə]	truba f

H

der **Hurrikan** –e/–s ['hʊrikan] .... hurikan m
husten ['huːstn̩] .... kašalj m
das/der **Hustenbonbon** –s .... bonbon protiv
 ['huːstn̩bɔnbɔn] kašlja m
der **Hustensaft** –säfte ['huːstn̩zaft] .... sirup protiv kašlja m
der **Hut** Hüte [huːt] .... šešir m

I i

H

die **IBAN** –s ['iːban] .... IBAN m
ich [ɪç] .... ja
die **Idee** –n [iˈdeː] .... ideja f
der **Igel** – ['iːɡl̩] .... jež m
ihm [iːm] .... njemu
ihn [iːn] .... njega
ihnen ['iːnən] .... njima
Ihnen ['iːnən] .... Vama
ihr [iːɐ̯] vi
ihr [iːɐ̯] .... njezin
Ihr(e) ['iːɐ̯(rə)] .... Vaš, a
Ihre(r, s) ['iːɐ̯rə] .... Vaši, h, vašeg
ihre(r, s) ['iːɐ̯rə] .... njihova, e, og
ihre(r, s) ['iːɐ̯rə] .... njezina, e, og
immer ['ɪmɐ] .... uvijek
die **Impfung** –en ['ɪmpfʊŋ] .... cijepljenje n
in [ɪn] .... u
die **Industrie** –n [ɪndʊsˈtriː] .... industrija f
der **Infekt** –e [ɪnˈfɛkt] .... infekt m
die **Information** –en [ɪnfɔrmaˈtsi̯oːn] ... informacija f

der, die **Ingenieur, Ingenieurin**	inženjer,
-e, -nen [mʒeˈnjøːɐ̯, mʒeˈnjøːrɪn]	inženjerka m, f
der **Ingwer** *kein Pl* [ˈɪŋvɐ]	đumbir m
der **Inhalator** -en [ɪnhaˈlaːtoːɐ̯]	inhalator m
das **Inlineskaten** *kein Pl*	
[ˈɪnlainskeːtn̩]	rolanje n
innen [ˈɪnən]	unutra
die **Innenstadt** -städte [ˈɪnənʃtat]	jezgra grada f
innere(r, s) [ˈɪnərə]	unutrašnja, unu-
	trašnji, unutrašnje
innerhalb [ˈɪnɐhalp]	unutar
das **Insekt** -en [mˈzɛkt]	insekt m
der **Insektenstich** -e [ɪnˈzɛktn̩ʃtɪç]	ubod insekta m
die **Insel** -n [ˈɪnzl̩]	otok m
installieren [ɪnstaˈliːrən]	instalirati
das **Instrument** -e [ɪnstruˈmɛnt]	instrument m
intelligent [ɪntɛliˈɡɛnt]	pametan, pametna,
	pametno
interessant [ɪntərɛˈsant]	zanimljiv, a, o
intern [mˈtɛrn]	interni, interna,
	interno
international [ɪntɛnatsjoˈnaːl]	međunarodni,
	međunarodna,
	međunarodno
das **Internet** *kein Pl* [ˈɪntɐnɛt]	internet m
intolerant [ˈɪntolerant]	netolerantan,
	netolerantna,
	netolerantno
irgendetwas [ˈɪrɡn̩tˈɛtvas]	bilo što
irgendjemand [ˈɪrɡn̩tˈjeːmant]	bilo tko

irgendwo ['ɪrgn̩tvoː] .... bilo gdje
ist [ɪst] .... je

Jj

ja [jaː] .... da
die **Jacke** –n ['jakə] .... jakna f
das **Jahr** –e [jaːɐ̯] .... godina f
die **Jahreszeit** –en ['jaːrəstsait] .... godišnje doba n
der **Januar** –e ['janµaːɐ̯] .... siječanj m
je [jeː] .... po
die **Jeans** – [dʒiːns] .... traperice fpl
jede(r, s) ['jeːdə] .... svaka, svak, svako
jemals ['jeːmaːls] .... ikada
jemand ['jeːmant] .... netko
jetzt [jɛtst] .... sada
jobben ['dʒɔbn̩] .... raditi
joggen ['dʒɔgn̩] .... trčati
der/das **Joghurt** –[s] ['joːgʊrt] .... jogurt m
der, die **Journalist, Journalistin** .... novinar,
  –en, –nen [ʒʊrna'lɪst, ʒʊrna'lɪstɪn]   novinarka m, f
der/die **Jugendliche** –n .... maloljetnik,
  ['juːgn̩tlɪçə]   maloljetnica m, f
der **Juli** –s ['juːli] .... srpanj m
jung [jʊŋ] .... mlad, a, o
der **Junge** –n ['jʊŋə] .... dječak m
der **Juni** –s ['juːni] .... lipanj m
das **Juweliergeschäft** –e .... zlatarnica f
  [juveˈliːɐ̯gəʃɛft]

Kk

das **Kabel** – [ˈkaːbl]	kabel m
der **Kaffee** –s [ˈkafe]	kava f
der **Kaiserschnitt** –e [ˈkaizɐʃnɪt]	carski rez m
das **Kalbfleisch** *kein Pl* [ˈkalpflaiʃ]	teletina f
der **Kalender** – [kaˈlɛndɐ]	kalendar m
die **Kalorien** *Pl* [kaloˈriːən]	kalorije fpl
kalt [kalt]	hladan, hladna, hladno
das **Kamel** –e [kaˈmeːl]	deva f
die **Kamera** –s [ˈkaməra]	kamera f
der **Kamin** –e [kaˈmiːn]	kamin m
der **Kamm** Kämme [kam]	češalj m
der **Kampf** Kämpfe [kampf]	borba f
kämpfen [ˈkɛmpfn]	boriti se
der **Kanal** Kanäle [kaˈnaːl]	kanal m
das **Känguru** –s [ˈkɛŋguru]	klokan m
das **Kaninchen** – [kaˈniːnçən]	kunić m
das **Kapitel** – [kaˈpɪtl]	poglavlje n
kaputt [kaˈpʊt]	pokvaren, a, o
die **Kapuze** –n [kaˈpuːtsə]	kapuljača f
die **Karies** *kein Pl* [ˈkaːri̯es]	karijes m
der **Karneval** –e/–s [ˈkarnəval]	karneval m
die **Karotte** –n [kaˈrɔtə]	mrkva f
die **Karriere** –n [kaˈrɪ̯eːrə]	karijera f
die **Karte** –n [ˈkartə]	karta f
die **Kartoffel** –n [karˈtɔfl]	krumpir m
der **Karton** –s [karˈtɔŋ]	karton m
der **Käse** – [ˈkɛːzə]	sir m

K

die **Kasse** –n [ˈkasə] .... blagajna f

der, die **Kassierer, Kassiererin** .... blagajnik,
  –, -nen [kaˈsiːrɐ, kaˈsiːrərɪn] .... blagajnica m, f

die **Kastanie** –n [kasˈtaːni̯ə] .... kesten m

die **Katze** –n [ˈkatsə] .... mačka f

kaufen [ˈkaufn̩] .... kupiti

das **Kaufhaus** –häuser [ˈkaufhaus] .... robna kuća f

der/das **Kaugummi** –s [ˈkauɡumi] ..... žvakaća guma f

kaum [kaum] .... jedva

die **Kaution** –en [kauˈtsi̯oːn] .... jamčevina f

die **Kehle** –n [ˈkeːlə] .... grlo n

kein(e) [ˈkain(ə)] .... nijedan, nijedna

kein(e, r) [ˈkainə] .... nijedan, nijedna,
  .... nijedno

der **Keks** –e [keːks] .... keks m

der **Keller** – [ˈkɛlɐ] .... podrum m

der, die **Kellner, Kellnerin** –, -nen ..... konobar,
  [ˈkɛlnɐ, ˈkɛlnərɪn] .... konobarica m, f

kennen [ˈkɛnən] .... znati

die **Kerze** –n [ˈkɛrtsə] .... svijeća f

der/das **Ketchup** *kein Pl* [ˈkɛtʃap] ... kečap m

die **Kette** –n [ˈkɛtə] .... lančić m

das **Kfz** – [kaːʔɛfˈtsɛt] .... motorno vozilo n

der **Kiefer** – [ˈkiːfɐ] .... čeljust f

das **Kilogramm** –e/– [ˈkiːloɡram] ..... kilogram m

der **Kilometer** – [kiloˈmeːtɐ] .... kilometar m

das **Kind** –er [kɪnt] .... dijete n

der **Kindergarten** –gärten
  [ˈkɪndɐɡartn̩] .... dječji vrtić m

der **Kindersitz** –e [ˈkɪndɐzɪts] .... dječje sjedalo n

der **Kinderwagen** – [ˈkɪndɐvaːɡn̩] ..... dječja kolica n

das **Kinn** -e [kɪn]	brada f
das **Kino** -s [ˈkiːno]	kino m
der **Kiosk** -e [ˈkiːɔsk]	kiosk m
die **Kirche** -n [ˈkɪrçə]	crkva f
die **Kirsche** -n [ˈkɪrʃə]	trešnja f
das **Kissen** - [ˈkɪsn̩]	jastuk m
klar [klaːɐ̯]	bistar, bistra, bistro
die **Klasse** -n [ˈklasə]	razred m
das **Klebeband** –bänder [ˈkleːbəbant]	ljepljiva traka f
kleben [ˈkleːbn̩]	lijepiti
der **Klebstoff** -e [ˈkleːpʃtɔf]	ljepilo n
das **Kleid** -er [klait]	haljina f
der **Kleiderbügel** - [ˈklaidɐbyːgl̩]	vješalica f
der **Kleiderschrank** –schränke [ˈklaidɐʃraŋk]	ormar m
die **Kleidung** *kein Pl* [ˈklaidʊŋ]	odjeća f
klein [klain]	malen, a, o
das **Kleingeld** *kein Pl* [ˈklaingɛlt]	sitniš m
klettern [ˈklɛtɐn]	penjati se
die **Klimaanlage** –n [ˈkliːmaʔanlaːgə]	klima uređaj m
die **Klingel** –n [ˈklɪŋl̩]	zvono n
klingeln [ˈklɪŋl̩n]	zvoniti
klopfen [ˈklɔpfn̩]	kucati
klug [kluːk]	mudar, mudra, mudro
knackig [ˈknakɪç]	hrskav, a, o
die **Kneipe** –n [ˈknaipə]	kavana f
das **Knie** - [kniː]	koljeno n
der **Knoblauch** *kein Pl* [ˈknoːblaux]	češnjak m

K

K

der **Knöchel** – [ˈknœçl̩] .... gležanj m
der **Knochenbruch** –brüche
[ˈknɔxn̩brʊx] .... prijelom kosti m
der **Knopf** Knöpfe [knɔpf] .... gumb m
der, die **Koch, Köchin** Köche,
–nen [kɔx, ˈkœçɪn] .... kuhar, kuharica m, f
kochen [ˈkɔxn̩] .... kuhati
der **Kochtopf** –töpfe [ˈkɔxtɔpf] .... kuhinjski lonac m
der **Koffer** – [ˈkɔfɐ] .... kovčeg m
der **Kofferraum** –räume
[ˈkɔfɐraum] .... prtljažnik m
die **Kohle** –n [ˈkoːlə] .... ugljen m
die **Kohlensäure** kein Pl
[ˈkoːlənzɔyrə] .... ugljična kiselina f
der **Kohlrabi** – [koːlˈraːbi] .... kolerabica f
die **Kokosnuss** –nüsse [ˈkoːkɔsnʊs] .... kokos(ov orah) m
der, die **Kollege, Kollegin** –n,
–nen [kɔˈleːgə, kɔˈleːgɪn] .... kolega, kolegica m, f
das **Koma** –s/–ta [ˈkoːma] .... koma f
komisch [ˈkoːmɪʃ] .... smiješan, smiješna,
smiješno
kommen [ˈkɔmən] .... doći
die **Kommode** –n [kɔˈmoːdə] .... komoda f
die **Kommunikation** kein Pl
[kɔmunikaˈtsjoːn] .... komunikacija f
die **Komödie** –n [koˈmøːdjə] .... komedija f
die **Konditorei** –en [kɔnd2itoˈrai] .... slastičarnica f
das **Kondom** –e [kɔnˈdoːm] .... kondom m
der, die **König, Königin** –e,
–nen [ˈkøːnɪç, ˈkøːnɪgɪn] .... kralj, kraljica m, f
können [ˈkœnən] .... moći

könnten wir …? [ˈkœntn̩ viːɐ̯] .... bi li mogli …?
die Kontaktlinse –n [kɔnˈtaktlɪnzə] ..... kontaktna leća f
der Kontinent –e [ˈkɔntinɛnt] .... kontinent m
das Konto Konten [ˈkɔnto] .... račun m
die Kontonummer –n [ˈkɔntonʊmɐ] ..... broj računa m
kontrollieren [kɔntrɔˈliːrən] .... nadzirati
sich konzentrieren [kɔntsɛnˈtriːrən] .... koncentrirati se
das Konzert –e [kɔnˈtsɛrt] .... koncert m
der Kopf Köpfe [kɔpf] .... glava f
der Kopfhörer – [ˈkɔpfhøːrɐ] .... slušalice fpl
das Kopfkissen – [ˈkɔpfkɪsn̩] .... jastuk m
der Kopfsalat –e [ˈkɔpfzalaːt] .... salata glavatica f
die Kopfschmerzen Pl
  [ˈkɔpfʃmɛrtsn̩] .... glavobolja f
kopieren [koˈpiːrən] .... kopirati
der Korb Körbe [kɔrp] .... košara f
der Korkenzieher – [ˈkɔrkn̩tsiːɐ̯] .... vadičep m
der Körper – [ˈkœrpɐ] .... tijelo n
kosten [ˈkɔstn̩] .... stajati
die Kosten Pl [ˈkɔstn̩] .... troškovi mpl
kostenlos [ˈkɔstn̩loːs] .... besplatan, bespla-
                                                                 tna, besplatno
die Kraft Kräfte [kraft] .... snaga f
kräftig [ˈkrɛftɪç] .... snažan, snažna,
                                                                 snažno
der Kragen –/Krägen [ˈkraːgən] .... ovratnik m
der Krampf Krämpfe [krampf] .... grč m
krank [kraŋk] .... bolestan, bolesna,
                                                                 bolesno
das Krankenhaus –häuser
  [ˈkraŋkn̩haus] .... bolnica f

K

die **Krankenkasse** –n [ˈkraŋknˌkasə] — zdravstveno osiguranje n

der **Krankenpfleger** – [ˈkraŋknˌpfleːgɐ] — medicinski tehničar, m

die **Krankenschwester** –n [ˈkraŋknˌʃvɛstɐ] — medicinska sestra, f

die **Krankenversicherung** –en [ˈkraŋknfɛɐ̯zɪçərʊŋ] — zdravstveno osiguranje n

die **Krankheit** –en [ˈkraŋkhait] — bolest f

das **Kraut** Kräuter [kraut] — začinska biljka f

der **Kräutertee** –s [ˈkrɔytɐteː] — biljni čaj m

die **Krawatte** –n [kraˈvatə] — kravata f

kreativ [kreaˈtiːf] — kreativan, kreativna, kreativno

der **Krebs** *kein Pl* [kreːps] — rak m

die **Kreditkarte** –n [kreˈdiːtkartə] — kreditna kartica f

die **Kreide** –n [ˈkraidə] — kreda f

der **Kreislauf** *kein Pl* [ˈkraislauf] — krvotok m

der **Kreisverkehr** *kein Pl* [ˈkraisfɛɐ̯keːɐ̯] — kružni tok m

die **Kreuzung** –en [ˈkrɔytsʊŋ] — križanje n

der **Krieg** –e [kriːk] — rat m

kriegen [ˈkriːgn] — dobiti

der **Krokus** –se [ˈkroːkʊs] — krokus m

die **Kröte** –n [ˈkrøːtə] — žaba krastača f

die **Krücke** –n [ˈkrʏkə] — štaka f

die **Küche** –n [ˈkʏçə] — kuhinja f

der **Kuchen** – [ˈkuːxn] — kolač m

die **Kugel** –n [ˈkuːgl̩] — kugla f

der **Kugelschreiber** – [ˈkuːgl̩ʃraibɐ] — penkala f

die **Kuh** Kühe [kuː] — krava f

kühl [kyːl] .... prohladan, prohladna, prohladno

der **Kühlschrank** –schränke
['kyːlʃraŋk] .... hladnjak m
sich **kümmern** ['kʏmɐn] .... brinuti se
der, die **Kunde, Kundin** –n, –nen
['kʊndə, 'kʊndɪn] .... mušterija f
die **Kunst** Künste [kʊnst] .... umjetnost f
der **Kunststoff** –e ['kʊnstʃtɔf] .... plastika f
die **Kupplung** –en ['kʊplʊŋ] .... kvačilo n
der **Kürbis** –se ['kʏrbɪs] .... buča f
der **Kurs** –e [kʊrs] .... tečaj m
die **Kurve** –n ['kʊrvə] .... zavoj m
kurz [kʊrts] .... kratak, kratka, kratko

der **Kuss** Küsse [kʊs] .... poljubac m
küssen ['kʏsn̩] .... ljubiti
die **Küste** –n ['kʏstə] .... obala f

Ll

das **Labor** –s/–e [la'boːɐ̯] .... laboratorij m
lächeln ['lɛçl̩n] .... smiješiti se
lachen ['laxn̩] .... smijati se
der **Lachs** –e [laks] .... losos m
das **Ladegerät** –e ['laːdəgəˌrɛːt] .. punjač m
der **Laden** Läden ['laːdn̩] .... trgovina f
laktosefrei [lak'toːzəfrai] .... bez laktoze
das **Lammfleisch** *kein Pl* ['lamflaiʃ] .... janjetina f
die **Lampe** –n ['lampə] .... svjetiljka f

das **Land** Länder [lant]	zemlja f
landen ['landn̩]	sletjeti
die **Landschaft** -en ['lantʃaft]	krajolik m
lang [laŋ]	dug, a, o
langsam ['laŋza:m]	spor, a, o
langweilig ['laŋvailiç]	dosadan, dosadna, dosadno
der/das **Laptop** -s ['lɛptɔp]	laptop m
der **Lärm** kein Pl [lɛrm]	buka f
lassen ['lasn̩]	pustiti
das **Laub** kein Pl [laup]	lišće npl
der **Lauch** -e [laux]	poriluk m
laufen ['laufn̩]	trčati
das **Laufwerk** -e ['laufvɛrk]	disketni pogon m
laut [laut]	glasan, glasna, glasno
der **Lautsprecher** - ['lautʃprɛçɐ]	zvučnik m
die **Lautstärke** -n ['lautʃtɛrkə]	glasnoća f
die **Lawine** -n [la'vi:nə]	lavina f
das **Leben** - ['le:bn̩]	život m
leben ['le:bn̩]	živjeti
der **Lebenslauf** -läufe ['le:bn̩slauf]	životopis m
das **Lebensmittel** - ['le:bn̩smɪtl̩]	namirnica f
die **Leber** -n ['le:bɐ]	jetra npl
lecker ['lɛkɐ]	ukusan, ukusna, ukusno
das **Leder** - ['le:dɐ]	koža f
ledig ['le:dɪç]	neoženjen, neudata m, f
leer [le:ɐ]	prazan, prazna, prazno

legen ['le:gn] .... staviti
die Lehre -n ['le:rə] .... škola f
der, die Lehrer, Lehrerin -, -nen
  ['le:rɐ, 'le:rərɪn] .... učitelj, učiteljica m, f
der Lehrling -e ['le:ɐ̯lɪŋ] .... učenik m
leicht [laiçt] .... lagan, a, o
die Leichtathletik *kein Pl*
  ['laiçtʔatle:tɪk] .... atletika f
leider ['laidɐ] .... nažalost
leihen ['laiən] .... posuditi
leise ['laizə] .... tih, a, o
leisten ['laistn̩] .... ostvariti
die Leiter -n ['laitɐ] .... ljestve fpl
die Leitung -en ['laituŋ] .... cijev f
das Leitungswasser *kein Pl*
  ['laituŋsvasɐ] .... voda iz vodovoda f
der Lenker - ['lɛŋkɐ] .... upravljač m
das Lenkrad -räder ['lɛŋkra:t] .... upravljač m
lernen ['lɛrnən] .... učiti
lesen ['le:zn̩] .... čitati
letzte(r, s) ['lɛtstə] .... zadnja, zadnji, zadnje
das Licht *kein Pl* [lɪçt] .... svjetlo n
die Liebe *kein Pl* ['li:bə] .... ljubav f
liebe(r, s) ['li:bə] .... draga, dragi, drago
lieben ['li:bn̩] .... voljeti
das Lied -er [li:t] .... pjesma f
liefern ['li:fɐn] .... dostaviti
liegen ['li:gn̩] .... ležati
die Limette -n [li'mɛtə] .... limeta f
die Limonade -n [limo'na:də] .... limunada f
das Lineal -e [line'a:l] .... ravnalo n

die **Linie** -n [ˈliːnjə] .... crta f
der **Linienbus** -busse [ˈliːnjənbʊs] ... redovna autobusna linija f

linke(r, s) [lɪŋkə] .... lijeva, lijevi, lijevo
links [lɪŋks] .... lijevo
die **Linse** -n [ˈlɪnzə] .... leća f
die **Lippe** -n [ˈlɪpə] .... usna f
der **Lippenstift** -e [ˈlɪpnʃtɪft] .... ruž za usne m
die **Liste** -n [ˈlɪstə] .... popis m
der/das **Liter** - [ˈliːtɐ] .... litar m
der **Lkw** -[s] [ˈɛlkaːveː] .... teretnjak m
das **Loch** Löcher [lɔx] .... rupa f
der **Löffel** - [ˈlœfl̩] .... žlica f
löschen [ˈlœʃn̩] .... izbrisati
der **Löwe** -n [ˈløːvə] .... lav m
die **Luft** kein Pl [lʊft] .... zrak m
die **Luftpost** kein Pl [ˈlʊftpɔst] .... avionska pošta f
die **Lüge** -n [ˈlyːgə] .... laž f
lügen [ˈlyːgn̩] .... lagati
die **Lunge** -n [ˈlʊŋə] .... pluća npl
die **Lupe** -n [ˈluːpə] .... povećalo n
lustig [ˈlʊstɪç] .... zabavan, zabavna, zabavno

Mm

machen [ˈmaxn̩] .... napraviti
das **Mädchen** - [ˈmɛːtçən] .... djevojka f
der **Magen** Mägen [ˈmaːgn̩] .... želudac m

die **Magenschmerzen** *Pl*	
['ma:gnʃmɛrtsn̩]	bol u želucu f
die **Mahlzeit** –en ['ma:ltsait]	obrok m
der **Mai** –e [mai]	svibanj m
die/das **Mail** –s [meːl]	mail m
der **Mais** *kein Pl* [mais]	kukuruz m
der **Malstift** –e ['ma:lʃtɪft]	bojica f
die **Mama** –s ['mama]	mama f
man [man]	se
manche(r, s) ['mançə]	poneka, poneki, poneko
manchmal ['mançma:l]	ponekad
die **Mandel** –n ['mandl̩]	badem m
der **Mann** Männer [man]	muškarac m
männlich ['mɛnlɪç]	muški
die **Mannschaft** –en ['manʃaft]	momčad f
der **Mantel** Mäntel ['mantl̩]	kaput m
die **Margarine** *kein Pl* [marga'ri:nə]	margarin m
der **Marienkäfer** – [ma'ri:ənkɛ:fɐ]	bubamara f
der **Markt** Märkte [markt]	tržnica f
die **Marmelade** –n [marmə'la:də]	marmelada f
der **März** –e [mɛrts]	ožujak m
die **Maschine** –n [ma'ʃi:nə]	mašina f
die **Masern** *Pl* ['ma:zɐn]	ospice fpl
das **Maß** –e [ma:s]	mjera f
das **Maßband** –bänder ['ma:sbant]	metar m
die **Mathematik** *kein Pl* [matema'ti:k]	matematika f
die **Matratze** –n [ma'tratsə]	madrac m
die **Matte** –n ['matə]	strunjača f

die **Mauer** –n ['mauɐ]	zid m
der **Maulwurf** -würfe ['maulvʊrf]	krtica f
die **Maus** Mäuse [maus]	miš m
der **Mauszeiger** - ['mausʦaigɐ]	kurzor m
die **Mayonnaise** *kein Pl* [majɔ'nɛːzə]	majoneza f
der, die **Mechaniker, Mechanikerin** –, –nen [me'çaːnɪkɐ, me'çaːnɪkərɪn]	mehaničar, mehaničarka m, f
die **Medien** *Pl* ['meːdjən]	mediji mpl
das **Medikament** –e [medika'mɛnt]	lijek m
die **Medizin** *kein Pl* [medi'ʦiːn]	medicina f
das **Meer** –e [meːɐ̯]	more n
die **Meeresfrüchte** *Pl* ['meːrəsfrʏçtə]	plodovi mora mpl
das **Meerschweinchen** - ['meːɐ̯ʃvainçən]	zamorac m
das **Mehl** –e [meːl]	brašno n
mehr [meːɐ̯]	više
mehrere ['meːrərə]	nekoliko
mehrfach ['meːɐ̯fax]	višestruko
mehrmals ['meːɐ̯maːls]	više puta
mein(e) ['main(ə)]	moj, a
meine(r, s) ['mainə]	moja, moj, moje
meinen ['mainən]	mojeg
die **Meinung** –en ['mainʊŋ]	mišljenje n
meiste(n) ['maistə(n)]	većina f
sich **melden** ['mɛldn̩]	javiti se
die **Melone** –n [me'loːnə]	dinja f

M

die **Menge** -n ['mɛŋə]	količina f
der **Mensch** -en [mɛnʃ]	čovjek m
messen ['mɛsn̩]	mjeriti
das **Messer** - ['mɛsɐ]	nož m
das **Metall** -e [me'tal]	kovina f
der/das **Meter** - ['me:tɐ]	metar m
die **Metzgerei** -en [mɛtsgə'rai]	mesnica f
mich [mɪç]	mene
die **Miete** -n ['mi:tə]	najam m
mieten ['mi:tn̩]	unajmiti
der, die **Mieter, Mieterin**	
-, -nen ['mi:tɐ, 'mi:tərin]	stanar, stanarka m, f
die **Mietwohnung** -en	
['mi:tvo:nʊŋ]	unajmljen stan m
die **Migräne** -n [mi'grɛ:nə]	migrena f
die **Mikrowelle** -n ['mi:krovɛlə]	mikrovalna pećnica f
die **Milch** *kein Pl* [mɪlç]	mlijeko n
die **Milliarde** -n [mɪ'ljardə]	milijarda f
der/das **Milliliter** - [mɪli'li:tɐ]	mililitar m
der/das **Millimeter** - [mɪli'me:tɐ]	milimetar m
die **Million** -en [mɪ'ljo:n]	milijun m
das **Mineralwasser** -wässer	
[mine'ra:lvasɐ]	mineralna voda f
die **Minute** -n [mi'nu:tə]	minuta f
die **Minze** -n ['mɪntsə]	metvica f
mir [mi:ɐ]	meni
mischen ['mɪʃn̩]	miješati
mit [mɪt]	s, sa
mitbringen ['mɪtbrɪŋən]	donijeti
mitnehmen ['mɪtne:mən]	ponijeti
der **Mittag** -e ['mɪta:k]	podne n

das **Mittagessen** - [ˈmɪtaːkʔɛsn]	ručak m
die **Mitte** -n [ˈmɪtə]	sredina f
mittelgroß [ˈmɪtlɡroːs]	srednje veličine f
die **Mitternacht** *kein Pl*	
[ˈmɪtɐnaxt]	ponoć f
mittlere(r, s) [ˈmɪtlərə]	srednja, srednji, srednje
der **Mittwoch** -e [ˈmɪtvɔx]	srijeda f
das **Möbel** - [ˈmøːbl]	namještaj m
mobil [moˈbiːl]	mobilan, mobilna, mobilno
das **Mobiltelefon** -e [moˈbiːlteːləfoːn]	mobilni telefon m
möchten wir ...? [ˈmøːçtn]	hoćemo li ...?
die **Mode** -n [ˈmoːdə]	moda f
modern [moˈdɛrn]	moderan, moderna, moderno
modisch [ˈmoːdɪʃ]	po modi
mögen [ˈmøːɡn]	željeti
möglich [ˈmøːklɪç]	moguće
die **Möglichkeit** -en [ˈmøːklɪçkait]	mogućnost f
der **Moment** -e [moˈmɛnt]	trenutak m
der **Monat** -e [ˈmoːnat]	mjesec m
der **Mond** -e [moːnt]	mjesec m
der **Montag** -e [ˈmoːntaːk]	ponedjeljak m
der **Mord** -e [mɔrt]	ubojstvo n
der **Morgen** - [ˈmɔrɡn]	jutro n
morgen [ˈmɔrɡn]	sutra
die **Moschee** -n [moˈʃeː]	džamija f
der **Motor** -en [ˈmoːtoːɐ̯]	motor m
das **Motorrad** -räder [moˈtoːɡraːt]	motocikl m

M

der **Motorradhelm** -e
  [moːˈtoːʁaːthelm] .... kaciga za motocikl f
der **Motorroller** – [ˈmoːtoːʁɔlɐ] .... vespa f
das **Mountainbike** -s
  [ˈmauntn̩baik] .... mountain bike m
die **Möwe** -n [ˈmøːvə] .... galeb m
der **MP3-Player** – [ɛmpeːˈdraiplɛɐ] .... MP3 player m
die **Mücke** -n [ˈmʏkə] .... komarac m
müde [ˈmyːdə] .... umoran, umorna,
                                                                 umorno
die **Mühe** -n [ˈmyːə] .... trud m
der **Müll** *kein Pl* [ˈmʏl] .... smeće n
der **Müllbeutel** – [ˈmʏlbɔytl̩] .... vrećica za smeće f
der **Mülleimer** – [ˈmʏlʔaimɐ] .... kanta za smeće f
der **Müllwagen** – [ˈmʏlvaːgn̩] .... kamion za smeće m
der **Mumps** *kein Pl* [mumps] .... zaušnjaci mpl
der **Mund** Münder [mʊnt] .... usta npl
mündlich [ˈmʏntlɪç] .... usno
die **Münze** -n [ˈmʏntsə] .... kovanica f
die **Muschel** -n [ˈmʊʃl̩] .... školjka f
das **Museum** Museen [muˈzeːʊm] .... muzej m
die **Musik** *kein Pl* [muˈziːk] .... glazba f
das **Musikinstrument** -e
  [muˈziːkʔɪnstrument] .... glazbalo n
der **Muskel** -n [ˈmʊskl̩] .... mišić m
das **Müsli** -[s] [ˈmyːsli] .... misli žitarice fpl
müssen [ˈmʏsn̩] .... morati
die **Mutter** Mütter [ˈmʊtɐ] .... majka f
das **Muttermal** -e [ˈmʊtɐmaːl] .... madež m
die **Mütze** -n [ˈmʏtsə] .... kapa f

M

Nn

nach [naːx]	u
nach [naːx]	poslije
der, die **Nachbar, Nachbarin**	
-n, -nen [ˈnaxbaːɐ̯, ˈnaxbaːrɪn]	susjed, susjeda m, f
der **Nachmittag** -e [ˈnaːxmɪtaːk]	popodne n
die **Nachricht** -en [ˈnaːxrɪçt]	poruka f
die **Nachrichten** Pl [ˈnaːxrɪçtn̩]	vijesti fpl
nächste(r, s) [ˈnɛːçstə]	sljedeća, sljedeći, sljedeće
die **Nacht** Nächte [naxt]	noć f
der **Nachtisch** -e [ˈnaːxtɪʃ]	desert m
der **Nachttisch** -e [ˈnaxttɪʃ]	noćni ormarić m
der **Nacken** - [ˈnakn̩]	zatiljak m
nackt [nakt]	gol, a, o
die **Nadel** -n [ˈnaːdl̩]	igla f
der **Nagel** Nägel [ˈnaːgl̩]	nokat m
die **Nagelfeile** -n [ˈnaːglfailə]	turpija za nokte f
nah(e) [ˈnaː(ə)]	blizu
die **Nähe** kein Pl [ˈnɛːə]	blizina f
nähen [ˈnɛːən]	šivati
der **Name** -n [ˈnaːmə]	ime n
die **Narbe** -n [ˈnarbə]	ožiljak m
die **Nase** -n [ˈnaːzə]	nos m
nass [nas]	mokar, mokra, mokro
die **Natur** kein Pl [naˈtuːɐ̯]	priroda f
natürlich [naˈtyːɐ̯lɪç]	prirodan, prirodna, prirodno

N

die **Naturwissenschaften** *Pl*
[naˈtuːɐ̯vɪsn̩ʃaftn̩] — prirodne znanosti fpl

das **Navigationsgerät** -e
[naviga'tsi̯oːnsɡərɛːt] — navigacijski uređaj m

der **Nebel** – [ˈneːbl̩] — magla f

neben [ˈneːbn̩] — pored

neblig [ˈneːblɪç] — maglovito

der **Neffe** -n [ˈnɛfə] — nećak m

negativ [ˈneːɡatiːf] — negativan, negativna, negativno

nehmen [ˈneːmən] — uzeti

neidisch [ˈnaidɪʃ] — zavidan, zavidna, zavidno

nein [nain] — ne

die **Nektarine** -n [nɛktaˈriːnə] — nektarina f

nennen [ˈnɛnən] — zvati

der **Nerv** -en [nɛrf] — živac m

nervös [nɛrˈvøːs] — nervozan, nervozna, nervozno

nett [nɛt] — ljubazan, ljubazna, ljubazno

das **Netz** -e [nɛts] — mreža f

neu [nɔy] — nov, a, o

neugierig [ˈnɔyɡiːrɪç] — znatiželjan, znatiželjna, znatiželjno

das **Neujahr** *kein Pl* [ˈnɔyjaːɐ̯] — Nova godina f

neun [nɔyn] — devet

neunzehn [ˈnɔyntseːn] — devetnaest

neunzig [ˈnɔyntsɪç] — devedeset

nicht [nɪçt] — ne

die **Nichte** -n [ˈnɪçtə] — nećakinja f

N

nichts [nɪçts] .... ništa
nie [niː] .... nikada
niedlich [ˈniːtlɪç] .... ljepušan, ljepušna,
                                                      ljepušno
niemals [ˈniːmaːls] .... nikada
niemand [ˈniːmant] .... nitko
die **Niere** –n [ˈniːrə] .... bubreg m
niesen [ˈniːzn̩] .... kihnuti
noch [nɔx] .... još
noch einmal [ˈnɔx ainmaːl] .... još jednom
Nordamerika [ˈnɔrtʔaˈmeːrika] .... Sjeverna Amerika f
der **Norden** *kein Pl* [ˈnɔrdn̩] .... sjever m
nördlich [ˈnœrtlɪç] .... sjeverno
normal [nɔrˈmaːl] .... normalan, normalna,
                                                      normalno
normalerweise [nɔrˈmaːləvaizə] .... normalno
der, die **Notarzt, Notärztin** .... dežurni liječnik,
  –ärzte, –nen   dežurna liječnica m, f
  [ˈnoːtʔaːɡtst, ˈnoːtʔɛːɡtstɪn]
die **Notaufnahme** –n .... hitna pomoć f
  [ˈnoːtʔaufnaːmə]
der **Notausgang** –ausgänge .... izlaz u slučaju
  [ˈnoːtʔausɡaŋ]   opasnosti m
der **Notfall** –fälle [ˈnoːtfal] .... hitan slučaj m
nötig [ˈnøːtɪç] .... potreban, potrebna,
                                                      potrebno
die **Notrufnummer** –n .... broj za hitne
  [ˈnoːtruːfnʊmə]   slučajeve m
notwendig [ˈnoːtvɛndɪç] .... nužan, nužna, nužno
der **November** - [noˈvɛmbɐ] .... studeni m
die **Nudeln** *Pl* [ˈnuːdl̩n] .... tjestenina f

null [nʊl] .... nula f
die **Nummer** -n [ˈnʊmɐ] .... broj m
das **Nummernschild** –er
   [ˈnʊmɐnʃɪlt] .... registarska tablica f
nun [nuːn] .... sada
nur [nuːɐ̯] .... samo
die **Nuss** Nüsse [nʊs] .... orah m
nützlich [ˈnʏtslɪç] .... koristan, korisna,
                                               korisno

Oo

oben [ˈoːbn̩] .... gore
der **Oberschenkel** – [ˈoːbɐʃɛŋkl̩] .... nadkoljenica f
das **Oberteil** –e [ˈoːbɐtail] .... gornji dio m
das **Obst** kein Pl [oːpst] .... voće n
obwohl [ɔpˈvoːl] .... iako
oder [ˈoːdɐ] ili
der **Ofen** Öfen [ˈoːfn̩] .... peć f
offen [ˈɔfn̩] .... otvoren, a, o
offensichtlich [ˈɔfnzɪçtlɪç] .... očit, a, o
öffentlich [ˈœfn̩tlɪç] .... javan, javna, javno
die **Öffentlichkeit** kein Pl
   [ˈœfn̩tlɪçkait] .... javnost f
öffnen [ˈœfnən] .... otvoriti
die **Öffnungszeiten** Pl
   [ˈœfnʊŋstsaitn̩] .... radno vrijeme n
oft [ɔft] .... često
ohne [ˈoːnə] .... bez

o

die **Ohnmacht** -en [ˈoːnmaxt] .... nesvjestica f
das **Ohr** -en [oːɐ̯] .... uho n
okay, O. K. [oˈkeː] .... OK
der **Oktober** - [ɔkˈtoːbɐ] .... listopad m
das **Öl** kein Pl [øːl] .... ulje n
die **Olive** -n [oˈliːvə] .... maslina f
die **Oma** -s [ˈoːma] .... baka f
das **Omelett** -e/-s [ɔm(ə)ˈlɛt] .... omlet m
der **Onkel** - [ˈɔŋkl̩] .... ujak m
der **Onkel** - [ˈɔŋkl̩] .... stric m
der **Onkel** - [ˈɔŋkl̩] .... tetak m
das **Onlinebanking** kein Pl .... internetsko
[ˈɔnlainbɛŋkɪŋ] bankarstvo n
der/das **Online-Check-in** .... check-in putem
-s [ˈɔnlaintʃɛkʔɪn] interneta m
der **Opa** -s [ˈoːpa] .... djed m
die **Operation** -en [opəraˈtsjoːn] .... operacija f
das **Opfer** - [ˈɔpfɐ] .... žrtva f
die **Orange** -n [oˈrãːʒə] .... naranča f
der **Orangensaft** -säfte
[oˈrãːʒn̩zaft] .... sok od naranče m
das **Orchester** - [ɔrˈkɛstɐ] .... orkestar m
die **Ordnung** kein Pl [ˈɔrdnʊŋ] .... red m
organisieren [ɔrganiˈziːrən] .... organizirati
der **Ort** -e [ɔrt] .... mjesto n
der **Osten** kein Pl [ˈɔstn̩] .... istok m
das **Ostern** - [ˈoːstɐn] .... Uskrs m
östlich [ˈœstlɪç] .... istočno
der **Ozean** -e [ˈoːtseaːn] .... ocean m

O

Pp

das **Paar** –e [paːɐ̯]	par m
paar [paːɐ̯]	nekoliko
das **Päckchen** – [ˈpɛkçən]	paketić m
das **Paket** –e [paˈkeːt]	paket m
die **Panne** –n [ˈpanə]	kvar m
der **Pannendienst** –e [ˈpanəndiːnst]	služba pomoći na cesti f
der **Papa** –s [ˈpapa]	tata m
das **Papier** kein Pl [paˈpiːɐ̯]	papir m
der/die **Paprika** –[s] [ˈpaprika]	paprika f
das **Parfüm** –e/–s [parˈfyːm]	parfem m
der **Park** –s [park]	park m
parken [ˈparkn̩]	parkirati
der **Parkplatz** –plätze [ˈparkplats]	parkiralište n
der **Parkscheinautomat** –en [ˈparkʃainʔautomaːt]	parkirni automat m
der, die **Partner, Partnerin** –, –nen [ˈpartnɐ, ˈpartnərɪn]	partner, partnerica m, f
passen [ˈpasn̩]	odgovarati
passieren [paˈsiːrən]	desiti se
der, die **Patient, Patientin** –en, –nen [paˈtsi̯ɛnt, paˈtsi̯ɛntn̩]	pacijent, pacijentica m, f
die **Pause** –n [ˈpauzə]	pauza f
das **Pech** kein Pl [pɛç]	neprilika f
das **Pedal** –e [peˈdaːl]	pedala f
die **Person** –en [pɛrˈzoːn]	osoba f
der **Personalausweis** –e [pɛrzoˈnaːlʔausvais]	osobna iskaznica f

P

persönlich [pɛrˈzøːnlɪç] .... osobno

die **Persönlichkeit** -en

[pɛrˈzøːnlɪçkaɪt] .... osobnost f

die **Perücke** -n [peˈrʏkə] .... perika f

die **Petersilie** -n [petɐˈziːliə] .... peršin m

der **Pfannkuchen** - [ˈpfankuːxn] .... palačinka f

der **Pfau** -e [pfau] .... paun m

der **Pfeffer** *kein Pl* [ˈpfɛfɐ] .... papar m

das **Pferd** -e [pfeːɐ̯t] .... konj m

der **Pfirsich** -e [ˈpfɪrzɪç] .... breskva f

die **Pflanze** -n [ˈpflantsə] .... biljka f

pflanzen [ˈpflantsn] .... saditi

die **Pflaume** -n [ˈpflaumə] .... šljiva f

die **Pfote** -n [ˈpfoːtə] .... šapa f

der **Pickel** - [ˈpɪkl] .... prišt m

die **Pille** -n [ˈpɪlə] .... pilula f

der, die **Pilot, Pilotin** -en, -nen

[piˈloːt, piˈloːtɪn] .... pilot, pilotkinja m, f

der **Pilz** -e [pɪlts] .... gljiva f

die **PIN-Nummer** -n [ˈpɪnnʊmɐ] .... PIN m

der **Pinsel** - [ˈpɪnzl] .... kist m

die **Pinzette** -n [pɪnˈtsɛtə] .... pinceta f

die **Pizza** -s/Pizzen [ˈpɪtsa] .... pizza f

der **Platz** Plätze [plats] .... trg m

plötzlich [ˈplœtslɪç] .... odjednom

polieren [poˈliːrən] .... polirati

die **Politik** *kein Pl* [poliˈtiːk] .... politika f

die **Polizei** *kein Pl* [poliˈtsai] .... policija f

die **Polizeiwache** -n [poliˈtsaivaxə] .... policijska postaja f

der **Polizeiwagen** - [poliˈtsaivaːgn] .... policijski auto m

P

der, die **Polizist, Polizistin**	policajac,
-en, -nen [poli'tsɪst, poli'tsɪstɪn]	policajka m, f
der **Pollen** - ['pɔlən]	pelud n
die **Pommes frites** *Pl* [pɔm 'frɪt]	pomfrit m
die **Popmusik** *kein Pl* ['pɔpmuziːk]	pop glazba f
das **Portemonnaie** -s [pɔrtmɔ'neː]	novčanik m
das **Porto** -s/Porti ['pɔrto]	poštarina f
portofrei ['pɔrtofrai]	poštarina plaćena
positiv ['poːzitiːf]	pozitivan, pozitivna, pozitivno
die **Post** *kein Pl* [pɔst]	pošta f
das **Postfach** -fächer ['pɔstfax]	poštanski pretinac m
die **Postkarte** -n ['pɔstkartə]	razglednica f
die **Postleitzahl** -en ['pɔstlaittsaːl]	poštanski broj m
die **Praline** -n [pra'liːnə]	bonbonjera f
der **Preis** -e [prais]	cijena f
die **Prepaidkarte** -n ['priːpeːtkartə]	kartica na bonove f
privat [pri'vaːt]	privatan, privatna, privatno
probieren [pro'biːrən]	pokušati
das **Problem** -e [pro'bleːm]	problem m
das **Produkt** -e [pro'dʊkt]	proizvod m
das **Programm** -e [pro'gram]	program m
das **Prozent** -e [pro'tsɛnt]	postotak m
die **Prüfung** -en ['pryːfʊŋ]	ispit m
der **Pullover** - [pʊ'loːvɐ]	pulover m
der **Puls** -e [pʊls]	bilo n
das **Pulver** - ['pʊlvɐ]	prah m
der **Punkt** -e [pʊŋkt]	točka f
pünktlich ['pʏŋktlɪç]	točan, točna, točno
die **Puppe** -n ['pʊpə]	lutka f

P

die **Pute** -n [ˈpuːtə]	purica f
putzen [ˈpʊtsn̩]	čistiti
der **Putzlappen** - [ˈpʊtslapn̩]	krpa za čišćenje f

Qq

die **Qualifikation** -en [kvalifikaˈtsjoːn]	kvalifikacija f
die **Qualität** -en [kvaliˈtɛːt]	kvaliteta f
der **Quark** *kein Pl* [kvark]	svježi sir m

Rr

das **Rad** Räder [raːt]	kotač m
der **Radiergummi** -s [raˈdiːɐ̯ɡʊmi]	gumica za brisanje f
das **Radieschen** - [raˈdiːsçən]	rotkvica f
das **Radio** -s [ˈraːdjo]	radio m
der **Rahmen** - [ˈraːmən]	okvir m
der **Rasen** - [ˈraːzn̩]	travnjak m
der **Rasenmäher** - [ˈraːznmɛːɐ̯]	kosilica f
sich **rasieren** [raˈziːrən]	brijati se
der **Rasierer** - [raˈziːrɐ]	brijaći aparat m
der **Rasierschaum** -schäume [raˈziːɐ̯ʃaum]	pjena za brijanje f
die **Raststätte** -n [ˈrastʃtɛtə]	odmorište n
der **Rat** *kein Pl* [raːt]	savjet m
das **Rathaus** -häuser [ˈraːthaus]	vijećnica f
die **Ratte** -n [ˈratə]	štakor m

P

der **Raubüberfall** -überfälle
  ['raupʔyːbɐfal] .... pljačka f
der **Rauch** *kein Pl* [raux] .... dim m
rauchen ['rauxn] .... pušiti
der **Rauchmelder** - ['rauxmɛldɐ] .... detektor dima m
das **Rauchverbot** -e ['rauxfɛɐboːt] ...... zabrana pušenja f
die **Raupe** –n ['raupə] .... gusjenica f
rechnen ['rɛçnən] .... računati
der **Rechner** - ['rɛçnɐ] .... računalo n
die **Rechnung** –en ['rɛçnʊŋ] .... račun m
das **Recht** *kein Pl* [rɛçt] .... pravo n
rechte(r, s) [rɛçtə] .... desna, desni, desno
rechts [rɛçts] .... desno
der, die **Rechtsanwalt,**
  Rechtsanwältin -anwälte, -nen   odvjetnik,
  ['rɛçtsʔanvalt, 'rɛçtsʔanvɛltɪn]   odvjetnica m, f
reden ['reːdn] .... govoriti
der **Regen** *kein Pl* ['reːgn] .... kiša f
der **Regenbogen** - ['reːgnboːgn] .... duga f
der **Regenschirm** -e ['reːgnʃɪrm] .... kišobran m
die **Regierung** -en [re'giːrʊŋ] .... vlada f
die **Region** -en [re'gioːn] .... područje n
regnen ['reːgnən] .... kišiti
das **Reh** -e [reː] .... srna f
reif [raif] .... zreo, zrela, zrelo
der **Reifen** - ['raifn] .... guma f
die **Reifenpanne** –n ['raifn̩panə] .... probušena guma
reinigen ['rainɪgn] .... očistiti
das **Reinigungsmittel** -
  ['rainɪgʊŋsmɪtl] .... sredstvo za čišćenje n
der **Reis** *kein Pl* [rais] .... riža f

R

die **Reise** -n ['raizə] .... putovanje n

der/die **Reisende** -n ['raizn̩də] .... putnik, putnica m, f

der **Reisepass** -pässe ['raizəpas] ...... putovnica f

das **Reiseziel** -e ['raizətsi:l] .... cilj putovanja m

der **Reißverschluss** -verschlüsse
['raisfɛɐʃlʊs] .... patentni zatvarač m

die **Religion** -en [reli'gio:n] .... vjera f

die **Rente** -n ['rɛntə] .... mirovina f

reservieren [rezɛr'vi:rən] .... rezervirati

die **Reservierung** -en [rezɛr'vi:rʊŋ] .... rezervacija f

der **Rest** -e [rɛst] .... ostatak m

das **Restaurant** -s [rɛsto'rã:] .... restoran m

retten ['rɛtn̩] .... spasiti

das **Rettungsboot** -e ['rɛtʊŋsbo:t] .... čamac za
spašavanje m

der **Rettungsring** -e ['rɛtʊŋsrɪŋ] .... pojas za
spašavanje m

der **Rettungswagen** -
['rɛtʊŋsva:gn̩] .... kola hitne pomoći n

das **Rezept** -e [re'tsɛpt] .... recept m

das **Rezept** -e [re'tsɛpt] .... recept m

der, die **Richter, Richterin**
-, -nen ['rɪçtɐ, 'rɪçtərɪn] .... sudac, sutkinja m, f

richtig ['rɪçtɪç] .... ispravan, ispravna,
ispravno

die **Richtung** -en ['rɪçtʊŋ] .... smjer m

riechen ['ri:çn̩] .... mirisati

das **Rindfleisch** *kein Pl* ['rɪntflaiʃ] .... govedina f

der **Ring** -e [rɪŋ] .... prsten m

die **Rippe** -n ['rɪpə] .... rebro n

der **Rock** Röcke [rɔk] .... suknja f

R

der **Roggen** *kein Pl* ['rɔgn̩]	raž m
roh [ro:]	sirov, a, o
das **Rohr** –e [ro:ɐ̯]	cijev f
der **Rollstuhl** –stühle ['rɔlʃtu:l]	invalidska kolica f
die **Rolltreppe** –n ['rɔltrɛpə]	pokretne stepenice fpl
der **Roman** –e [ro'ma:n]	roman m
das **Röntgenbild** –er ['rœntgn̩bɪlt]	rendgenska slika f
die **Rose** –n ['ro:zə]	ruža f
der **Rosenkohl** *kein Pl* ['ro:znko:l]	prokulica f
die **Rosine** –n [ro'zi:nə]	grožđica f
rot [ro:t]	crven, a, o
die **Rote Bete** –n [ro:tə 'be:tə]	cikla f
die **Röteln** *Pl* ['rø:tl̩n]	rubeola f
der **Rotkohl** *kein Pl* ['ro:tko:l]	crveni kupus m
der **Rotwein** –e ['ro:tvain]	crno vino n
die **Rübe** –n ['ry:bə]	repa m
der **Rücken** – ['rʏkn̩]	leđa npl
der **Rucksack** –säcke ['rʊkzak]	ruksak m
der **Rucola** *kein Pl* ['ru:kɔla]	rikola f
das **Rudern** *kein Pl* ['ru:dɐn]	veslanje n
rufen [ru:fn̩]	zvati
die **Ruhe** *kein Pl* ['ru:ə]	tišina f
ruhig ['ru:ɪç]	tih, a, o
das **Rührei** –er ['ry:ɐ̯ai]	pržena jaja npl
rund [rʊnt]	okrugao, okrugla, okruglo
die **Rutsche** –n ['rʊtʃə]	tobogan m

R

Ss

die **Sache** –n [ˈzaxə]	stvar f
der **Saft** Säfte [zaft]	sok m
saftig [ˈzaftɪç]	sočan, sočna, sočno
sagen [ˈzaːɡn̩]	reći
die **Sahne** *kein Pl* [ˈzaːnə]	vrhnje n
die **Salami** [–s] [zaˈlaːmi]	salama f
der **Salat** –e [zaˈlaːt]	salata f
die **Salatsoße** –n [zaˈlaːtzoːsə]	umak za salatu m
die **Salbe** –n [ˈzalbə]	mast f
das **Salz** *kein Pl* [zalts]	sol f
salzig [ˈzaltsɪç]	slan, a, o
der **Samen** – [ˈzaːmən]	sjeme n
sammeln [ˈzamln̩]	skupljati
der **Samstag** –e [ˈzamstaːk]	subota f
sämtlich [ˈzɛmtlɪç]	sav
der **Sand** *kein Pl* [zant]	pijesak m
die **Sandale** –n [zanˈdaːlə]	sandala f
das **Sandwich** –[e]s/–e [ˈzɛntvɪtʃ]	sendvič m
sanft [zanft]	nježan, nježna, nježno
der, die **Sanitäter, Sanitäterin** –, –nen [zaniˈtɛːtɐ, zaniˈtɛːtərɪn]	bolničar, bolničarka m, f
satt [zat]	sit, a, o
der **Sattel** Sättel [ˈzatl̩]	sedlo n
der **Satz** Sätze [zats]	rečenica f
sauber [ˈzaubɐ]	čist, a, o
sauer [ˈzauɐ]	kiseo, kisela, kiselo
der **Sauerstoff** *kein Pl* [ˈzauɐʃtɔf]	kisik m

S

der **Säugling** -e [ˈzɔyklɪŋ]	dojenče n
die **Sauna** -s/Saunen [ˈzauna]	sauna f
der **Scanner** – [ˈskɛnɐ]	skener m
das **Schach** *kein Pl* [ʃax]	šah m
das **Schaf** -e [ʃaːf]	ovca f
der, die **Schaffner, Schaffnerin**	konducter,
–, -nen [ˈʃafnɐ, ˈʃafnərɪn]	kondukterka m, f
der **Schal** -s/-e [ʃaːl]	šal m
schälen [ˈʃɛːlən]	guliti
der **Schalter** – [ˈʃaltɐ]	prekidač m
der **Schalter** – [ˈʃaltɐ]	šalter m
scharf [ʃarf]	oštar, oštra, oštro
der **Scharlach** *kein Pl* [ˈʃarlax]	šarlah m
der **Schatten** – [ˈʃatn̩]	sjena f
schauen [ˈʃauən]	gledati
das **Schaufenster** – [ˈʃaufɛnstɐ]	izlog m
die **Schaukel** -n [ˈʃaukl̩]	ljuljačka f
die **Scheibe** -n [ˈʃaibə]	kriška f
der **Scheibenwischer** – [ˈʃaibnvɪʃɐ]	brisač m
sich **scheiden lassen** [ˈʃaidn̩ lasn̩]	rastaviti se
die **Scheidung** -en [ˈʃaidʊŋ]	rastava f
der **Scheinwerfer** – [ˈʃainvɛrfɐ]	far m
der **Schenkel** – [ˈʃɛŋkl̩]	bedro n
die **Schere** -n [ˈʃeːrə]	škare fpl
schicken [ˈʃɪkn̩]	slati
das **Schienbein** -e [ˈʃiːnbain]	cjevanica f
schießen [ˈʃiːsn̩]	pucati
das **Schiff** -e [ʃɪf]	brod m
das **Schild** -er [ʃɪlt]	natpis m
die **Schilddrüse** -n [ˈʃɪltdryːzə]	štitna žlijezda f
die **Schildkröte** -n [ˈʃɪltkrøːtə]	kornjača f

S

der **Schinken** – ['ʃɪŋkn] .... šunka f
der **Schlaf** *kein Pl* [ʃlaːf] .... san m
der **Schlafanzug** –anzüge
['ʃlaːfʔantsuːk] .... pidžama f
schlafen ['ʃlaːfn] .... spavati
der **Schlafsack** –säcke ['ʃlaːfzak] ...... vreća za spavanje f
das **Schlafzimmer** – ['ʃlaːftsɪmɐ] .... spavaća soba f
der **Schlaganfall** –anfälle
['ʃlaːkʔanfal] .... moždani udar m
schlagen ['ʃlaːgn] .... udariti
das **Schlagzeug** –e ['ʃlaːktsɔyk] .... bubnjevi mpl
die **Schlange** –n ['ʃlaŋə] .... zmija f
schlank [ʃlaŋk] .... vitak, vitka, vitko
schlau [ʃlau] .... mudar, mudra,
                                                                          mudro
schlecht [ʃlɛçt] .... loš, a, e
schließen ['ʃliːsn] .... zatvoriti
schlimm [ʃlɪm] .... najgore
Schlitten fahren ['ʃlɪtn faːrən] .... voziti saonice
Schlittschuh laufen ['ʃlɪtʃuː laufn] .... klizati se
das **Schloss** Schlösser [ʃlɔs] .... dvorac m
der **Schlüssel** – ['ʃlʏsl̩] .... ključ m
schmal [ʃmaːl] .... uzak, uska, usko
schmecken ['ʃmɛkn] .... imati okus
der **Schmerz** –en [ʃmɛrts] .... bol f
das **Schmerzmittel** – ['ʃmɛrtsmɪtl̩] ..... sredstvo protiv
                                                                          bolova n
der **Schmetterling** –e ['ʃmɛtɐlɪŋ] ...... leptir m
sich **schminken** ['ʃmɪŋkn] .... nanijeti šminku
der **Schmuck** *kein Pl* [ʃmʊk] .... nakit m
schmutzig ['ʃmʊtsɪç] .... prljav, a, o

S

die **Schnalle** -n ['ʃnalə]	kopča f
der **Schnaps** Schnäpse [ʃnaps]	rakija f
schnarchen ['ʃnarçn]	hrkati
die **Schnecke** -n ['ʃnɛkə]	puž m
der **Schnee** *kein Pl* [ʃne:]	snijeg m
die **Schneekette** -n ['ʃne:kɛtə]	lanac za snijeg m
schneiden ['ʃnaidn]	rezati
schneien ['ʃnaiən]	sniježiti
schnell [ʃnɛl]	brz, a, o
der **Schnittlauch** *kein Pl* ['ʃnɪtlaux]	vlasac m
der **Schnuller** - ['ʃnʊlɐ]	duda varalica f
der **Schnupfen** - ['ʃnʊpfn]	hunjavica f
der **Schnurrbart** -bärte ['ʃnʊrbaːɐt]	brkovi mpl
der **Schnürsenkel** - ['ʃnyːɐzɛŋkl̩]	vezica za cipele f
der **Schock** -s [ʃɔk]	šok m
die **Schokolade** -n [ʃokoˈlaːdə]	čokolada f
schon [ʃoːn]	već
schön [ʃøːn]	lijep, a, o
der **Schornstein** -e ['ʃɔrnʃtain]	dimnjak m
der **Schrank** Schränke [ʃraŋk]	ormar m
die **Schraube** -n ['ʃraubə]	vijak m
schreiben ['ʃraibn]	pisati
der **Schreibtisch** -e ['ʃraiptɪʃ]	pisaći stol m
schreien ['ʃraiən]	vikati
der **Schritt** -e [ʃrɪt]	korak m
schrubben ['ʃrʊbn]	ribati
die **Schublade** -n ['ʃuːplaːdə]	ladica f
schüchtern ['ʃʏçtɐn]	sramežljiv, a, o
der **Schuh** -e [ʃuː]	cipela f
die **Schuld** *kein Pl* [ʃʊlt]	krivnja f
die **Schule** -n ['ʃuːlə]	škola f

S

der, die Schüler, Schülerin
-, -nen ['ʃyːlɐ, 'ʃyːlərɪn] .... školarac, školarka m, f
das Schulfach –fächer ['ʃuːlfax] .... školski predmet m
das Schulheft –e ['ʃuːlhɛft] .... školska bilježnica f
die Schulter –n ['ʃʊltɐ] .... rame n
die Schürze –n ['ʃʏrtsə] .... pregača f
die Schüssel –n ['ʃʏsl] .... zdjela f
der Schutz kein Pl ['ʃʊts] .... zaštita f
schützen ['ʃʏtsn] .... zaštititi
der Schwager Schwäger ['ʃvaːgɐ] ..... šogor m
die Schwägerin –nen ['ʃvɛːgərɪn] ..... šogorica f
der Schwamm Schwämme [ʃvam] ..... spužva f
der Schwan Schwäne [ʃvaːn] ..... labud m
schwanger ['ʃvaŋɐ] .... trudna
die Schwangerschaft –en
['ʃvaŋɐʃaft] .... trudnoća f
der Schwangerschaftsabbruch
–abbrüche ['ʃvaŋɐʃafts?apbrʊx] ...... prekid trudnoće m
der Schwangerschaftstest –s
['ʃvaŋɐʃaftstɛst] .... test na trudnoću m
der Schwanz Schwänze [ʃvants] ...... rep m
schwarz [ʃvarts] .... crn, a, o
das Schwein –e [ʃvain] .... svinja f
das Schweinefleisch kein Pl
['ʃvainəflaiʃ] .... svinjetina f
der Schweizer Franken -
['ʃvaitsɐ 'fraŋkn] .... švicarski franak m
schwer [ʃveːɐ̯] .... težak, teška, teško
schwerbehindert ['ʃveːɐ̯bəhɪndɐt] .... biti teški invalid
schwerhörig ['ʃveːɐ̯høːrɪç] .... nagluh
die Schwester –n ['ʃvɛstɐ] .... sestra f

s

die **Schwiegermutter** -mütter	
[ˈʃviːɡɐmʊtɐ]	punica f
der **Schwiegersohn** -söhne	
[ˈʃviːɡɛzoːn]	zet m
der **Schwiegervater** -väter	
[ˈʃviːɡɛfaːtɐ]	punac m
schwierig [ˈʃviːrɪç]	teško
das **Schwimmbad** -bäder	
[ˈʃvɪmbaːt]	bazen m
die **Schwimmbrille** -n [ˈʃvɪmbrɪlə]	plivačke naočale fpl
schwimmen [ˈʃvɪmən]	plivati
der **Schwindel** *kein Pl* [ˈʃvɪndl̩]	vrtoglavica f
sechs [zɛks]	šest
sechzehn [ˈzɛçtseːn]	šesnaest
sechzig [ˈzɛçtsɪç]	šezdeset
der **See** -n [zeː]	jezero n
die **See** *kein Pl* [zeː]	more n
das **Segelboot** -e [ˈzeːɡlboːt]	jedrilica f
segeln [ˈzeːɡln̩]	jedriti
sehen [ˈzeːən]	vidjeti
die **Sehenswürdigkeiten** *Pl*	
[ˈzeːənsvʏrdɪçkaitən]	znamenitosti fpl
sehr [zeːɐ̯]	vrlo
seid [zait]	ste
die **Seife** -n [ˈzaifə]	sapun m
sein [zain]	biti
sein(e) [ˈzain(ə)]	njegov, i
seine(r, s) [ˈzainə]	njegova, njegove, njegovog
seit [zait]	otkad
die **Seite** -n [ˈzaitə]	strana f

S

der **Sekt** *kein Pl* [zɛkt]	pjenušac m
die **Sekunde** –n [zeˈkʊndə]	sekunda f
selbst [zɛlpst]	osobno
selbstbewusst [ˈzɛlpstbəvʊst]	samosvjestan, samosvjesna, samosvjesno
selbstständig [ˈzɛlpʃtɛndɪç]	samostalan, samostalna, samostalno
selbstverständlich [ˈzɛlpʃtfɐʃtentlɪç]	razumljivo
selten [ˈzɛltn̩]	rijetko
seltsam [ˈzɛltzaːm]	neobičan, neobična, neobično
senden [ˈzɛndn̩]	slati
die **Sendung** –en [ˈzɛndʊŋ]	emisija f
der **Senf** *kein Pl* [zɛnf]	senf m
sensibel [zɛnˈziːbl̩]	osjetljiv, a, o
der **September** - [zɛpˈtɛmbɐ]	rujan m
servieren [zɛrˈviːrən]	poslužiti
die **Serviette** –n [zɛrˈvjɛtə]	ubrus m
der **Sessel** - [ˈzɛsl̩]	naslonjač m
sich **setzen** [ˈzɛtsn̩]	sjesti
das **Shampoo** –s [ˈʃampu]	šampon m
die **Shorts** *Pl* [ʃoːɐ̯ts]	kratke hlače fpl
sich [zɪç]	sebe
sicher [ˈzɪçɐ]	siguran, sigurna, sigurno
die **Sicherheit** *kein Pl* [ˈzɪçɐhait]	sigurnost f
der **Sicherheitsgurt** –e [ˈzɪçɐhaitsgʊrt]	sigurnosni pojas m
sicherlich [ˈzɪçɐlɪç]	sigurno

S

die **Sicherung** –en [ˈzɪçərʊŋ] .... osigurač m
der **Sicherungskasten** –kästen
[ˈzɪçərʊŋskastn̩] .... kutija s osiguračima f
Sie [ziː] Vi
sie [ziː] .... ona
sie [ziː] .... oni
das **Sieb** –e [ziːp] .... sito n
sieben [ˈziːbn̩] .... sijati
siebzehn [ˈziːptseːn] .... sedamnaest
siebzig [ˈziːptsɪç] .... sedamdeset
das **Silber** *kein Pl* [ˈzɪlbɐ] .... srebro n
der/das **Silvester** – [zɪlˈvɛstɐ] .... Stara godina f
die **SIM-Karte** –n [ˈzɪmkartə] .... SIM kartica f
sind [zɪnt] .... su
singen [ˈzɪŋən] .... pjevati
der **Sinn** *kein Pl* [zɪn] .... smisao f
der **Sitz** –e [zɪts] .... sjedalo n
sitzen [ˈzɪtsn̩] .... sjediti
der **Sitzplatz** –plätze [ˈzɪtsplats] .... sjedaće mjesto n
der **Ski** –er/– [ʃiː] .... skija f
das **Skifahren** *kein Pl* [ˈʃiːfaːrən] .... skijanje n
der **Slip** –s [slɪp] .... gaćice fpl
die **Slipeinlage** –n [ˈslɪpʔainlaːgə] .... higijenski uložak m
das **Smartphone** –s [ˈsmaːtfoʊn] .... pametan telefon m
die, das **SMS** – [ɛsʔɛmˈʔɛs] .... tekstovna poruka f
das **Snowboarding** *kein Pl*
[ˈsnoːboːɐ̯dɪŋ] .... voziti snowboard
so [zoː] .... tako
die **Socke** –n [ˈzɔkə] .... čarapa f
das **Sofa** –s [ˈzoːfa] .... sofa f
sofort [zoˈfɔrt] .... odmah

S

die **Software** *kein Pl* [ˈsɔftvɛːɐ̯]	software m
sogar [zoˈgaːɐ̯]	čak
der **Sohn** Söhne [zoːn]	sin m
die **Sojabohne** –n [ˈzoːjaboːnə]	sojina sjemenka f
die **Solarheizung** –en [zoˈlaːɐ̯haɪtsʊŋ]	solarno grijanje n
solche(r, s) [ˈzɔlçə]	takva, takav, takvo
der, die **Soldat, Soldatin** –en, –nen [zɔlˈdaːt, zɔlˈdaːtɪn]	vojnik, vojnikinja m, f
sollen [ˈzɔlən]	trebati
sollten wir ...? [ˈzɔltn viːɐ̯]	bi li trebali ...?
der **Sommer** – [ˈzɔmɐ]	ljeto n
die **Sommersprossen** *Pl* [ˈzɔmɐʃprɔsn̩]	pjegice fpl
die **Sonne** –n [ˈzɔnə]	sunce n
sich **sonnen** [ˈzɔnən]	sunčati se
der **Sonnenbrand** –brände [ˈzɔnənbrant]	opeklina od sunca f
die **Sonnenbrille** –n [ˈzɔnənbrɪlə]	sunčane naočale fpl
der **Sonnenhut** –hüte [ˈzɔnənhuːt]	šešir za sunce m
das **Sonnenschutzmittel** – [ˈzɔnənʃutsmɪtl̩]	zaštitna krema za sunčanje f
sonnig [ˈzɔnɪç]	sunčano
der **Sonntag** –e [ˈzɔntaːk]	nedjelja f
sonst [zɔnst]	inače
die **Sorge** –n [ˈzɔrgə]	briga f
sorgfältig [ˈzɔrkfɛltɪç]	savjestan, savjesna, savjesno
die **Soße** –n [ˈzoːsə]	umak m
das **Souvenir** –s [zuvəˈniːɐ̯]	suvenir m
die **Spaghetti** *Pl* [ʃpaˈgɛti]	špagete fpl

S

die/das **Spammail** –s [ˈspɛmmeːl]	.....	spam mail m
die **Spannung** *kein Pl* [ˈʃpanʊŋ]	.....	napon m
sparen [ˈʃpaːrən]	.....	štedjeti
der **Spargel** – [ˈʃparɡl]	.....	šparoga f
das **Sparkonto** -konten		
[ˈʃpaːɐ̯ˌkɔnto]	.....	štedni račun m
der **Spaß** *kein Pl* [ʃpaːs]	.....	zabava f
spät [ʃpɛːt]	.....	kasno
spazieren gehen [ʃpaˈtsiːrən ɡeːən]	.....	ići u šetnju
der **Spaziergang** –gänge		
[ʃpaˈtsiːɐ̯ɡaŋ]	.....	šetnja f
der **Speck** *kein Pl* [ʃpɛk]	.....	špek m
die **Speicherkarte** –n [ˈʃpaiçɐkartə]	.....	memorijska kartica f
speichern [ˈʃpaiçɐn]	.....	pohraniti
die **Speisekarte** –n [ˈʃpaizəkartə]	.....	jelovnik m
der **Spiegel** – [ˈʃpiːɡl]	.....	ogledalo n
das **Spiegelei** –er [ˈʃpiːɡlʔai]	.....	jaje na oko n
das **Spiel** –e [ʃpiːl]	.....	igra f
spielen [ˈʃpiːlən]	.....	igrati se
der, die **Spieler, Spielerin**		
–, –nen [ˈʃpiːlɐ, ˈʃpiːlərɪn]	.....	igrač, igračica m, f
der **Spielplatz** –plätze [ˈʃpiːlplats]	.....	igralište n
das **Spielzeug** –e [ˈʃpiːltsɔyk]	.....	igračka f
der **Spinat** *kein Pl* [ʃpiˈnaːt]	.....	špinat m
die **Spinne** –n [ˈʃpinə]	.....	pauk m
der **Sport** *kein Pl* [ʃpɔrt]	.....	sport m
die **Sporthalle** –n [ˈʃpɔrthalə]	.....	sportska dvorana f
der **Sportplatz** –plätze [ˈʃpɔrtplats]	.....	sportsko igralište n
die **Sprache** –n [ˈʃpraːxə]	.....	jezik m
sprechen [ˈʃprɛçn]	.....	govoriti
die **Sprechstunde** –n [ˈʃprɛçʃtʊndə]	.....	radno vrijeme n

S

die **Spritze** -n [ˈʃprɪtsə]	injekcija f
spritzen [ˈʃprɪtsn̩]	prskati
der **Sprung** Sprünge [ˈʃprʊŋ]	skok m
das **Spülbecken** - [ˈʃpyːlbɛkn̩]	sudoper m
die **Spülmaschine** -n [ˈʃpyːlmaʃiːnə]	perilica za suđe f
das **Spülmittel** - [ˈʃpyːlmɪtl̩]	deterđent za pranje posuđa m
der **Staat** -en [ʃtaːt]	država f
das **Stäbchen** - [ˈʃtɛːpçən]	štapić m
stabil [ʃtaˈbiːl]	stabilan, stabilna, stabilno
das **Stadion** Stadien [ˈʃtaːdjɔn]	stadion m
die **Stadt** Städte [ʃtat]	grad m
der **Stadtplan** -pläne [ˈʃtatplaːn]	plan grada m
stark [ʃtark]	jak, a, o
statt [ʃtat]	umjesto
stattfinden [ˈʃtatfɪndn̩]	održavati se
der **Stau** -s [ʃtau]	zastoj m
der **Staub** kein Pl [ʃtaup]	prašina f
Staub saugen [ˈʃtaup zaugn̩]	usisati prašinu
der **Staubsauger** - [ˈʃtaupzaugɐ]	usisavač m
das **Steak** -s [steːk]	odrezak m
die **Steckdose** -n [ˈʃtɛkdoːzə]	utičnica f
der **Stecker** - [ˈʃtɛkɐ]	utikač m
stehen [ˈʃteːən]	stajati
steigen [ˈʃtaign̩]	penjati se
der **Stein** -e [ʃtain]	kamen m
die **Stelle** -n [ˈʃtɛlə]	mjesto n
stellen [ˈʃtɛlən]	staviti
die **Stellenanzeige** -n [ˈʃtɛlənʔantsaigə]	natječaj za radno mjesto m

S

sterben [ˈʃtɛrbn̩]	umrijeti
steril [ʃteˈriːl]	sterilan, sterilna, sterilno
der **Stern** -e [ʃtɛrn]	zvijezda f
das **Stethoskop** -e [ʃtetoˈskoːp]	stetoskop m
die **Steuer** -n [ˈʃtɔʏɐ]	porez m
der **Stiefbruder** –brüder [ˈʃtiːfbruːdɐ]	polubrat m
der **Stiefel** - [ˈʃtiːfl̩]	čizma f
die **Stiefmutter** –mütter [ˈʃtiːfmʊtɐ]	maćeha f
die **Stiefschwester** -n [ˈʃtiːfʃvɛstɐ]	polusestra f
der **Stiefvater** –väter [ˈʃtiːffaːtɐ]	očuh m
der **Stier** -e [ʃtiːɐ̯]	bik m
der **Stil** -e [ʃtiːl]	stil m
still [ʃtɪl]	tih, a, o
stillen [ˈʃtɪlən]	dojiti
die **Stirn** -en [ʃtɪrn]	čelo n
das **Stockwerk** -e [ˈʃtɔkvɛrk]	kat m
der **Stoff** -e [ʃtɔf]	tkanina f
stolz [ʃtɔlts]	ponosan, ponosna, ponosno
stören [ˈʃtøːrən]	smetati
die **Störung** -en [ˈʃtøːrʊŋ]	smetnja f
die **Strafe** -n [ˈʃtraːfə]	kazna f
die **Straftat** -en [ˈʃtraːftaːt]	kazneno djelo n
der **Strand** Strände [ʃtrant]	plaža f
die **Straße** -n [ˈʃtraːsə]	cesta f
die **Straße** -n [ˈʃtraːsə]	ulica f
die **Straßenbahn** -en [ˈʃtraːsnbaːn]	tramvaj m
streichen [ˈʃtraɪçn̩]	ličiti

S

stricken [ˈʃtrɪkn̩]	plesti
die **Strickjacke** -n [ˈʃtrɪkjakə]	pletena vesta f
der **Strom** Ströme [ʃtroːm]	struja f
der **Stromzähler** – [ˈʃtroːmtsɛːlɐ]	strujno brojilo n
die **Strumpfhose** -n [ˈʃtrʊmpfhoːzə]	hulahopke fpl
das **Stück** Stücke [ʃtʏk]	komad m
der, die **Student, Studentin**	student,
–en, –nen [ʃtuˈdɛnt, ʃtuˈdɛntɪn]	studentica m, f
der **Studentenausweis** –e	studentska
[ʃtuˈdɛntn̩ʔausvais]	iskaznica f
das **Studium** *kein Pl* [ˈʃtuːdi̯ʊm]	studij m
der **Stuhl** Stühle [ʃtuːl]	stolica f
die **Stunde** -n [ˈʃtʊndə]	sat m
der **Stundenplan** –pläne	
[ˈʃtʊndn̩plaːn]	raspored sati m
der **Sturm** Stürme [ʃtʊrm]	oluja f
stürmisch [ˈʃtʏrmɪʃ]	buran, burna, burno
die **Suche** -n [ˈzuːxə]	traženje n
suchen [ˈzuːxn̩]	tražiti
die **Sucht** Süchte [zʊxt]	ovisnost f
Südamerika [ˈzyːtʔaˈmeːrika]	Južna Amerika f
der **Süden** *kein Pl* [ˈzyːdn̩]	jug m
südlich [ˈzyːtlɪç]	južno
der **Supermarkt** –märkte	
[ˈzuːpɐmarkt]	supermarket m
die **Suppe** -n [ˈzʊpə]	juha f
surfen [ˈzøːɐ̯fn̩]	surfati
süß [zyːs]	sladak, slatka, slatko
die **Süßigkeiten** *Pl* [ˈzyːsɪçkaitn̩]	slatkiši mpl
sympathisch [zymˈpaːtɪʃ]	simpatičan, sim-
	patična, simpatično

S

das **Symptom** -e [zʏmpˈtoːm]	simptom m
die **Synagoge** -n [zynaˈgoːgə]	sinagoga f
das **System** -e [zʏsˈteːm]	sistem m
die **Szene** -n [ˈstseːnə]	scena f

Tt

der **Tabak** *kein Pl* [ˈtabak]	duhan m
der **Tablet-Computer** -	
[ˈtɛblətkɔmpjuːtɐ]	tablet m
das **Tablett** -s/-e [taˈblɛt]	pladanj m
die **Tablette** -n [taˈblɛtə]	tableta f
der **Tag** -e [taːk]	dan m
das **Tal** Täler [taːl]	dolina f
der **Tampon** -s [ˈtampɔn]	tampon m
tanken [ˈtaŋkn̩]	napuniti gorivom
die **Tankstelle** -n [ˈtaŋkʃtɛlə]	benzinska crpka f
die **Tante** -n [ˈtantə]	teta f
der **Tanz** Tänze [tants]	ples m
tanzen [ˈtantsn̩]	plesati
die **Tasche** -n [ˈtaʃə]	torba f
die **Tasche** -n [ˈtaʃə]	džep m
das **Taschenbuch** -bücher	
[ˈtaʃənbuːx]	džepna knjiga f
der **Taschendiebstahl**	
-diebstähle [ˈtaʃndiːpʃtaːl]	džeparenje n
die **Taschenlampe** -n [ˈtaʃn̩lampə]	baterija f
das **Taschenmesser** - [ˈtaʃn̩mɛsɐ]	džepni nožić m
der **Taschenrechner** -	
[ˈtaʃn̩rɛçnɐ]	kalkulator m

T

das **Taschentuch** –tücher
['taʃntuːx] .... maramica f
die **Tasse** –n ['tasə] .... šalica f
die **Tastatur** –en [tasta'tuːɐ̯] .... tastatura f
die **Taube** –n ['taubə] .... golub m
tauchen ['tauxn] .... roniti
die **Taufe** –n ['taufə] .... krštenje n
tausend ['tauznt] .... tisuću
das/der **Taxi** –s ['taksi] .... taksi m
technisch ['tɛçnɪʃ] .... tehnički, tehnička,
tehničko

der **Tee** –s [teː] .... čaj m
der **Teebeutel** – ['teːbɔytl̩] .... čaj u vrećici m
die **Teekanne** –n ['teːkanə] .... čajnik m
der **Teelöffel** – ['teːlœfl̩] .... čajna žličica f
der **Teich** –e [taiç] .... bara f
der **Teig** –e [taik] .... tijesto n
der **Teil** –e [tail] .... dio m
teilen ['tailən] .... dijeliti
teilnehmen ['tailneːmən] .... sudjelovati
die **Teilzeit** *kein Pl* ['tailtsait] ...... skraćeno radno
vrijeme
das **Telefon** –e ['teːləfoːn] .... telefon m
telefonieren [teləfo'niːrən] .... telefonirati
die **Telefonnummer** –n
[teːləfoːnnʊmɐ] .... telefonski broj m
der **Teller** – ['tɛlɐ] .... tanjur m
der **Tempel** – ['tɛmpl̩] .... hram m
die **Temperatur** –en
[tɛmpəra'tuːɐ̯] .... temperatura f
das **Tennis** *kein Pl* ['tɛnɪs] .... tenis m

T

der **Teppich** -e [ˈtɛpɪç]	tepih m
der **Teppichboden** -böden [ˈtɛpɪçboːdn̩]	tapison m
der **Termin** -e [tɛrˈmiːn]	termin m
die **Terrasse** -n [tɛˈrasə]	terasa f
teuer [ˈtɔyɐ]	skup, a, o
das **Theater** - [teˈaːtɐ]	kazalište n
die **Theke** -n [ˈteːkə]	šank m
die **Therapie** -n [teraˈpiː]	terapija f
das **Thermometer** - [tɛrmoˈmeːtɐ]	toplomjer m
die **Thermoskanne®** -n [ˈtɛrmɔskanə]	termosica f
der **Thunfisch** -e [ˈtuːnfɪʃ]	tuna f
das **Ticket** -s [ˈtɪkət]	karta f
tief [tiːf]	dubok, a, o
die **Tiefgarage** -n [ˈtiːfgaraːʒə]	podzemna garaža f
tiefgefroren [ˈtiːfgəfroːrən]	smrznut, a, o
die **Tiefkühlkost** kein Pl [ˈtiːfkyːlkɔst]	smrznuta hrana f
das **Tier** -e [tiːɐ̯]	životinja f
der, die **Tierarzt, Tierärztin** -ärzte, -nen [ˈtiːɐ̯ʔaːɐ̯tst, ˈtiːɐ̯ʔɛːɐ̯tstɪn]	veterinar, veterinarka m, f
der **Tiger** - [ˈtiːgɐ]	tigar m
die **Tinte** kein Pl [ˈtɪntə]	tinta f
tippen [ˈtɪpən]	kucati
der **Tisch** -e [tɪʃ]	stol m
das **Tischtennis** kein Pl [ˈtɪʃtɛnɪs]	stolni tenis
das **Toastbrot** -e [ˈtoːstbroːt]	tost m
der **Toaster** - [ˈtoːstɐ]	toster m

T

die **Tochter** Töchter ['tɔxtɐ]	kći f
der **Tod** -e [toːt]	smrt f
die **Toilette** -n [tɔaˈlɛtə]	toalet m
das **Toilettenpapier** -e [tɔaˈlɛtnpapiːɐ̯]	toaletni papir m
die **Toilettenspülung** –en [tɔaˈlɛtnʃpyːluŋ]	ispiranje wc školjke
tolerant [toleˈrant]	tolerantan, tolerantna, tolerantno
die **Tomate** -n [toˈmaːtə]	rajčica f
die **Tonne** -n ['tɔnə]	bačva f
das **Tor** -e [toːɐ̯]	gol m
die **Torte** -n ['tɔrtə]	torta f
tot [toːt]	mrtav, mrtva, mrtvo
töten ['toːtn]	ubiti
der **Touchscreen** –s ['tatʃskriːn]	ekran na dodir m
der, die **Tourist, Touristin** -en, -nen [tuˈrɪst, tuˈrɪstɪn]	turist, turistkinja m, f
die **Touristeninformation** –en [tuˈrɪstnʔɪmfɔrmatsjoːn]	turistički ured m
traditionell [traditsjoˈnɛl]	tradicionalan, tradicionalna, tradicionalno
tragen ['traːgn]	nositi
tragen ['traːgn]	nositi
trainieren [trɛˈniːrən]	vježbati
der **Trainingsanzug** –anzüge ['trɛːnɪŋsʔantsuːk]	trenerka f
der **Traktor** –en ['traktoːɐ̯]	traktor m
der **Traum** Träume [traum]	san m
träumen ['trɔymən]	sanjati

T

traurig ['trauriç]	tužan, tužna, tužno
sich **treffen** ['trɛfn̩]	sresti se
die **Treppe** -n ['trɛpə]	stepenice fpl
trinken ['trɪŋkn̩]	piti
das **Trinkgeld** -er ['trɪŋkɡɛlt]	napojnica f
trocken ['trɔkən]	suh, a, o
die **Trommel** -n ['trɔml̩]	bubanj m
die **Trompete** -n [trɔmˈpeːtə]	truba f
trotz [trɔts]	usprkos
der **Truthahn** –hähne ['truːthaːn]	puran m
tschüss! [tʃyːs]	bok!
das **T-Shirt** -s ['tiːʃøːɐ̯t]	majica kratkih rukava f
die **Tulpe** -n ['tʊlpə]	tulipan m
tun [tuːn]	činiti
der **Tunnel** -/-s ['tʊnl̩]	tunel m
die **Tür** -en [tyːɐ̯]	vrata npl
der **Turm** Türme [tʊrm]	toranj m
das **Turnen** *kein Pl* ['tʊrnən]	gimnastika f
der **Turnschuh** -e ['tʊrnʃuː]	tenisica f
das **Türschloss** –schlösser ['tyːɐ̯ʃlɔs]	brava f
tut mir leid! [tuːt miːɐ̯ ˈlaid]	oprosti!
die **Tüte** -n ['tyːtə]	vrećica f
der **Typ** -en [tyːp]	tip m

Uu

die **U-Bahn** -en ['uːbaːn]	podzemna željeznica f
übel ['yːbl̩]	loše
die **Übelkeit** -en ['yːbl̩kait]	mučnina f

U

über ['y:bɐ]	preko
überall [y:bɐ'ʔal]	svuda
der **Überfall** **Überfälle** ['y:bɐfal]	napad m
das **Übergepäck** *kein Pl* ['y:bɐgəpɛk]	prtljaga teža od dopuštene f
übermorgen ['y:bɐmɔrgn]	prekosutra
überrascht [y:bɐ'raʃt]	iznenađen, iznenađena, iznenađeno
die **Überraschung** –en [y:bɐ'raʃʊŋ]	iznenađenje n
die **Überschwemmung** –en [y:bɐ'ʃvɛmʊŋ]	poplava f
die **Überweisung** –en [y:bɐ'vaizʊŋ]	uputnica f
übrig ['y:brɪç]	ostalo
die **Übung** –en ['y:bʊŋ]	vježba f
... Uhr [... u:ɐ]	... sati
die **Uhr** –en [u:ɐ]	sat m
die **Uhrzeit** –en ['u:ɐtsait]	vrijeme n
um [ʊm]	u
sich **umarmen** [ʊm'ʔarmən]	zagrliti se
die **Umarmung** –en [ʊm'ʔarmʊŋ]	zagrljaj m
der **Umschlag** **Umschläge** ['ʊmʃla:k]	omot m
umsteigen ['ʊmʃtaign]	presjedati
umziehen ['ʊmtsi:ən]	preseliti se
und [ʊnt]	i
unfähig ['ʊnfɛ:ɪç]	nesposoban, nesposobna, nesposobno
der **Unfall** **Unfälle** ['ʊnfal]	nezgoda f
ungeduldig ['ʊngədʊldɪç]	nestrpljiv, a, o

U

ungefähr [ˈʊŋɡəfɛːɐ̯] .... otprilike
unglücklich [ˈʊŋɡlʏklɪç] .... nesretan, nesretna,
                                                          nesretno
unhöflich [ˈʊnhøːflɪç] .... neuljudan, neuljudna,
                                                          neuljudno
die **Uniform** –en [uniˈfɔrm] .... odora f
die **Universität** –en [univɛrziˈtɛːt] ..... sveučilište n
unmöglich [ˈʊnmøːklɪç] .... nemoguć, a, e
uns [ʊns] .... nas
unser(e) [ˈʊnzɐ] .... naš, i
unsere(r, s) [ˈʊnz(ə)rə] .... naša, naše, našeg
unsympathisch [ˈʊnzʏmpaːtɪʃ] .... nesimpatičan,
                                                          nesimpatična,
                                                          nesimpatično

unten [ˈʊntn̩] .... dolje
unter [ˈʊntɐ] .... ispod
die **Unterführung** –en [ʊntɐˈfyːrʊŋ] ... podvožnjak m
sich **unterhalten** [ʊntɐˈhaltn̩] .... razgovarati
die **Unterhaltung** –en [ʊntɐˈhaltʊŋ] ... razgovor m
die **Unterhose** –n [ˈʊntɐhoːzə] .... gaće fpl
unterschreiben [ʊntɐˈʃraibn̩] .... potpisati
die **Unterwäsche** *kein Pl*
  [ˈʊntɛvɛʃə] .... donje rublje n
der **Urlaub** –e [ˈuːɐ̯laup] .... odmor m
der **USB-Stick** –s [uːʔɛsˈbeːstɪk] .... USB stick

U

V v

die **Vase** –n [ˈvaːzə] .... vaza f

der **Vater** Väter [ˈfaːtɐ] .... otac m

vegan [veˈɡaːn] .... vegan

vegetarisch [veɡeˈtaːrɪʃ] .... vegetarijski, vegetarijska, vegetarijsko

die **Vene** –n [ˈveːnə] .... vena f

sich **verabschieden** [fɛɐˈʔapʃiːdn̩] .... oprostiti se

verängstigt [fɛɐˈʔɛŋstɪçt] .... zastrašen, a, o

verantwortlich [fɛɐˈʔantvɔrtlɪç] .... odgovoran, odgovorna, odgovorno

die **Verantwortung** –en
[fɛɐˈʔantvɔrtʊŋ] .... odgovornost f

verärgert [fɛɐˈʔɛrɡɐt] .... ljutit, a, o

verbieten [fɛɐˈbiːtn̩] .... zabraniti

verboten [fɛɐˈboːtn̩] .... zabranjen, a, o

der, die **Verbrecher, Verbrecherin**
–, –nen [fɛɐˈbrɛçɐ, fɛɐˈbrɛçərɪn] .... zločinac, zločinka m, f

verbringen [fɛɐˈbrɪŋən] .... provesti

die **Verdauung** *kein Pl* [fɛɐˈdauʊŋ] .... probava f

verdienen [fɛɐˈdiːnən] .... zaraditi

die **Vereinten Nationen** *Pl*
[fɛɐˈʔaintn̩ naˈtsjoːnən] .... Ujedinjeni narodi mpl

das **Verfallsdatum** –daten
[fɛɐˈfalsdaːtʊm] .... rok uporabe m

vergessen [fɛɐˈɡɛsn̩] .... zaboraviti

die **Vergewaltigung** –en
[fɛɐɡəˈvaltɪɡʊŋ] .... silovanje n

die **Vergiftung** –en [fɛɐˈɡɪftʊŋ] .... otrovanje n

verheiratet [fɛɐ̯ˈhaɪraːtət] .... oženjen, udata (m, f)
die **Verhütung** –en [fɛɐ̯ˈhyːtʊŋ] .... kontracepcija f
verkaufen [fɛɐ̯ˈkaʊfn̩] .... prodati
der, die **Verkäufer, Verkäuferin** prodavač,
–, –nen [fɛɐ̯ˈkɔʏfɐ, fɛɐ̯ˈkɔʏfərɪn] prodavačica m, f
der **Verkehr** *kein Pl* [fɛɐ̯ˈkeːɐ̯] promet m
der **Verkehrsunfall** –unfälle
[fɛɐ̯ˈkeːɐ̯sʔʊnfal] .... prometna nesreća f
verlassen [fɛɐ̯ˈlasn̩] .... ostaviti
verletzen [fɛɐ̯ˈlɛtsn̩] .... ozlijediti
die **Verletzung** –en [fɛɐ̯ˈlɛtsʊŋ] .... ozljeda f
sich **verlieben** [fɛɐ̯ˈliːbn̩] .... zaljubiti se
verliebt [fɛɐ̯ˈliːpt] .... zaljubljen, a, o
verlieren [fɛɐ̯ˈliːrən] .... izgubiti
verloren [fɛɐ̯ˈloːrən] .... izgubljen, a, o
vermieten [fɛɐ̯ˈmiːtn̩] .... iznajmiti
der, die **Vermieter, Vermieterin** najmodavac,
–, –nen [fɛɐ̯ˈmiːtɐ, fɛɐ̯ˈmiːtərɪn] najmodavka m, f
vermissen [fɛɐ̯ˈmɪsn̩] .... nedostajati
die **Verpackung** –en [fɛɐ̯ˈpakʊŋ] .... pakovanje n
verpassen [fɛɐ̯ˈpasn̩] .... propustiti
verrückt [fɛɐ̯ˈrʏkt] .... lud, a, o
verschieden [fɛɐ̯ˈʃiːdn̩] .... različit, a, o
die **Versicherung** –en [fɛɐ̯ˈzɪçərʊŋ] .... osiguranje n
die **Verspätung** –en [fɛɐ̯ˈʃpɛːtʊŋ] .... zakašnjenje n
versprechen [fɛɐ̯ˈʃprɛçn̩] .... obećati
verstehen [fɛɐ̯ˈʃteːən] .... razumjeti
versuchen [fɛɐ̯ˈzuːxn̩] .... pokušati
die **Verteidigung** –en [fɛɐ̯ˈtaɪdɪgʊŋ] .... obrana f
der **Vertrag** Verträge [fɛɐ̯ˈtraːk] .... ugovor m
verwandt [fɛɐ̯ˈvant] .... u rodu

V

der/die **Verwandte** -n [fɛɐ̯'vantə]	rođak, rođakinja m, f
verwirrt [fɛɐ̯'vɪrt]	zbunjen, a, o
verwitwet [fɛɐ̯'vɪtvət]	udovac, udovica m, f
verzweifelt [fɛɐ̯'tsvaiflt]	očajan, očajna, očajno
viel [fiːl]	puno
viel(e) ['fiːl(ə)]	mnogi
vielleicht [fi'laiçt]	možda
vier [fiːɐ̯]	četiri
viermal ['fiːɐ̯maːl]	četiri puta
vierte(r, s) ['fiːɐ̯tə]	četvrta, četvrti, četvrto
das/der **Viertel** – ['fɪrtl]	četvrtina f
vierzehn ['fɪrtseːn]	četrnaest
vierzig ['fɪrtsɪç]	četrdeset
das **Virus** Viren ['viːrʊs]	virus m
das **Visum** Visa/Visen ['viːzʊm]	viza f
das **Vitamin** -e [vita'miːn]	vitamin m
der **Vogel** Vögel ['foːgl]	ptica f
das **Volk** Völker [fɔlk]	narod m
voll [fɔl]	pun, a, o
der **Volleyball** kein Pl ['vɔlibal]	odbojka f
völlig ['fœlɪç]	potpuno
das **Vollkornbrot** -e ['fɔlkɔrnbroːt]	crni integralni kruh m
die **Vollpension** kein Pl ['fɔlpãzjoːn]	puni pansion m
von [fɔn]	od
vor [foːɐ̯]	ispred
vorbei [foːɐ̯'bai]	prošlo
die **Vorfahrt** -en ['foːɐ̯faːɐ̯t]	prednost prolaza f
vorgestern ['foːɐ̯gɛstɐn]	prekjučer

V

der **Vorhang** Vorhänge [ˈfoːɡhaŋ]	zavjesa f
der **Vormittag** -e [ˈfoːɡmɪtaːk]	prijepodne n
vorn(e) [fɔrn(ə)]	naprijed
der **Vorschlag** Vorschläge [ˈfoːɡʃlaːk]	prijedlog m
vorsichtig [ˈfoːɡzɪçtɪç]	oprezan, oprezna, oprezno
die **Vorspeise** -n [ˈfoːɡʃpaizə]	predjelo n
vorstellen [ˈfoːɡʃtɛlən]	predstaviti
der **Vorteil** -e [ˈfɔrtail]	prednost f
der **Vulkan** -e [vʊlˈkaːn]	vulkan m

Ww

die **Waage** -n [ˈvaːgə]	vaga f
wach [ˈvax]	budan, budna, budno
wachsen [ˈvaksn̩]	rasti
die **Waffel** -n [ˈvafl̩]	oblatna f
wählen [ˈvɛːlən]	birati
wahr [vaːɡ]	istinit, a, o
während [ˈvɛːrənt]	tijekom
wahrscheinlich [vaːɡˈʃainlɪç]	vjerojatno
die **Währung** -en [ˈvɛːrʊŋ]	valuta f
der **Wald** Wälder [valt]	šuma f
die **Walnuss** Walnüsse [ˈvalnʊs]	orah m
die **Wand** Wände [vant]	zid m
wandern [ˈvandɐn]	pješačiti
die **Wange** -n [ˈvaŋə]	obraz m

wann [van]	kada
warm [varm]	topao, topla, toplo
die **Wärmflasche** –n [ˈvɛrmflaʃə]	termofor m
warten [ˈvartn]	čekati
das **Wartezimmer** - [ˈvartətsɪmɐ]	čekaonica f
warum [vaˈrʊm]	zašto
was [vas]	što
das **Waschbecken** - [ˈvaʃbɛkn]	umivaonik m
die **Wäsche** *kein Pl* [ˈvɛʃə]	rublje n
waschen [ˈvaʃn]	prati
der **Wäschetrockner** - [ˈvɛʃətrɔknɐ]	sušilica rublja f
die **Waschmaschine** –n [ˈvaʃmaʃiːnə]	perilica za rublje f
das **Waschpulver** *kein Pl* [ˈvaʃpʊlvɐ]	deterđent za pranje rublja m
das **Wasser** *kein Pl* [ˈvasɐ]	voda f
der **Wasserfall** –fälle [ˈvasɐfal]	slap m
der **Wasserhahn** –hähne [ˈvasɐhaːn]	slavina f
der **Wasserkocher** - [ˈvasɐkɔxɐ]	kuhalo za vodu n
die **Wassermelone** –n [ˈvasɐmeloːnə]	lubenica f
das **WC** –s [veːˈtseː]	WC m
der **WC-Reiniger** - [veːˈtseːraɪnɪgɐ]	sredstvo za čišćenje WC-a n
das **Wechselgeld** *kein Pl* [ˈvɛkslgɛlt]	sitniš m
der **Wechselkurs** –e [ˈvɛkslkʊrs]	devizni tečaj m
wechseln [ˈvɛksln]	mijenjati
der **Wecker** - [ˈvɛkɐ]	budilica f
weg [vɛk]	dalje

W

der **Weg** –e [veːk]	put m
wegen [ˈveːgn̩]	zbog
wehtun [ˈveːtuːn]	boljeti
weiblich [ˈvaiplɪç]	ženski, ženska, žensko
weich [vaiç]	mek, a, o
das **Weihnachten** – [ˈvainaxtn̩]	Božić m
weil [vail]	jer
die **Weile** *kein Pl* [ˈvailə]	neko vrijeme
der **Wein** –e [vain]	vino n
weinen [ˈvainən]	plakati
die **Weintraube** –n [ˈvaintraubə]	zrno grozda n
weiß [vais]	bijel, a, o
das **Weißbrot** –e [ˈvaisbroːt]	bijeli kruh m
der **Weißkohl** *kein Pl* [ˈvaiskoːl]	kupus m
der **Weißwein** –e [ˈvaisvain]	bijelo vino
weit [vait]	daleko
weiterleiten [ˈvaitəlaitn̩]	proslijediti
der **Weizen** *kein Pl* [ˈvaitsn̩]	pšenica f
welche(r, s) [ˈvɛlçə]	koja, koji, koje
die **Welle** –n [ˈvɛlə]	val m
die **Welt** –en [vɛlt]	svijet m
der **Weltraum** *kein Pl* [ˈvɛltraum]	svemir m
wem [veːm]	komu
wen [veːn]	koga
wenig [ˈveːnɪç]	malo
wenig(e) [ˈveːnɪg(ə)]	nekoličina f
wenn [vɛn]	ako
wer [veːɐ̯]	tko
die **Werbung** *kein Pl* [ˈvɛrbʊŋ]	reklama
werden [ˈveːɐ̯dn̩]	postati

werfen [ˈvɛrfn]	baciti
die **Werkstatt** -stätten [ˈvɛrkʃtat]	radionica f
das **Werkzeug** -e [ˈvɛrktsɔyk]	alat m
der **Wert** *kein Pl* [veːɐt]	vrijednost f
die **Wespe** -n [ˈvɛspə]	osa f
der **Westen** *kein Pl* [ˈvɛstn̩]	zapad m
westlich [ˈvɛstlɪç]	zapadno
das **Wetter** - [ˈvɛtɐ]	vrijeme n
der **Wetterbericht** -e [ˈvɛtɐbərɪçt]	vremenska prognoza f
der **Wettkampf** -kämpfe [ˈvɛtkampf]	natjecanje n
wichtig [ˈvɪçtɪç]	važan, važna, važno
wie [viː]	kako
wieder [ˈviːdɐ]	ponovo
wiederholen [viːdɐˈhoːlən]	ponoviti
die **Wiese** -n [ˈviːzə]	livada f
wieso [viˈzoː]	zašto
wild [vɪlt]	divlji, divlja, divlje
willkommen! [vɪlˈkɔmən]	dobro došao!
die **Wimper** -n [ˈvɪmpɐ]	trepavica f
der **Wind** -e [vɪnt]	vjetar m
die **Windel** -n [ˈvɪndl̩]	pelena f
windig [ˈvɪndɪç]	vjetrovito
die **Windpocken** *Pl* [ˈvɪntpɔkn̩]	vodene kozice fpl
die **Windschutzscheibe** -n [ˈvɪntʃʊtsʃaibə]	vjetrobransko staklo n
winken [ˈvɪŋkn̩]	mahati
der **Winter** - [ˈvɪntɐ]	zima f
wir [viːɐ]	mi
die **Wirbelsäule** -n [ˈvɪrbl̩zɔylə]	kralješnica f

W

wirklich ['vɪrklɪç] .... stvarno

wissen ['vɪsn̩] .... znati

die **Wissenschaft** -en ['vɪsn̩ʃaft] .... znanost f

der **Witz** -e [vɪts] .... vic m

das **WLAN** -s ['veːlan] .... bežični internet m

wo [voː] .... gdje

die **Woche** -n ['vɔxə] .... tjedan m

das **Wochenende** -n ['vɔxnʔɛndə] .... vikend m

der **Wochentag** -e ['vɔxntaːk] .... radni dan m

woher [voˈheːɐ̯] .... odakle

wohin [voˈhɪn] .... kamo

der **Wohnblock** -s/-blöcke
['voːnblɔk] .... stambeni blok m

wohnen ['voːnən] .... stanovati

das **Wohnheim** -e ['voːnhaim] .... dom m

die **Wohnung** -en ['voːnʊŋ] .... stan m

der **Wohnwagen** - ['voːnvaːgn̩] .... kamp-kućica f

das **Wohnzimmer** - ['voːntsɪmɐ] .... dnevna soba f

der **Wolf** Wölfe [vɔlf] .... vuk m

die **Wolke** -n ['vɔlkə] .... oblak m

wolkig ['vɔlkɪç] .... oblačno

die **Wolle** *kein Pl* ['vɔlə] .... vuna f

wollen ['vɔlən] .... htjeti

das **Wort** Wörter [vɔrt] .... riječ f

das **Wörterbuch** -bücher
['vœrtɐbuːx] .... rječnik m

wozu [voˈtsuː] .... čemu

die **Wunde** -n ['vʊndə] .... rana f

wunderbar ['vʊndɐbaːɐ̯] .... divan, divna, divno

der **Wunsch** Wünsche [vʊnʃ] .... želja f

wünschen ['vʏnʃn̩] .... željeti

würden wir ...? ['vʏrdn̩ viːɐ̯] .... da li bismo ...?
der **Würfel** – ['vʏrfl̩] .... kocka f
der **Wurm** Würmer [vʊrm] .... glista f
die **Wurst** Würste [vʊrst] .... kobasica f
die **Wurzel** –n ['vʊrtsl̩] .... korijen m
die **Wüste** –n ['vyːstə] .... pustinja f
wütend ['vyːtənt] .... bijesan, bijesna,
  bijesno

Zz

die **Zahl** –en [tsaːl] .... broj m
zählen ['tsɛːlən] .... brojati
der **Zahn** Zähne [tsaːn] .... zub m
der, die **Zahnarzt,**
  Zahnärztin –ärzte, –nen
  ['tsaːnʔaːɐ̯tst, 'tsaːnʔɛːɐ̯tstɪn] .... zubar, zubarka m, f
die **Zahnbürste** –n ['tsaːnbʏrstə] .... četkica za zube f
das **Zahnfleisch** kein Pl ['tsaːnflaiʃ] .... zubno meso n
die **Zahnpasta** –pasten ['tsaːnpasta] ... pasta za zube f
die **Zahnschmerzen** Pl
  ['tsaːnʃmɛrtsn̩] .... zubobolja f
der **Zaun** Zäune [tsaun] .... ograda f
das **Zebra** –s ['tseːbra] .... zebra f
der **Zebrastreifen** – ['tseːbraʃtraifn̩] .... pješački prijelaz m
die **Zecke** –n ['tsɛkə] .... krpelj m
der **Zeh** –en [tseː] .... nožni prst m
der **Zehennagel** –nägel
  ['tseːənnaːgl̩] .... nokat nožnog prsta m

W

zehn [tseːn] .... deset

das **Zeichen** – ['tsaiçn] .... znak m

zeichnen ['tsaiçnən] .... crtati

der **Zeigefinger** – ['tsaigəfiŋɐ] .... kažiprst m

zeigen ['tsaign] .... pokazati

die **Zeit** -en [tsait] .... vrijeme n

die **Zeitschrift** -en ['tsaitʃrift] .... časopis m

die **Zeitung** -en ['tsaitʊŋ] .... novine fpl

das **Zelt** -e [tsɛlt] .... šator m

zelten ['tsɛltn] .... kampirati

der, das **Zentimeter** – [tsɛntiˈmeːtɐ] ... centimetar m

das **Zentrum** Zentren ['tsɛntrʊm] ... centar m

zerbrechlich [tsɛɐ̯ˈbrɛçlıç] .... lomljiv, a, o

der **Zettel** – ['tsɛtl] .... cedulja f

die **Ziege** -n ['tsiːgə] .... koza f

ziehen ['tsiːən] .... vući

das **Ziel** -e [tsiːl] .... cilj m

ziemlich ['tsiːmlıç] .... znatno

die **Ziffer** -n ['tsıfɐ] .... broj m

die **Zigarette** -n [tsigaˈrɛtə] .... cigareta f

die **Zigarre** -n [tsiˈgarə] .... cigara f

das **Zimmer** – ['tsımɐ] .... soba f

der **Zimt** *kein Pl* [tsımt] .... cimet m

der **Zins** -en ['tsıns] .... kamata f

die **Zitrone** -n [tsiˈtroːnə] .... limun m

der **Zoll** *kein Pl* [tsɔl] .... carina f

der **Zoo** -s [tsoː] .... zoološki vrt m

zu [tsuː] .... kod

zu Hause [tsu ˈhauzə] .... kod kuće

die **Zucchini** – [tsʊˈkiːni] .... tikvica f

der **Zucker** *kein Pl* ['tsʊkɐ] .... šećer m

Z

zuckerfrei [ˈtsʊkɐfrai]	bez šećera
zuerst [tsuˈʔeːɐst]	najprije
der **Zufall** Zufälle [ˈtsuːfal]	slučajnost f
der **Zug** Züge [tsuːk]	vlak m
das **Zuhause** *kein Pl* [tsuˈhauzə]	dom m
zuhören [ˈtsuːhøːrən]	slušati
zum [tsʊm]	k
zumachen [ˈtsuːmaxn]	zatvoriti
die **Zunge** –n [ˈtsʊŋə]	jezik m
zur [tsuːɐ]	k
zurück [tsuˈrʏk]	natrag
zurückkommen [tsuˈrʏkkɔmən]	vratiti se
zusammen [tsuˈzamən]	zajedno
zusätzlich [ˈtsuːzɛtslɪç]	dodatno
der, die **Zuschauer,**	gledatelj,
Zuschauerin –, –nen	gledateljica m, f
[ˈtsuːʃaue, ˈtsuːʃauərɪn]	
der **Zustand** Zustände [ˈtsuːʃtant]	stanje n
zwanzig [ˈtsvantsɪç]	dvadeset
zwei [tsvai]	dva
zweimal [ˈtsvaimaːl]	dva puta
zweite(r, s) [ˈtsvaitə]	druga, drugi, drugo
die **Zwiebel** –n [ˈtsviːbl]	luk m
die **Zwillinge** *Pl* [ˈtsvɪlɪŋə]	blizanci mpl
zwischen [ˈtsvɪʃn]	između
zwölf [tsvœlf]	dvanaest

Z

DIE WICHTIGSTEN SÄTZE

NAJVAŽNIJE REČENICE

Im Gespräch U razgovoru

BEGRÜSSEN UND VERABSCHIEDEN
POZDRAVITI I OPROSTITI SE

Guten Tag! .... Dobar dan!
[guːtn̩ ˈtaːk] ['dɔbar daːn]
Guten Abend! Dobra večer!
[guːtn̩ ˈaːbn̩t] ['dɔbra ˈvɛtʃer]
Hallo! [haˈloː] Bok! [bɔk]
Auf Wiedersehen! Doviđenja!
[auf ˈviːdɛzeːən] [dɔʋiˈdʒɛɲa]
Tschüss! [tʃyːs] Bok! [bɔk]

HÖFLICHKEIT
ULJUDNOST

bitte [ˈbɪtə] .... molim [ˈmɔlim]
danke [ˈdaŋkə] hvala [ˈxʋaːla]
bitte schön [ˈbɪtə ʃøːn] molim lijepo
['mɔlim liˈjeːpɔ]
Ja, bitte. [jaː ˈbɪtə] Da, molim. [da ˈmɔlim]
Nein, danke. [nain ˈdaŋkə] Ne, hvala. [nɛ ˈxʋaːla]
Keine Ursache! Nema na čemu!
[kainə ˈuːɐ̯zaxə] ['nɛma na ˈtʃemu]
Entschuldigung! Oprosti!
[ɛntˈʃʊldɪɡʊŋ] [ɔˈprɔsti]
Entschuldigen Sie, ... Oprostite, ...
[ɛntˈʃʊldɪɡn̩ ziː ...] [ɔˈprɔstite ...]
Das tut mir leid. Žao mi je.
[das tuːt miːɐ̯ ˈlait] [ˈʒao mi jɛ]

Wie geht's? [vi: ˈgeːts] .... | Kako si? [ˈkako si]
Danke, gut. Und Ihnen/dir? .... | Hvala, dobro. A Vi/ti?
[ˈdaŋkə ˈguːt ʊnt ˈiːnən/ˈdiːɐ̯] | [ˈxʋaːla ˈdɔbrɔ a ʋi/ti]

KOMMUNIKATION
KOMUNIKACIJA

Wie bitte? [ˈviː bɪtə] .... | Molim? [ˈmɔlim]
Ich verstehe. [ɪç fɛɐ̯ˈʃteːə] .... | Razumijem. [raˈzumijem]
Ich verstehe nicht. .... | Ne razumijem.
[ɪç fɛɐ̯ˈʃteːə nɪçt] | [nɛ raˈzumijem]
Könnten Sie das bitte .... | Možete li to ponoviti,
  wiederholen? [ˈkœntən ziː | molim? [ˈmɔʒete li tɔ
  das bɪtə viːdɐˈhoːlən] | pɔˈnɔviti ˈmɔlim]
Könnten Sie bitte .... | Molim Vas, možete li
  langsamer sprechen? | govoriti sporije? [ˈmɔlim
  [ˈkœntən ziː bɪtə | ʋas ˈmɔʒete li gɔˈʋoriti
  ˈlaŋzaːmɐ ʃprɛçṇ] | ˈsporije]
Könnten Sie das bitte .... | Možete li to napisati,
  aufschreiben? [ˈkœntən | molim? [ˈmɔʒete li tɔ
  ziː das bɪtə ˈaʊfʃraibṇ] | naˈpiːsati ˈmɔlim]
Was bedeutet ...? .... | Što znači ...?
  [ˈvas bəˈdɔytət ...] | [ʃtɔ ˈznatʃi ...]

SICH VORSTELLEN
PREDSTAVITI SE

Wie heißt du? .... | Kako se zoveš?
  [viː ˈhaist duː] | [ˈkako se ˈzoveʃ]
Wie heißen Sie? .... | Kako se zovete?
  [viː ˈhaisṇ ziː] | [ˈkako se ˈzovete]

Ich heiße ... [ɪç 'haɪsə ...] .... Zovem se ... ['zɔʋɛm sɛ]

Woher kommen Sie? .... Odakle ste?
[voˈheːɐ̯ ˈkɔmən ziː] ['ɔdakle stɛ]

Woher kommst du? .... Odakle si?
[voˈheːɐ̯ ˈkɔmst duː] ['ɔdakle si]

Ich komme aus ... . Ja sam iz ...
[ɪç ˈkɔmə aus ...] [ja sam iz ...]

Hier ist meine E-Mail- .... Ovo je moja mail adresa.
Adresse. [hiːɐ̯ ɪst mainə ['ɔʋo jɛ ˈmɔja mɛːjl aˈdrɛːsa]
ˈiːmeɪladrɛsə]

Hier ist meine .... Ovo je moj broj telefona.
Telefonnummer. [hiːɐ̯ ɪst ['ɔʋo jɛ ˈmɔj brɔj tɛlɛˈfoːna]
mainə teːleˈfoːnnʊmɐ]

Beim Telefonieren Pri telefoniranju

Ich hätte gern eine .... Molim Vas, rado bih htio/
SIM-Karte, bitte. [ɪç hɛtə htjela SIM karticu. [ˈmɔlim
gern ainə ˈzɪmkartə bɪtə] ʋas ˈrado bix ˈxtiɔ/ˈxtjela sim
ˈkartitsu]

Mein Akku ist leer. .... Baterija mi je prazna.
[main ˈaku ɪst leːɐ̯] [baˈterija mi jɛ ˈprazna]

Hier spricht ... [hiːɐ̯ ʃprɪçt ...] ... Ovdje je ... [ˈɔʋdje jɛ ...]

Mit wem spreche ich bitte? ... Molim Vas, s kim
[mɪt ˈveːm ˈʃprɛçə ɪç bɪtə] razgovaram? [ˈmɔlim ʋas s
kiːm razˈgɔʋaːram]

Kann ich bitte Herrn/ .... Mogu li razgovarati s
Frau ... sprechen? [kan gospodinom/gospođom ...?
ɪç bɪtə hɛrn/frau ... ʃprɛçn̩] [ˈmɔgu li razˈgɔʋaːrati s
gɔsˈpɔdinɔm/ˈgɔspɔdʒɔm ...]

Tut mir leid, er/sie ist .... Žao mi je, nema ga/je.
nicht da. [tu:t mi:ɐ̯ 'lait   ['ʒaɔ mi je 'nɛma ga]
e:ɐ̯/zi: ɪst nɪçt 'da:]

Kann er/sie Sie .... Može li Vas nazvati?
zurückrufen?   ['mɔʒe li vas 'nazvati]
[kan e:ɐ̯/zi: zi: tsu'rʏkru:fn̩]

Unterwegs Na putu

TOILETTE UND BAD
WC I KUPAONICA

Wo ist bitte die Toilette? .... Molim, gdje je toalet?
['vo: ɪst bɪtə di: twa'lɛtə]   ['mɔlim gdje je tɔa'lɛt]

Damen ['da:mən] .... žene ['ʒɛne]

Herren ['hɛrən] .... muškarci ['muʃka:rtsi]

die Damentoilette .... ženski WC
['da:məntwalɛtə]   ['ʒenski ve'tse:]

die Herrentoilette .... muški WC
['hɛrəntwalɛtə]   ['muʃki ve'tse:]

BAHN
ŽELJEZNICA

Wann fährt der nächste .... Kada kreće sljedeći vlak?
Zug ab? ['van fɛ:ɐ̯t de:ɐ̯   ['kada 'krɛ:tɕə 'sʎɛdetɕi vlak]
nɛ:çstə 'tsu:k ap]

Wo muss ich umsteigen? .... Gdje moram presjedati?
['vo: mʊs ɪç 'ʊmʃtaign̩]   [gdje 'mɔram prɛ'sjedati]

Von welchem Gleis fährt der Zug nach ...? [fɔn 'vɛlçəm glais fɛːɐ̯t deːɐ̯ tsuːk naːx ...]
S kojeg perona ide vlak za ...? [s 'kɔjɛg pe'rɔna 'idɛ ʋlak za ...]

Ist dieser Platz noch frei? [ɪst 'diːzɐ plats nɔx 'frai]
Je li ovo mjesto slobodno? [jɛli 'ɔʋɔ 'mjɛstɔ 'slɔbɔdnɔ]

Hält dieser Zug in ...? [hɛlt 'diːzɐ tsuːk ɪn ...]
Stoji li ovaj vlak u ...? ['stɔjili 'ɔʋaj ʋlak u ...]

BUS
AUTOBUS

Welche Linie fährt nach ...? ['vɛlçə liːnjə fɛːɐ̯t naːx ...]
Koja linija vozi za ...? ['kɔja 'liːnija 'ʋɔzi za ...]

Welche Linie fährt zum Bahnhof? ['vɛlçə liːnjə fɛːɐ̯t tsum 'baːnhoːf]
Koja linija vozi na kolodvor? ['kɔja 'liːnija 'ʋɔzi na 'kɔlɔdʋɔr]

Wann fährt der nächste Bus nach ...? ['van fɛːɐ̯t deːɐ̯ 'nɛːçstə bʊs naːx ...]
Kada vozi sljedeći bus za ...? ['kada 'ʋɔzi 'sʎɛdɛtɕi bus za ...]

Wo muss ich aussteigen? ['voː mʊs ɪç 'ausʃtaign̩]
Gdje moram izaći? [gdjɛ 'mɔram i'zaːtɕi]

Wie viele Haltestellen sind es? ['viː fiːlə 'haltəʃtɛlən zɪnt ɛs]
Koliko je to stanica? ['kɔlikɔ jɛ tɔ 'stanitsa]

Fährt dieser Bus nach ...? [fɛːɐ̯t 'diːzə bʊs naːx ...]
Vozi li taj bus za ...? ['ʋɔzili taj bus za ...]

AUTO
AUTO

---

der Führerschein	vozačka dozvola
[ˈfyːrɐʃain]	[ˈʋɔzatʃka ˈdɔzʋɔla]
Entschuldigen Sie bitte, **wie komme ich nach ...?**	Oprostite, kako mogu doći do ...? [ɔˈprɔstite ˈkako ˈmɔgu
[entˈʃuldɪgn̩ ziː bɪtə ˈviː kɔmə ɪç naːx ...]	ˈdɔtɕi dɔ ...]
Entschuldigen Sie bitte, ... **wo ist ...?** [entˈʃuldɪgn̩ ziː bɪtə ˈvoː ɪst ...]	Oprostite, gdje je ...? [ɔˈprɔstite gdje je ...]
Wie weit ist es?	Koliko ima do tamo?
[viː ˈvait ɪst ɛs]	[ˈkɔliko ˈima dɔ ˈtamo]

Beim Arzt Kod liječnika

Ich bin krankenversichert.	Imam zdravstveno
[ɪç bɪn ˈkraŋkn̩fɛɐ̯zɪçɐt]	osiguranje. [ˈimam ˈzdraʋstʋeno ɔsiguˈraːɲe]
Ich möchte von einer **Ärztin behandelt werden,** **bitte.** [ɪç mœçtə fɔn ainɐ ˈɛːɐ̯tstɪn bəhandl̩t veːɐ̯dn̩ bɪtə]	Želim da me pregleda liječnica. [ˈʒelim da me preˈgleda lijeˈtʃnitsa]
Es tut hier weh.	Ovdje me boli.
[ɛs tuːt ˈhiːɐ̯ veː]	[ˈɔʋdje me ˈbɔli]
Ich bin ohnmächtig .... **geworden.** [ɪç bɪn ˈoːnmɛçtɪç gəvɔrdn̩]	Pao/pala sam u nesvijest. [ˈpaːɔ/ˈpala sam u ˈnesʋjest]
Ich habe mich erbrochen.	Povratio/povratila sam.
[ɪç haːbə mɪç ɛɐ̯ˈbrɔxn̩]	[pɔˈʋraːtiɔ/pɔˈʋraːtila sam]

Ich habe Herzbeschwerden. ...
[ıç ha:bə ˈhɛrtsbəʃveː‿ɐdn]

Ich habe
Atembeschwerden.
[ıç ha:bə ˈa:təmbəʃveː‿ɐdn]

Ich habe Zahnschmerzen.
[ıç ha:bə ˈtsa:nʃmɛrtsn]

Ich habe eine Füllung
verloren. [ıç ha:bə ainə
ˈfʏlʊŋ fɛɐ̯loːrən]

Ich bin allergisch gegen
Antibiotika. [ıç bın
aˈlɛrgıʃ ge:gn antiˈbiɔːtika]

Ich bin allergisch gegen
Bienen. [ıç bın aˈlɛrgıʃ
ge:gn ˈbiːnən]

Ich bin allergisch gegen
Pollen. [ıç bın aˈlɛrgıʃ
ge:gn ˈpɔlən]

Ich bin Diabetiker/
Diabetikerin. [ˈıç bın
diaˈbeːtike/diaˈbeːtikərın]

Ist es ansteckend?
[ıst ɛs ˈanʃtɛknt]

Ich brauche ein Rezept
für ... [ıç brauxə ain
reˈtsɛpt fyːɐ̯ ...]

Ich nehme Medikamente
gegen ... [ıç ˈneːmə
medikaˈmɛntə ge:gn ...]

Imam srčane tegobe.
[ˈimam ˈsrtʃane teˈgɔːbɛ]

Imam poteškoće s disan-
jem. [ˈimam pɔteʃˈkɔtɕe s
ˈdiːsaɲem]

Boli me zub.
[ˈbɔli me zu:b]

Izgubio/izgubila sam
plombu. [izˈgubiɔ/izˈgubila
sam ˈplɔmbu]

Alergičan/alergična sam
na antibiotik. [aˈlɛrgitʃan/
aˈlɛrgitʃna sam na antibiˈɔtik]

Alergičan/alergična
sam na pčele. [aˈlɛrgitʃan/
aˈlɛrgitʃna sam na ˈptʃɛle]

Alergičan/alergična sam
na pelud. [aˈlɛrgitʃan/
aˈlɛrgitʃna sam na ˈpelud]

Ja sam dijabetičar/
dijabetičarka. [ja sam
dijaˈbɛtitʃar/dijaˈbɛtitʃarka]

Je li zarazno?
[je li ˈzaːraznɔ]

Trebam recept za ...
[ˈtrɛbam rɛˈtsɛpt za ...]

Uzimam lijekove za ...
[ˈuzimam ˈliːjekɔʋe za ...]

PONS
Das kleine Wörterbuch Kroatisch – Deutsch

Bearbeitet von: Anette Dralle, Martina Levačić,
Snježana Roman

1. Auflage 2017 (1,02 – 2018)
© PONS GmbH, Stuttgart 2017
Alle Rechte vorbehalten

www.pons.de
E-Mail: info@pons.de

Projektleitung: Christiane Mackenzie, Helen Schmidt
Gestaltung: Petra Michel, Essen
Umschlaggestaltung: Anne Helbich, Stuttgart
Umschlagbild: Sven Palmowski, Barcelona
Satz: Lumina Datamatics Ltd.
Logoüberarbeitung: Sabine Redlin, Ludwigsburg
Druck und Bindung: L.E.G.O. S.p.A.
Printed in Europe

ISBN: 978-3-12-516053-8